# 大學・中庸・人性的試煉

張水金・編撰

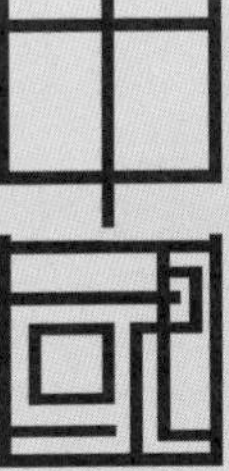
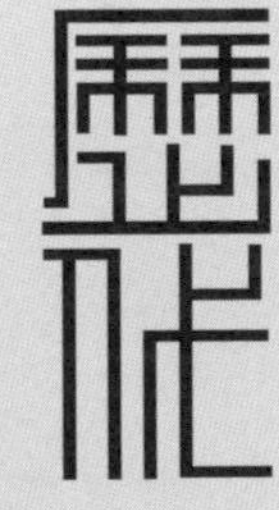
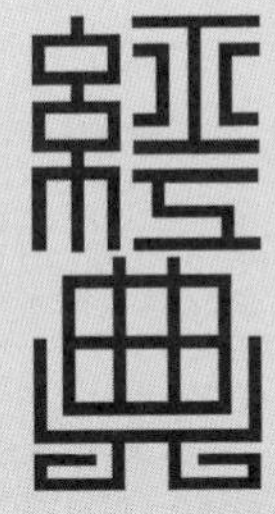
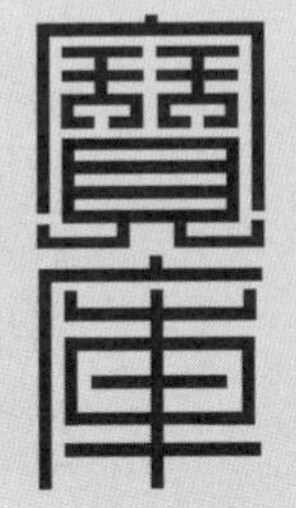

24

# 出版的話

時報文化出版的《中國歷代經典寶庫》已經陪大家走過三十多個年頭。無論是早期的紅底燙金精裝「典藏版」，還是50開大的「袖珍版」口袋書，或是25開的平裝「普及版」，都深得各層級讀者的喜愛，多年來不斷再版、複印、流傳。寶庫裡的典籍，也在時代的巨變洪流之中，擎著明燈，屹立不搖，引領莘莘學子走進經典殿堂。

這套經典寶庫能夠誕生，必須感謝許多幕後英雄。尤其是推手之一的高信疆先生，他秉持為中華文化傳承，為古代經典賦予新時代精神的使命，邀請五、六十位專家學者共同完成這套鉅作。二〇〇九年，高先生不幸辭世，今日重讀他的論述，仍讓人深深感受到他對中華文化的熱愛，以及他殷殷切切，不殫編務繁瑣而規劃的宏偉藍圖。他特別強調：

中國文化的基調，是傾向於人間的；是關心人生，參與人生，反映人生的。我們

的聖賢才智，歷代著述，大多圍繞著一個主題：治亂興廢與世道人心。無論是春秋戰國的諸子哲學，漢魏各家的傳經事業，韓柳歐蘇的道德文章，程朱陸王的心性義理；無論是貴族屈原的憂患獨歎，樵夫惠能的頓悟眾生；無論是先民傳唱的詩歌、戲曲，村里講談的平話、小說……等等種種，隨時都洋溢著那樣強烈的平民性格、鄉土芬芳，以及它那無所不備的人倫大愛；一種對平凡事物的尊敬，對社會家國的情懷，對蒼生萬有的期待，激盪交融，相互輝耀，繽紛燦爛的造成了中國。平易近人、博大久遠的中國。

可是，生為這一個文化傳承者的現代中國人，對於這樣一個親民愛人、胸懷天下的文明，這樣一個塑造了我們、呵護了我們幾千年的文化母體，可有多少認識？多少理解？又有多少接觸的機會，把握的可能呢？

參與這套書的編撰者多達五、六十位專家學者，大家當年都是滿懷理想與抱負的有志之士，他們努力將經典活潑化、趣味化、生活化、平民化，為的就是讓更多的青年能夠了解繽紛燦爛的中國文化。過去三十多年的歲月裡，大多數的參與者都還在文化界或學術領域發光發熱，許多學者更是當今獨當一面的俊彥。

三十年後，《中國歷代經典寶庫》也進入數位化的時代。我們重新掃描原著，針對時代需求與讀者喜好進行大幅度修訂與編排。在張水金先生的協助之下，我們就原來的六十多冊書種，精挑出最具代表性的四十種，並增編《大學中庸》和《易經》，使寶庫的體系更加完整。這四十二種經典涵蓋經史子集，並以文學與經史兩大類別和朝代為經緯編綴而成，進一步貫穿我國歷史文化發展的脈絡。在出版順序上，首先推出文學類的典籍，依序有詩詞、奇幻、小說、傳奇、戲曲等。這類文學作品相對簡單，有趣易讀，適合做為一般讀者（特別是青少年）的入門書；接著推出四書五經、諸子百家、史書、佛學等等，引導讀者進入經典殿堂。

在體例上也力求統整，尤其針對詩詞類做全新的整編。古詩詞裡有許多古代用語，需用現代語言翻譯，我們特別將原詩詞和語譯排列成上下欄，便於迅速掌握全詩的意旨；並在生難字詞旁邊加上國語注音，讓讀者在朗讀中體會古詩詞之美。目前全世界風行華語學習，為了讓經典寶庫躍上國際舞台，我們更在國語注音下面加入漢語拼音，希望有華語處，就有經典寶庫的蹤影。

《中國歷代經典寶庫》從一個構想開始，已然開花、結果。在傳承的同時，我們也順應時代潮流做了修訂與創新，讓現代與傳統永遠相互輝映。

時報出版編輯部

【導讀】

# 人性的試煉

張水金

年輕時代，立志以兒童文學為志業。在開始編寫《少年詩詞欣賞》的同時，我也計畫要編寫一本《兒童四書》。

如今，寒暑數十易，《少年詩詞欣賞》已兩度修訂，印行數十版，而這本有關四書的書還是沒有著落。對我而言，《論語》和《孟子》故事很多，很容易深入淺出，並加以趣味化。但是《大學》和《中庸》的部分就不知如何是好，因為這兩本書說的只是人生與政治的哲理，如何教孩子們讀來既不吃力又感興趣？

雖說數度嘗試後又終止，但我的願望還是潛伏著，伺機而動。現在我決定先為普羅大眾和青少年，編撰這本導讀《大學》和《中庸》的入門書。

# 本書五大特色

這本書除了可以為初學者掃除學習障礙，內容還有五個特色：

一、註解最詳細：現有的《學、庸》註釋者，學問都很高，所以他們認為容易或理所當然的字眼或辭彙，就會放過。我則為讀者設身處地，找出所有可能的閱讀障礙。幾乎每一個字、詞，都要不厭其煩地查閱好幾本重要的辭書，找出最精當的註解，絕不人云亦云，連虛字也一個都不放過。正因為下了這種地毯式的搜索工夫，我也頗有一些獨特的發現，提出了一些新觀點。

二、解析求精要：我不作長篇累牘的探討，但凡是關鍵性的辭彙或觀念，都要進一步深入探討補充。相關論著的要點，也作適度的摘要。特別是內容相關的一些論爭，都隨機加以探討。

三、修辭見文則：本來只是想找幾段有修辭特色的文字作解析，沒想到經過仔細研究，卻發現無論《大學》或《中庸》，修辭類型都非常豐富，隨處都是實用範例——難怪這些文字有其獨特魅力！因此，我又多花了一些工夫，將這些修辭特色展現出來，幫助讀者掌握二書的文理，並能欣賞文字之美。

四、會通全方位：《大學》論學，重在「博學、審問、慎思、明辨、篤行」，現代人治學講究活學活用與創新。我們讀古書，也不能食古不化，而要能推陳出新，做到「創造性的轉化」。所以，我除了古書（特別是四書、五經之間）的會通之外，特別著眼於現代意義的生活事例與科際整合，努力將心理學、物理學等相關觀念注入其中。

五、詩歌會理趣：孔子非常重視「詩教」，認為「不學《詩》，無以言」，又說：「《詩》可以興，可以觀，可以群，可以怨。邇之事父，遠之事君。多識於鳥獸草木之名。」因此《大學》、《中庸》二書，引用文字以《詩經》為最多。本書延續這個傳統，精選兩漢以後出現的相關詩詞，讓讀者在知性的理解之外，增加一些感性的共鳴，也得以體會《大學》和《中庸》的理趣。

## 麻雀變鳳凰

《大學》和《中庸》本來只是《禮記》中的兩篇文章。

《禮記》又稱《小戴禮記》，是秦漢以前各種禮儀論著的選集。相傳是西漢戴聖編纂，今本為東漢鄭玄注本，共四十九篇。內容基本上是孔子弟子及其再傳、三傳弟子等所記，但也有漢代儒家的修改和增添，它是研究中國古代社會情況、儒家學說和文物制度的參考書。有關註解以東漢鄭玄《禮記注》，唐孔穎達《禮記正義》最為重要。

宋朝大儒朱熹將《大學》和《中庸》這兩篇文章由《禮記》抽出，與《論語》、《孟子》並列合編，從此儒家重要經典在「五經」之外，又多了「四書」。由於朱熹的《四書集註》從元仁宗時代開始（西元一三一一—一三二〇），是科舉取士的主要考試科目，因此四書對中國文化產生的影響，逐漸凌駕五經。

《大學》的作者，有很多說法。程頤說它是「孔氏之遺書」，朱熹將它分為「經」一章和「傳」十章兩部分。認為「經」是曾參記述孔子的意思，是曾子所作，曾子是孔門弟子，獨得孔教之宗；「傳」是曾參的弟子依據曾子的看法所作記述。不過這只是一種合理的推測，並無堅實證據。

《中庸》的作者比較有譜，司馬遷在《史記》中提及，子思被困於宋時，作《中庸》。鄭玄也說過《中庸》是「孔子之孫子思伋作之，以昭明聖祖之德。」朱熹則在《中庸章句・序》中說：「中庸何為而作也？子思子憂道學之失其傳而作也。」他又在註解中指出，真正為子思作品的是第一章、第十二章，和第二十一章到第三十三章，共計十五章。其餘各章是引用孔子之言以釋首章之義，有一點像《論語》的性質。不過司馬遷所說的《中庸》是否就是今日所讀的《中庸》，還不確定，而朱熹的說法也有一點想當然耳，沒有得到學者一致的認同。

基本上，《禮記》的問題就是《學、庸》的問題。《禮記》的來歷很難完全釐清，沒有任何一篇有明確的作者，所以《學、庸》的作者也難明確斷定。我們現在只能說，它們基本上是秦漢時期的儒家，以子思、孟子一派為主，集體整理、創作出來的，但是其中也有荀子思想的影響。

## 《大學》是入德之門

《大學》要旨，都已在「經文」章講完。而經文章的內涵又可以濃縮為十七個字。前面九個字是「明明德、親民、止於至善。」被稱為「三綱領」。它是大學的教育宗旨，也是儒家的教育理想目標。

後面八個字「格、致、誠、正、修、齊、治、平」就是所謂的「八條目」，分別代表格物、致知、誠意、正心、修身、齊家、治國、平天下。這是為實踐三大綱領所必須走過的人生進修階梯。八條目中，又以修身為樞紐，格、致、誠、正講的是修身的方法，就是所謂「修己」，相當於「明明德」。而齊、治、平則是所謂「善群」，相當於「新民」。修己和善群的工夫都做好了，「止於至善」也就水到渠成了。

由於三綱領、八條目的提出，儒家思想得以提綱挈領，以十七個字盡之。南宋以後理

學家講倫理、政治、哲學，也以它為綱領。

佛教經典萬千，其經髓就在二百六十餘字的《般若波羅密多心經》中，成為領悟《般若經》的簡易法門，也是領悟佛法的心法所在。儒家四書五經亦極繁複，但有此二百零五字的經文章，也可成為進入儒學殿堂的敲門磚。

我個人深獲誦讀觀想《心經》之益，舍妹以之讓小學生課前背誦，也能得到收心的效果。我因而想，《大學》的「經文」章，應可媲美《心經》，值得人人熟記心中，時時誦念。程頤說，《大學》為「初學入德之門」真有道理。

## 《中庸》是常理，也是「終極原理」

所謂「中」就是不偏不倚，恰到好處。所謂「庸」就是永不變易的常理。《中庸》的內容肯定「中庸」是道德行為的最高標準，並提出「誠者不勉而中，不思而得，從容中道，聖人也。」把「誠」看成是世界的本體，認為「至誠」則達到人生的最高境界。並提出「博學之，審問之，慎思之，明辨之，篤行之」的學習過程和認識方法。

以現代人的觀點來讀《中庸》，剛開始難免覺得其中有些虛玄成分，但細細品味，往往別有會心。一個「中」字，就涉及了宇宙的終極原理。一個「誠」字，像是道家的

「道」，可以變化萬千。當它提及「天命之謂性」時，其中有人性的深層結構與基因密碼的影子；當它論及「盡人之性」，與我們現在所主張的「盡性教育」、「自我實現」及「多元智慧」無不相通；當它論及「天地之道」時，又與現代最先進的「大爆炸」、「演化論」若合符節。《中庸》內涵之豐富，實在遠遠超出我們的想像。所以朱子說：「善讀者玩索而有得焉，則終身用之有不能盡者也。」

如果我們按照朱熹的說法，把《中庸》的第一章和第十二章視同「經文」，則前後不過一百二十九字，實在很容易就可以熟記胸中，要做到玩索而有得也就很容易了。

## 《學、庸》幫我們「日日新」

這本導讀的書，就像是一本導遊手冊，目的不是提供答案，而是帶領讀者進入文本之中，一起去探索。我的最大任務就是幫讀者掃除文字障礙，並適時提出背景說明。在準備這本導遊手冊過程中，我意外地發現，《學、庸》修辭形式之豐富，實非其他古籍所能及！這些發現已經呈現出來，作為研讀《學、庸》的一個面向。我希望讀者也會有自己的大發現！希望讀者在閱讀過程中，能把握兩大原則：一是隨時存疑，一是力求切己。最好能多買一兩本同類的書，與本書比較異同，並形成自己的看法。有了看法就要將它內化，和自己原有的認知系統重新整合。就像電腦軟體可以更新一般，我們腦海意識中的主要程式也要「日日新」，這樣讀書才有意義。

附記：

一、《學、庸》各有不同版本。為便初學，本書的文本採自較有系統、影響力較大的朱子《大學章句》與《中庸章句》，對於朱註盡量吸收進入詳註，並保留部分原文。

二、《學、庸》文字，並非篇篇等值。學習者如能在重要篇章多下工夫，並反復玩索，則效益較大。所以，筆者提出一個分級方式。在較重要篇章的標題下標示一至五顆星，兩書共計一百顆星。這當然是一種嘗試性建議，學習者可隨己意調整。

三、《中庸》標題，是筆者所加。它們不一定完全反映完整的章節要旨，而只是試圖凸顯部分內容的現代意義，作為導讀的綱要。

四、二〇一二年八月起施行的「中華文化基本教材」，納入《大學》、《中庸》。據課綱委員指出，未來基本教材的教學不侷限於背誦，而是強調時代性、在地性、實踐性及與生活相連結。本書已充分配合這四大特性，提供相關事例與故事，敬請讀者不吝惠示建議或指教。

# 大學・中庸◆人性的試煉　目次

傳十章



116

## 中庸目錄 143

# 大學

## 0-0【開宗明義：朱子《大學章句》前言】

子程子曰：「《大學》，孔氏之遺書，而初學入德之門也。」於今可見古人為學次第者，獨賴此篇之存，而《論》、《孟》次之。學者必由是而學焉，則庶乎其不差矣。

**【語譯】**

程夫子說：「《大學》是孔子留下來的著作，也是剛開始修習德性的入口。」現在我們可以看到古人學習的順序和系統，就是因為有這一篇留下來，可以作為依靠。接下來才讀《論語》和《孟子》。學習的人，一定要照這樣的順序來學習，也就能夠把握住大方向了。

**【詳註】**

子（ㄗˇ zǐ）：對男子的美稱，習慣上又多指有學問、道德或地位的人。如：「孔子」、「孟子」。經典上的慣例，普通人稱子，大抵加上姓氏；稱自己業師，就在姓氏上再加「子」字，如朱熹稱程頤為「子程子」。至於孔子，照例只稱「子」，因為他「聖德著聞，師範來世，不須言其氏，人盡知之故也。」程子：（西元一〇三三—一一〇七），名頤，字正叔，洛陽人，宋朝大儒，世稱伊川先生。其學本於誠，主於窮理，認為「天下物都能窮，只是一理」。又主張「去人欲，存天理」。他和兄顥的學說，後來為朱熹（一一三〇－一二〇〇）所繼承和發展，世稱「程朱學派」。孔氏：孔子（西元前五五一－四七九）。次第：次序。庶乎：幾乎、差不多。

【精解】

・入德之門

朱子在《大學章句》前面說的這幾句話，引發的問題，恐怕比提供的答案還要多。他先尊稱自己的老師為「子」，接著反而稱孔子為「孔氏」，似乎有點大不敬？其次，《大學》全文雖只有一千五百多字，卻頗費思索，恐非初學者所能完全吸收。說它是「初學入德之門」是不是有點小看它了？《論語》是由簡短語錄組成，字字珠璣，容易理解，也富啟發性。把它和《孟子》放在《大學》之後，是不是先後倒置？第三，說《大學》是孔子的遺書，也大有疑問。孔子一向「述而不作」，怎麼會有這樣的作品？內文中還有「子曰」和「曾子曰」，怎麼會是孔子寫的呢？所以，一般認為《大學》是秦漢時期儒家學者的集體創作，而這些儒者又與子思、孟子一派較有淵源。

其實把孔子稱為孔氏的是程頤，這樣稱呼並無不敬。朱子只是引用而已。

《論語》並非有系統的論著，而是孔子的弟子或再傳弟子蒐集的語錄，它有點像是一盤散開的珍珠，每一顆都是晶瑩美麗。但因為沒有貫穿成串，只有少數人懂得怎樣把它們串成高貴的珍珠項鍊。對初學的人而言，《論語》比較欠缺系統。

《大學》則不然。它文字精要，條理井然，有一定的邏輯次序。所以一旦上口，便可反覆誦念體會，餘味無窮。如同成串的念珠，誦經千遍，仍然不會散落。

這個現象，我們只要舉兩本書的第一小節，便可看出端倪。《論語．學而》：「學而時習之，不亦悅乎？有朋自遠方來，不亦樂乎？人不知而不慍，不亦君子乎？」孔子弟子編的這本書，以學習開端，非常切要。但是它又同時談到交友與君子，有點跳躍式思考，難以聚焦。

《大學》開端則不然：「大學之道，在明明德，在親民，在止於至善。」同樣是學習的開宗明義，卻能以四句話提出三大綱領，把全篇的主旨，完整而又有條理地呈現出來。

所以，《大學》初學者即使不免囫圇吞棗，但因為只有一千多字，很容易熟記心中，日後隨時可以與《論語》、《孟子》等書互相印證，所以稱之為「初學入德之門」有其道理。若是因而領悟「為學次第」，那就更加功德無量了。

# 「經文」章　大學之道

## 0-1（三綱領）*****

大學之道，在明明德，在親民，在止於至善。

【語譯】

大學的根本原則在於修明、發揚我們天賦的光明德性，在於不斷自新向上，並引導同胞進步求新，一同達到最完美的境界。

**【詳註】**

**大學之道，**

大學的根本原則，

大學：古代由國家辦理的高等學校，與小學相對。　之：的。　道：原指道路。引申為法則、規律、道理。在此專指實現大學宗旨的教育內容和方法。

**在明明德，**

在於修明、發揚我們天賦的光明德性。

在：介詞，在於。　明明德：修明自己內在的光明德性。第一個「明」，是動詞，彰顯、修明。第二個「明」，是形容詞，形容此內在的德性原本光明。　明德：就是人類與生俱來的、光明澄澈的德性。《禮記．大學》鄭玄注：「謂顯明其至德也。」朱註：「明德者，人之所得乎天，而虛靈不昧，以具眾理，而應萬事者也。」以為「明德」是人們天賦本然的善性。儒家認為，人生來具有善良的德性，即明德。後天因為受到物質利益的蒙蔽，個人偏狹氣質的拘束，明德受到壓抑。所以要經過教育，使明德顯露出來。

**在親民，**

在於不斷自新向上，並引導同胞進步求新，

親民：「親民」，就是「新民」，使每一個人都能革除原有壞習性（舊染之汙），不斷精進，達到完美。新：革新、更新。民：民眾，百姓。

**在止於至善**。

在於透過對明明德和親民的追求，達到最完美的境界。止：至、達到、停息、居住。在此是「自處而不遷」之意。至善：最上、最高的善，或善的最高境界。至：極、最。善：美好、適宜。

**【精解】**

**．大學**

「大學」一詞在這裡有四層含意。第一，它原本是《禮記》裡面一篇文章的題目，朱熹將它獨立列入「四書」之一所以又成了書名。第二，它是指古代由國家辦理的高等學校，與小學相對。古代教育內容為禮、樂，射、御、書、數，合稱「六藝」；小學以灑掃應對及書、數為主，大學以成就品德，敦化群眾，掌理國政及禮、樂、射、御為主。第三，大學也可以解釋為「大人之學」。大人，指高位之人（貴族），也指德性高尚的人。第四，大學有「博學」的意思。《禮記．大學》注：「大學者，以其博學而可以為政也。」

**．大人之學**

朱子說：「大學者，大人之學也。」朱子所謂「大人」，就是孟子所說的「大人者，不失其赤子之心也」的「大人」。孟子嘗說，樂正子是善人，是信人，又解釋道：「可欲之謂善，有諸己之謂信，充實之謂美，充實而有光輝之謂大。」道德修養完滿，故能充實而有光輝。「大學之道」是養成此種充實而有光輝的理想的人格之修養方法。

**【修辭】**

**．《學、庸》的章法**

一般而言，中國人寫論文或詩歌，大多講究起承轉合，結論往往放在後面。另有一種「演繹法」先申明主旨，然後分別申論。西方人寫作大多採取此法。而且每一段都要有主題句，陳述主要觀念，主題句也往往放在最前面。《大學》和《中庸》，原來也都只是《禮記》中的單篇文章。這兩篇的結構，都用演繹法。開頭第一句，就分別以十六和十五個字，把全篇的主旨（也是結論）做完整敘述。文字簡明扼要，包舉一切。後面的文字，都是這些文字的延伸和論證的開展。後代文章，少見此種氣勢。

**．轉品：文法的「變性」**

「大學之道，在明明德。」

黃慶萱說：「『明』字本靜字，第一『明』字，明之也，為外動字。」又說：「一個詞

彙，改變其原來詞品而在語文中出現，使含意更新穎豐富，意義表達得更靈活生動，叫作『轉品』。『品』就是文法上所說的品類。」（黃慶萱《修辭學》第241頁）

這種假借名詞或形容詞，轉變為動詞的現象，修辭學稱為「轉品」，文法學稱為「變性」。除了「明明德」，《學、庸》之中，還有很多地方使用。如《大學》第三章「君子賢其賢而親其親，小人樂其樂而利其利」，第六章「如好好色」、「如惡惡臭」，第十章「老老」、「長長」、「民之所好好之，民之所惡惡之」，《中庸》第二十章「親親」等重複用字都是。注意這些修辭上的共同現象，可以更加親近體會原意。

### ・排比和層遞：排隊和疊羅漢

董季棠說：「如果『層遞修辭法』，如七級浮圖，節節高起；那麼『排比修辭法』，似長江巨浪，滾滾而來。」（董季棠《修辭析論》第339頁）

我也有一比：如果「層遞修辭法」，像是疊羅漢，越疊越高；那麼「排比修辭法」，就像學生排隊，整齊有秩序。

再以演說為例，如果一上臺就說：「我的演講題目是『大學之道』，重點有三，第一要明明德，第二要親民，第三要止於至善。」這就是「排比修辭法」如果上臺說：「大凡天下文章，以紹興師爺的文章最好，紹興師爺之中以我弟弟的文章最好，而我弟弟的文章是我教出來的。」這就是越來越高的「層遞修辭法」。

將同性質、同範疇的事象、情思，用三個或三個以上結構相同或相似的詞組或句子，逐一排列起來，這種修辭手法，叫做「排比」。排比在整齊的形式下，語勢增強、感情深化，物象明晰、層次清楚，無論用來敘事、抒情或說理，都有極佳的效果。（黃麗貞《實用修辭學》第428頁）

用三個或三個以上結構類似的語句，按照由小及大、由低及高、由淺及深、由輕及重、由近及遠、由易及難，或者相反，像階梯一般、有順序、有層次地表現某一事實或說明某一道理，這種修辭方式叫做「層遞」，又稱遞進、漸層。運用這種修辭方式，可以使讀者看出事實或道理的層級性，使思想內容逐步加深，感情逐步強化，從而增強了語言的說服力和感染力。而且由於排列上講究次序，因而讀起來也就十分連貫、流暢。

《大學》一開始就出現「排比」：「大學之道，在明明德，在親民，在止於至善。」從明明德開始，三大綱領分列，簡明扼要，整齊又有氣勢。這是句子的排比。

值得注意的是，《中庸》也是以「排比」的修辭方式開頭：「天命之謂性，率性之謂道，修道之謂教。」不過由於性、道、教三者之間還有遞進的關係，所以這種修辭，又可稱為「層遞」。《大學》三綱領表面上（形式上）並列，是標準的「排比」，但仔細推敲，它們是由明明德（修己），進一步達到親民（善群），最後才到達止於至善的目標或境界，所以它們的關係是不斷進取開展的，是也層進的，而不是並列的（參本章第四節有關「層遞」的分析）。

《大學》和《中庸》同樣以「排比」兼「層遞」的修辭方式開篇，我想並非偶然。如果說，兩者曾經被同一個儒家潤色過，我也不會訝異。

「排比」和「層遞」是《學、庸》的兩種重要修辭方式。後面還會隨機解析。

## ・象徵：「道」作為一種象徵

我這樣為「道」字做註解：「道原指道路，引申為法則、規律、道理。在此專指實現《大學》宗旨的教育內容和方法。」

道路是可以看得見，摸得著的物體。法則、規律、道理等則是抽象的。抽象的道理，特別是《道德經》裡的道，是很難說得清的。所以《道德經》開頭第一句話就是「道可道，非常道。」

在《大學》中，用可以感知的事物（道路），來代表抽象的意義（道理）的修辭方式就是「象徵」。有了具象的道路，《大學》就容易上路了。

象徵是可用以代表或暗示某種事物的，由理性的聯想、聯繫、約定俗成，或者偶然性的而非故事的相似而構成的；特別是以一種看見的符號來表示看不見的事物，如一種思潮、一種品質，或一個國家、一個教會的整體，一種表徵（例如：獅子是勇敢的象徵，十字架是基督教的象徵。）（《韋伯斯特劍橋英語詞典》）

象徵有兩個特點：一、用具體的、可感知的事物代表抽象意義。二、用客觀的事物象徵主觀心理和情緒。例如：以松菊象徵高節，以美人香草象徵理想等等。在《大學》第九章，也以「桃葉嫩綠茂盛」象徵「家的和諧興盛」。第十章，則以「絜矩」（度量、畫方的工具）來象徵道德的規範。

## 【會通】

### ・朱熹說「大學三綱領」

大學者，大人之學也。明，明之也。明德者，人之所得乎天，而虛靈不昧，以具眾理，而應萬事者也。但為氣稟所拘、人欲所蔽，則有時而昏。然其本體之明，則有未嘗息者。故學者當因其所發而遂明之，以復其初也。新者，革其舊之謂也。言既自明其明德，又當推以及人，使之亦有以去其舊染之汙也。止者，必至於是而不遷之意。至善，則事理當然之極也。言明明德、新民，皆當止於至善之地而不遷。蓋必其有以盡夫天理之極，而無一毫人欲之私也。此三者，大學之綱領也。

### ・《大學》思想來自孟子理論之處甚多

「在明明德」，上一個「明」字是動詞；下一「明」字與「德」字合為一名詞。「明德」即指「德性自覺」而言，「明」字作動詞則是「使……明朗」之意。所以「明明德」的意

思，就是說「使德性自覺明朗」。《大學》中並未討論到「明德」何以待明，以及「明德」的根源何生等問題，只是認定「明德」為固有的或本有的。這大約由於接受了孟子心性論的影響。《大學》思想承孟子理論之處甚多。這一點是比較顯著易見的。（勞思光《大學中庸譯註》第6頁）

### ．「親民」與「新民」的論爭

宋朝程伊川（頤）以為，「親民」的原文應當寫作「新民」才對。「新」寫作「親」，是傳抄錯誤的結果。因為下文所引用的〈湯之盤銘〉、〈康誥〉、《詩經》的句子，都以「新」字為主。而且《尚書》中也有把「親逆」寫作「新逆」的例子，可為旁證。所以朱子《大學章句》（以下作「朱註」），也說「親，當作新」。

但是，明朝的王陽明（守仁）認為，「親民」的「親」字，仍應作親字解。他以為本篇後面提到「君子賢其賢而親其親，小人樂其樂而利其利」、「如保赤子」、「民之所好好之，民之所惡惡之，此之謂民之父母。」都是「親」字的意思；《尚書．堯典》的「克明峻德」就是「明明德」，「以親九族」至「平章百姓，協和萬邦」便是「親民」。這樣講法原也說得通。

以全書文字淵源來說，若經典原文的詮釋未發生困難，應以不更動為宜。《大學》本為貴族學校的教育宗旨，說「親民」而不作「新民」，經由修己、善群達到至善，相當合

理。但所謂經典必可歷久彌新，本身也有其接受史，其詮釋也應與時俱進。在民主時代，我們應當將《大學》視為一般人安心立命的「大人之學」，把重心轉為個人的「自新其德」與「社會參與」，又由於朱子改編本較有條理，為便於初學，本書基本上採取朱子的文本與詮釋。

### ‧「止」的真正含意

《禮記‧大學》鄭玄注：「止，猶自處也。」孔穎達疏：「在止於至善者，言大學之道，在止處於至善之行。」陳澔集說：「止者，必至於是而不遷之意。至善，則事理當然之極也。」陳立夫說：「『止』，為確定目標恆久不遷之意，亦即立志。」

這裡的「止」字，原意是「居住、停息」，也有達到（至）的意思，並不是單純的「停止」、「靜止」或「終止」。至善是終極的、理想的、完美的目標，要達到此一境界才「住」在那裡。未達成以前就要繼續精益求精，達成後就要維持圓滿，不過度追求，以免半途而廢或過猶不及。朱子認為，至善是「事理當然之極」，王陽明則說，善就是良知，止於至善就是止於良知。

## 0-2（知止能得）*****

知止而后有定，定而后能靜，靜而后能安，安而后能慮，慮而后能得。

【語譯】

知道最高理想和目標在哪裡，就會心有定見，不會迷失方向。心有定見，就能平心靜氣，不會張皇失措。能夠平心靜氣，就能沉著安定，不會輕舉妄動。沉著安定，就能面對問題深思熟慮，正確思考。能正確思考，就能有好的結論和收穫，達到目標，不會走錯路（達到完善的境界）。

【詳註】

知止而后有定，

知道最高理想和目標在哪裡，才會心有定見，不會迷失方向。

知止：知道應該到達、停留的地方。即對理想和目標有明確的了解。朱註：「止者，所

當止之地，即至善之所在也。」　后：就是現在的「後」字。

**定而后能靜，**

心有定見，就能平心靜氣，不會張皇失措。

定：確切的、不改變的。指心志有定向，能堅守不移。　靜：安定不動的（朱註：心不妄動）。

**靜而后能安，**

能夠平心靜氣，就能沉著安定，不會輕舉妄動。

安：心情安寧、和平、喜悅而無懼怕。即表現恰如其分，能安處於當時的情境之中。

**安而后能慮，**

沉著安定，就能面對問題深思熟慮，正確思考。

慮：思考、謀算。指思辨精詳。

**慮而后能得。**

能正確思考，就能有好的結論和收穫，達到目標，不會走錯路（達到完善的境界）。

得：獲、取。指獲得事物的至善之理。（朱註：得，謂得其所止。）

## 【精解】

### ·「知止」是大學的總樞紐

前已提及，《大學》的三綱領是全篇的宗旨和結論，其結構是層遞式的，由明明德開始，進而善群，最終達到止於至善。

本節，由「知止」開始，繼續展開推演。由「知止」到「能得」，提出六個概念，表面上像是一套很細密的心法，其實這是延續上文，主要在強調「止」的重要，必須能「知止」方能有「得」。「定、靜、安」三者之間，其實界限很模糊，沒有絕對的先後次序（如錢穆有云：「是心靜了，還求能身安，則身之安更進于心之靜。」）可視為一組概念，做到心情平靜、安於當下，有了目標，就能進一步思慮，也才能有所得。而這個「得」，依朱註是「得其所止」，也就是達到原來設定的目標。所以這六個概念，其實可以排列成為一個圓圈，循環不已。

### ·知止意義的擴充

「知止」就是知道要有完美的目標，要「止於至善」，具體的實踐要領就是《大學》所探討的「誠正格致、修齊治平」八條目。問題是，大學是貴族的高等學府，所以講修身齊家相當簡略，而講治國平天下的部分卻又長篇大論，只談德治原則而不及實踐策略。

我們如果就「知止」一詞的字面來作延伸性思考，倒是有很多可貴的內涵，特別是在時間管理方面。

時間管理專家一再提醒我們，不要輕易做承諾，要懂得「說不」。要答應一件事，只是幾秒鐘的事，但要實現承諾，往往需要很多時間，甚至是成為一輩子的負擔。所以，什麼事該做，什麼事不該做，要有原則。

「知止」也是不過度追求完美。以前常聽人說「凡是值得做的事，就要盡力把它做好。」其實不然，有的事情值得全力投入，有的事情，不做也沒關係。所以「知止」就要懂得做選擇，知道有些事，不值得嘗試，有些事，只需費五分力氣，只有少數的事情值得全力投入。

所以，《老子》第四十四章說：「知足不辱，知止不殆，可以長久。」

**【修辭】**

**・聯珠：文字接龍**

「聯珠」又稱「頂真」，是一種使用相同字、詞或句的緊密承接，造成形式上前頂後接、首尾蟬聯，環環相扣的修辭方式。這種修辭可以使語言富有趣味性及節奏美。

我們耳熟能詳的兒歌，有很多都是「聯珠」的範例。例如臺灣童謠：「火金姑，來吃茶，茶燒燒，配香蕉；蕉冷冷，配龍眼，龍眼會開花……。」

聯珠辭格建立在它的形式結構上，只要句、段之間使用相同詞語，就能成立。但若從

內容來分析，可能兼有遞進、排比、回文對偶、譬喻等修辭方式。

例如《大學》的「知止而后有定，定而后能靜，靜而后能安，安而后能慮，慮而后能得。」就形式而言，是聯珠。但就內容而言，已經「知」道了自己所要追求的目標，接著經由「定、靜、安、慮」的漸進過程，最後便會「得」到（達到）目的。所以是聯珠兼層遞。（參本書《大學》「經文」章第一節「排比兼層遞」）

**．類疊：文字的旋律**

在一段文字中，同樣的字、詞或句，接二連三地重複出現，念起來很有節奏。使用的修辭法，就叫做「類疊」。

「知止而后有定，定而后能靜，靜而后能安，安而后能慮，慮而后能得。」（《大學》經文章第二節）「而后能」這個三字詞，在接連的各句中出現，也是「類疊」（參本書《大學》第七章「類疊」）

**【會通】**

**．「蝴蝶效應」一定會發生嗎？**

由「知止」開始，到「能得」為止，發生了一連串的「連鎖反應」或「骨牌效應」，從修辭形式來講是「聯珠」，若以遊戲來打比方，就像「接龍」。若從科學角度來看，則有一點像是氣象學家所說的「蝴蝶效應」。所謂「蝴蝶效應」是美國氣象學家勞侖次（E‧Lorenz）六〇年代初的發現。它是指在一個動力系統中，初始條件下微小的變化能帶動整個系統長期的巨大的連鎖反應。這是一種混沌現象。一九七九年十二月勞氏在美國科學促進會演講的題目是：「可預言性：一隻蝴蝶在巴西扇動翅膀會在德克薩斯引起龍捲風嗎？」多麼聳動的題目！但是稍有常識的人都會知道，一個微小的初始變化，很可能被另一個微小或更大的變化抵消，你再大的掌風，也撼動不了遠方的大樹。所以，連鎖反應的結果雖是微妙的、難以預期的，但並非必然的。由「知止」到「能得」也是如此。「知止」與「有定」的因果關係，只是可能，而非必然。由「知止」到「能得」之間，只是可能的可能的可能的可能，中間還要考慮很多因素。

### ‧心安身自安

**心安吟**　宋　邵雍

心安身自安，身安室自寬。
心與身俱安，何事能相干？
誰謂一身小？其安若泰山。
誰謂一室小？寬如天地間。

## 0-3（本末先後）＊＊＊＊＊

物有本末，事有終始，知所先後，則近道矣。

【語譯】

人間所有的事物，都有根本、基礎的部分，和細微、末節的部分，事情也有結束和開始。知道優先順序，就離開大學正道不遠了。

【詳註】

物有本末，事有終始，

任何一件事都有根本和末節，事情也都有開始和結束。

物：原指萬物，包括人與事在內。　本末：事情的根本與細節。　本：草木的根幹，比喻事情的根源。　末：物體的尾端。比喻不重要、非根本的事物。　事：人類所作所為及自然界的一切現象、活動，都稱為「事」。　終始：從開頭到結局，事物演變的全部過程。朱註：「明德為本，新民為末。知止為始，能得為終。本，始所先；末，終所後。」

**知所先後，則近道矣。**

知道優先順序，就離正道不遠了（也就和《大學》的宗旨相距不遠了）。

所：表示指示。相當於「此」、「這」。　則：便、就。　道：指大學之道。　矣：表示肯定的語氣。

**【修辭】**

**・譬喻：打比方**

本節以「樹頭樹尾」來代表「事情的根本與細節」，這是一種「譬喻」的修辭方式。本，草木的根幹，用來比喻事情的本原、根源。　末，物體的尾端、頂梢，用來比喻不重要、非根本的事物。

譬喻，又稱比喻，也就是我們俗稱的「打比方」。譬喻是一種語言的虹橋，它是人類生活中最早使用、最愛使用、也最具有表現力的一種表達方式。

在我們生活中，到處都有譬喻。例如成語「光陰似箭，歲月如梭」，就是譬喻。林懷民善用譬喻的能力，使他教舞特別順利，舞者一聽就能領悟。譬如，「你的臀部落下來的那一剎那，要像開汽水瓶一樣，啵的一聲，別拖泥帶水」、「你的眼睛為什麼瞪得像鈕扣一

樣，呆滯無神」、「走路的時候要蓋章，重心要下去一點」、「你要像毛毛蟲變蝌蚪」。（二○○六年十一月三十日《壹週刊》）

凡是使用「似」和「如」或「像」等譬喻詞明白說出的譬喻，又稱「明喻」或「直喻」。當林懷民說「走路的時候要蓋章」時，或本節使用「本、末」來作譬喻，卻未用「像」、「如」之類的譬喻詞，比喻的對象也不一定明講，所以又稱「隱喻」或「暗喻」。

董季棠說：「修辭裡最常使用的方法是譬（比）喻。因為使用譬喻，能使未知的事物，顯出清晰的形象，使人明曉；能使抽象的理論，成為具體的概念，教人接受；能使微妙的情緒，化為感人的力量，引人共鳴。所以無論記敘文、論說文、抒情文，都可使用譬喻，增加文字的力量。」（董季棠《修辭析論》第33頁）由於「本、末」的隱喻，使得《大學》所表達的內容更加有層次而生動，它的作者，真是寫作高手。

### ．映襯：「對比」的使用

本節使用了「本末」、「終始」、「先後」三組對比性的概念。由於「對比」的使用，說理分外鮮明。這種用兩種相反的事物，擺在一起，作對照的形容，以加強印象的修辭方式，就是「映襯」，又稱「對比」。

董季棠說：單獨說一件事物，固然也能造成印象；但總不如兩件相反的事物，互相對照，更加深刻而明顯。譬如一朵紅花插在花瓶裡，固然好看，但總不如開在綠葉叢中，更

加鮮豔。一位忠臣，正立朝廷，固然令人欽敬，但總不如有奸臣和他抗爭，更能顯出他的偉大。所謂「紅花須有綠葉扶」，所謂「疾風知勁草，板蕩識忠臣」，修辭裡的映襯，就是根據這種情形而產生的。（《修辭析論》第51頁）

**【會通】**

### ・事物的相對性

陳立夫在《四書道貫・致知篇》論及「知物」時，特別重視事物的相對性，特別舉出相對之名詞三十項，分別詳加分析：本末、大小、輕重、新舊、異同、清濁、文質、得失、存亡、損益、難易、厚薄、榮辱、窮達、貴賤、貧富、毀譽、生死、好惡、枉直、去就、上下、遠近、朝夕、深淺、出入、古今、先後、經權、義利。

以「本末」和「先後」為例，他說：「本末相對，無本即無所謂末，反之亦然。本末之分，即為首尾之別。以物之整體言，吾人不能看輕本，亦不可忽視末，但本究重於末。」「一切事物，皆隨時間前進，是以有在先者，有在後者。《大學》曰：『知所先後，則近道矣。』吾人若能分別事物之緩急而與時間相配合，宜後者不為之於先，宜先者不為之於後，方合於程序而不亂。」

### ・本末・人生願景・目標管理

大學所謂「本末」，基本上是指實踐的先後次序，朱子說：「明德為本，新民為末。知止為始，能得為終。本，始所先；末，終所後。」。另外，《大學》說「自天子以至於庶人，壹是皆以脩身為本」，又說「德者本也，財者末也。」這是把「本」看作「根本」的重要之事，而「末」只是細微末節，無足輕重的小事，但實際上重要的事也要優先去做。

從現代人的角度來看，就是要「認清方向」與「區分輕重緩急」。

有一天晚上，一個人在路燈下低頭尋找著。經過的朋友問他：「你在找什麼東西？」他回答說：「我剛剛在汽車那邊把鑰匙丟掉了。」「你的鑰匙不是掉在那邊嗎？為什麼在這邊找？」「我知道，可是這邊比較亮……」

西方人的墓碑，往往要刻上一兩句話，為往生者蓋棺論定。時間管理專家也鼓勵讀者，試想在自己的告別會上，親友會怎樣論斷自己，而自己又希望別人怎麼說。套一個《大學》的修辭公式來說：有了人生願景，就能確認人生使命；有了人生使命，就能有確定的目標，有了確定的目標，就能認清方向，不會誤入歧途，找不到自己的人生之鑰。這就是所謂「從死到生」或「以終為始」的人生規劃。

教育家主張，要教育兒童懂得「價值澄清」；心理學家說，人生的真諦就是要認識自我，了解自己真正的需要和價值所在，然後尋求發揮本性，求得自我實現；管理學者講究「目標管理」和「80／20法則」；時間管理專家注重「建立優先次序」、「辨別緊急和

要」，開店置產講求「Location! Location! Location!」，彼得杜拉克說：「『做對的事』比『把事做對』重要」，而張忠謀的工作理念是：「有效率地做對的事情。」不也都是「同理可證」？

## 0-4（八條目）*****

古之欲明明德於天下者，先治其國。欲治其國者，先齊其家。欲齊其家者，先脩其身。欲脩其身者，先正其心。欲正其心者，先誠其意。欲誠其意者，先致其知。致知在格物。物格而后知至，知至而后意誠，意誠而后心正，心正而后身脩，身脩而后家齊，家齊而后國治，國治而后天下平。

【語譯】

古時候如果想要使天下所有的人，都能修明自己的清明德性，就要先管理好自己的國。想要管理好自己的國，就要先整治家庭或家族，使家中成員親愛和睦；想要使家中成員親

愛和睦，就要先修養好自己的品德；想要修養好自己的品德，就要先使自己心思安定，不受情緒的干擾蒙蔽。想要使自己心思安定，不受情緒的干擾蒙蔽，就要先使自己真誠面對自己的意念；想要使自己真誠面對自己的意念，就要先盡可能提高自己的見識，而提高自己的見識，就要窮究事物的道理。

窮究事物的道理以後，見識才能盡量提高；見識盡量提高以後，才能意念真誠；意念真誠以後，心思才能安定；心思安定以後，品德才能修養好；品德修養好以後，家庭才能親愛和睦；家庭親愛和睦以後，才能管理好國家；管理好國家以後，天下才能太平。

【詳註】

**古之欲明明德於天下者，先治其國。**

古時候如果想要使天下所有的人，都能修明自己的光明德性，就要先管理好自己的國。《大學》的理想是培養傑出的貴族階級，所以用「古之欲明明德於天下者」作為示範。

古：古代盛世，這只是託古改制者的一種象徵式說法，並非專指歷史上的某一時代。明明德於天下：使全天下的人都能發揚自己光明的德性。大意包括「新民」在內。天下：古代中國境內區域。治（ㄔˊ chí）：動詞「管理、統治」意義的讀音。此字語音ㄓˋ zhì。若依朱子所註，「先治」、「欲治」讀ㄔˊ，「國治」、「末治」讀ㄓˋ。國：古代稱諸侯或君王的封地為「國」。

**欲治其國者，先齊其家。**

想要管理好自己國家，就要先整治家庭或家族，使家中成員親愛和睦。

齊其家：整治他的家政，使其家族中的成員親愛和睦。齊：整治、整理。家：家庭，也指古代大夫的家族，或古代大夫所居的采地或食邑。

**欲齊其家者，先脩其身。**

想要整治家庭或家族，使自己家中成員親愛和睦的人，就要先修養好自己的品德。

修其身：修養自身的品德。

**欲脩其身者，先正其心。**

想要修養好自己的品德的人，就要先使自己心思安定，不受情緒的干擾蒙蔽。

正其心：使心思端正，即心情安定，不受情緒干擾蒙蔽。

**欲正其心者，先誠其意。**

想要使自己心思安定，不受情緒的干擾蒙蔽的人，就要先使自己真誠地面對自己的意念。

誠其意：真誠地面對自己的意念。

**欲誠其意者，先致其知。**

想要使自己真誠面對自己的意念的人，就要先盡可能提高自己的見識。

致其知：推究事物的道理，以獲得不盡的知識。致：推極。知：識見、學問。（王陽明主張：「致」是擴充的意思，因而有「致良知」的學說，比較偏向價值判斷。）

**致知在格物。**

而提高自己的見識，就要窮究事物的道理。

格物：窮究事物的道理。格：窮究。陳立夫：「格物之本義，係對事物加以觀察、區分、解析、量度、比較之意。」（《四書道貫》）

**物格而后知至，知至而后意誠，**

窮究事物的道理以後，見識才能盡量提高；見識盡量提高以後，才能意念真誠；

格物：推究事物的道理。格：推究。

**意誠而后心正，心正而后身脩，**

意念真誠以後，心思才能安定；心思安定以後，品德才能修養好；

**身脩而后家齊，家齊而后國治，**

品德修養好以後，家庭才能親愛和睦；家庭親愛和睦以後，才能管理好國家；

**國治而后天下平。**

管理好國家以後，天下才能太平。

【精解】

・「八條目」與「德治」

朱註：明明德於天下者，使天下人皆有以明其明德也。心者，身之所主也。誠，實也。意者，心之所發也。實其心之所發，欲其必自慊而無自欺也。致，推極也。知，猶識也。推極吾之知識，欲其所知無不盡也。格，至也。物，猶事也。窮至事物之理，欲其處無不到也。此八者，大學之條目也。

朱子所提出的「八條目」，就是格物、致知、誠意、正心、修身、齊家、治國、平天下等八項。這是實踐並完成三大綱領的八個具體步驟，有其本末、先後次序。格、致、誠、正、修五條目是修己，相當於「明明德」的實踐工夫。齊、治、平三條目是善群，相當於「親民」的實踐工夫。齊、治、平三者，必須以修己為本，而修己又必須從格物開展。八條目都實踐了，也就是「止於至善」的實現。這是一套將道德修養與政治教化巧妙結合的政治哲學。

・天下、國、家，古今不同

《大學》所說的天下、國、家三者的概念與現代用法有很大差異。

現代人說「天下」是指全世界。但最初古人認為地在天之下，故稱大地為天下，而事實上「天下」多指中國範圍內的全部土地、統治權。在古代，中國是指華夏族、漢族地區

（以其在四夷之中）。而華夏族、漢族多建都於黃河南、北，因稱其地為「中國」，與「中土」、「中原」、「中華」含義相同。

古代的「國」，也不等於現代的「國家」，而是指諸侯或君王的封地，以孔子時代為例，他周遊列國，到過齊國、晉國兩個大國，也去過衛、宋、陳等小國，他自己所屬的魯國也不大。

至於家，雖可指「家庭」，但「大學」是古代貴族的高等教育機構，所以「家」主要指古代卿大夫的家族和封地。《論語．八佾》：「三家者以雍徹。」朱熹注：「三家，魯大夫孟孫、叔孫、季孫之家也。」《孟子．梁惠王上》：「千乘之國，百乘之家」（一乘為一車四馬）。另外春秋晚期，晉國本由六卿專權，後來范氏、中行氏與智氏相繼被滅，形成韓、趙、魏三家分晉的局面，三十年後周天子才正式承認三家為諸侯國。所以「家」說小可以很小，說大還真的範圍很大呢。

我們以現代人的眼光來看，由於交通和通訊的變革，產業的變化，國家界限日益模糊，地球是平的，世界是一村。所以「天下一家」的概念又回到現實。我們今日詮釋《大學》，應如同傅佩榮所說的：「『家』可以指一個人的家庭。『國』可以指一個人在社會上的工作單位或特定團體；『天下』則可以指某一工作領域，或某一具體的國家，或甚至全人類的範圍。」（參傅佩榮《大學中庸解讀》第19頁）。

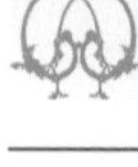

## 【修辭】

### ．八層寶塔：聯珠＋複式層遞

這一節，表達全書說理的邏輯結構，所以動用聯珠（參本書《大學》「經文」章第二節「聯珠」），把每個關節都作緊密結合。然後又用寶塔式的建築結構，讓讀者一開始就站在八層的寶塔頂端，從最高的「明明德於天下」的制高點說起。然後才說「先治其國」，也就是「第八層蓋在第七層上面」；接著說「欲治其國者，先齊其家」，這就是說「第七層蓋在第六層上面」……，同理反復進行，最後回到第一層，原來所有這些都是建立在「格物」上面。也就是說，若要蓋八層寶塔（明明德於天下），必須由地面的一樓（格物）先蓋起。

如果我們把下面的一節連在一起看，就會發現又要從一樓爬到八樓。這種把前進式跟後退式的層遞，一前一後連接起來的修辭方式，屬於複式層遞中的反復式。

這段話可以分為兩個部分。第一部分是從「古之欲明明德於天下者」起，到「致知在格物」。這一部分如果依事物的大小範圍來說，先由天下說起，然後依次是治國、齊家、修身、正心、誠意，致知、格物。這是由大而小的遞降。第二部分從「物格而後知至」起，到「國治而後天下平」。這一部分依事物範圍來說，先由「格物」說起，然後致知、誠意、正心、修身、齊家、治國、平天下。這是由小而大的遞升。這一大段裡，遞降和遞升前後連用，屬於升降連用型。董季棠分析這一段話，採用事物的本末來分，認為第一部分是由末到本的排列，屬於順層遞（也就是遞升）；第二部分是由本到末的排列，屬於倒層遞（也就是遞降）。這樣的分法也可以。（陳正治《修辭學》第282頁）

《大學》文字結構的宏偉精密，真是無以復加。（參本書《大學》「經文」章第一節「排比兼層遞」）

【會通】

・岳飛打張飛：「求真」還是「求善」？

張飛打岳飛，大家都說是亂了朝代。還有人說：這是兩個不同時代的人，根本不可能打在一起。但，如果是岳飛打張飛呢？例如，有關《大學》的改編和內容詮釋，就是跨朝代的大論戰。宋朝的朱子（熹）窮畢生之力，對《大學》進行過「改編」、「補傳」和「註解」的大工程。他的影響很大，因而也樹大招風。

明朝的王陽明（守仁）（西元一四七二—一五二九）對他的很多看法不以為然，提出批評，也有自己的看法。但因為朱子難以回到明以後的未來，只能打不還手；王陽明也無法回到明朝以後的文字論壇，也只能對批評他的人罵不還口。現在還在進行的，只是代理人論戰，所以這些真是一時也說不清。

朱、王二人，最大的歧異，在於「格物、致知」四字。

朱子說：「致，推極也。知，猶識也。推極吾之知識，欲其所知無不盡也。格，至也。物，猶事也。窮至事物之理，欲其極處無不到也。」也就是他要大家「即物窮理」，盡力了解天下之物的道理，認為對事物道理的了解，有益於正心誠意。

王陽明則主張：「致知云者，非若後儒所謂充廣其知識之謂也，致吾心之良知焉耳。……吾心之良知，無有不自知者。」（《大學問》）他認為，「格」為正，「物」為事，「致」為擴充，而「良知」即天理，「致」是擴充的意思，「良知」所知的即為善惡。因而「致知」所知者是善惡之知，也是德性之知。他的「致良知」學說，比較偏向價值判斷。後代支持《古本大學》的學者，往往也為王陽明助陣，聲勢不小。

那麼朱熹的「致知」是否只限於「知識」的知呢？如果是，則我們可以說朱熹的「致知」是「求真」，王陽明的「致知」是「求善」的知。就此而言，沒有人論及「求美」。

但是也有人認為，朱子並未把話說死。他雖然說：「知，猶識也。推極吾之知識，欲其所知無不盡也。」好像傾向於「求真」，但黃慧英指出：「朱子所解『致知』中的『知』是知事物之理而非對客觀世界的認知，而此事物之理（即『窮理』之理）又是事物『所以然之理』與『當然之則』，如此，『格物』、『窮理』便不是知識之事；尤其朱子認為人的心本具眾理，窮理之要是使昏昧之心復歸於明。假若這樣理解朱子之意，則『致知』便不是一

般的認知意義；用朱子之說解釋，亦可見出一定的義理。』」而勞思光也指出：「日後王陽明立說，本身造境雖高，但對『格物』與『致知』的解釋，顯然離原文愈來愈遠。這就使得『格』、『致』、『物』、『知』等詞語意義皆無定解，而成為《大學》的『疑義』所在了。」（以上見勞思光《大學中庸譯註》第8頁及小序）

西方刑事官司，有罪無罪、誰勝誰負，要由陪審團取得共識。如果最後時刻，陪審團一時沒有出來，就表示還沒有結果。我們東方的這個爭論了五百年的文字官司，看來法官、律師很多，並無陪審團，所以論爭還要繼續下去。

## 0-5（修身為本）＊＊＊＊＊

自天子以至於庶人，壹是皆以脩身為本。其本亂而末治者，否矣。其所厚者薄，而其所薄者厚，未之有也。

【語譯】

從天子一直到平民，全都要以修養自身品德作為根本，沒有例外。根本的修身沒能做

好，而能治國平天下，那是不可能的了；對於應該厚待的卻虧待、疏遠了，應該慢慢來、從長計議的卻又急著下工夫，這種本末不分，輕重倒置的事，也不會發生。

**【詳註】**

**自天子以至於庶人，壹是皆以脩身為本。**

從天子一直到平民，都是以修身作為根本，沒有例外。

庶人：指沒有官爵的平民百姓。庶：眾。　壹是：都是、一概、凡此。壹：通常作「一」，「一」表示範圍，相當於「全」、「都」。有時又寫作「壹」。　脩身：內在的修養自身品德，這裡也包含格物、致知、誠意、正心四者。

**其本亂而末治者，否矣。**

如果根本的修身工夫沒能做好，而能治國平天下，那是不可能的了。

其：若、如果，表示假設。　本：根本，指修身。　亂：無條理秩序的。　末：相對於本而言，即枝末、枝節。這裡指齊家、治國、平天下。　治：治理得好，安定天下。　否：不是。用於應對，表示否定的回答。矣：助詞，用在感嘆句末，相當於「了」。

**其所厚者薄，而其所薄者厚，未之有也。**

對於應該厚待（指修身）的卻虧待、疏遠了，應該慢慢來、從長計議的（指齊家、治國、

平天下）卻又急著下工夫，這種本末不分，輕重倒置的事，也不會發生。

厚薄：指事情的輕重緩急，即本末先後。　厚：看重、厚待。　薄：輕視、輕薄。

**【精解】**

**．天子：君權神授**

天下最高君主。古人認為君權神授，君主秉承天意治理人民，故稱天子。《禮記．曲禮下》：「君天下曰天子。」《史記．五帝本紀》：「於是帝堯老，命舜攝行天子之政，以觀天命。」《白虎通．爵篇》：「天子者，爵稱也，爵所以稱天子者何？王者父天母地，為天之子也。故《援神契》曰：『天覆地載，謂之天子。』」《大學》第二章有「周雖舊邦，其命維新」之語，可見其自認權力來自「天命」。

**【修辭】**

**．錯綜：活潑化**

本節「否矣」與「未之有也」意思相同，為何有不同的表達？

對偶、排比的好處是整齊畫一、富麗堂皇（層遞和聯珠也一樣）。但有時也有缺點，那就是容易流於重複、刻板。補救的辦法，就要藉「錯綜」來調劑。錯綜，是故意使上下

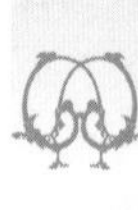

文詞語各異，句子不齊，文法語氣不同，產生活潑多變化的美麗辭面。（董季棠《修辭析論》第399頁）

你說：用兩個「否矣」好呢？還是把第二個「否矣」，改成「未之有也」好？

**・映襯**：本節出現了三組相反的辭彙，兩兩相對：本末、亂治、厚薄。由於「對比」的使用，說理分外鮮明。這種用兩種相反的事物，擺在一起，作對照的形容，以加強印象的修辭方式，就是「映襯」又稱「對比」。（參本書《大學》「經文」章第三節「映襯」）

## 附錄【經文章朱子後語】

右經一章，蓋孔子之言，而曾子述之。其傳十章，則曾子之意，而門人記之也。舊本頗有錯簡，今因程子所定而更考經文，別為序次。如左。

**【詳註】**

曾子：（西元前五〇五—前四三六）名參，字子輿，春秋魯武城人。孔子學生。以孝著稱。提出「吾日三省吾身」的修養方法。認為「忠恕」是孔子「一以貫之」的思想。提出「慎終追遠，民德歸厚」等主張。以其學傳孔子孫子思，相傳《大學》為他所著。後世尊為「宗聖」。　舊本：指《小戴禮記》中的《大學》原文。　錯簡：古代的書多以竹筒、木牘依次串聯編成，錯簡是說竹簡、木牘前後次序錯亂。後用為古書中文字顛倒錯亂之稱。觀《大學》文理，前後並不一貫。錯簡難免。

# 傳十章

## 第一章　釋「明明德」

〈康誥〉曰：「克明德。」〈大甲〉曰：「顧諟天之明命。」〈帝典〉曰：「克明峻德。」皆自明也。

**【語譯】**

《尚書・周書・康誥》說：「要能彰明德性。」《尚書・商書・大甲》說：「要審慎詳

察天給我們的光明德性。」《尚書・虞書・堯典》說：「要能夠彰明偉大的德性。」這些都是在說明自我發揚光明德性的工夫。

**【詳註】**

**〈康誥〉曰：「克明德。」**

《尚書・周書・康誥》說：「要能彰明德性。」

〈康誥〉：《尚書・周書》篇名。　克：能。　明：彰明。　德：德性。「克明德」就是「能明其德」，是周公勉勵康叔的話。

**〈大甲〉曰：「顧諟天之明命。」**

《尚書・商書・大甲》說：「要審慎詳察天給我們的光明德性（不要荒廢怠惰）。」

大甲：大（ㄊㄞˋ tài），通太。大甲就是太甲。〈大甲〉是《尚書・商書》的一篇。　顧：反省顧念、顧念注視的意思。　諟：「是」的古字，此的意思。元朝陳天祥認為：當解作「審」，「顧諟」即「顧視審念」。　天之明命：天賦的光明德性。朱子註：「天之明命，即天之所以與我，而我之所以為德者也。」（陳槃依鄭注，「諟」解為「正」，「顧諟天之明命。」就是說「念在正天的明命」。）

**〈帝典〉曰：「克明峻德。」皆自明也。**

《尚書．虞書．堯典》說：「要能夠彰明偉大的德性。」這些都是在說明自我發揚光明德性的工夫。

〈帝典〉：指〈堯典〉，是《尚書．虞書》的一篇。克明峻德：能明其大德。峻：大。

## 【精解】

### ．解釋權：斷章取義

〈康誥〉的原文是：「惟乃丕顯考文王，克明德慎罰，不敢侮鰥寡，庸庸、祇祇、威威、顯民」。這是〈康誥〉最重要的一段，其中「克明德慎罰」一語尤其重要。但這裡的引文只截取前三字。陳櫟《四書發明》說：「此只取上三字，乃引經活法。」（翟灝《四書考異》引）但以現代人的觀點來看，是「斷章取義」。

### ．太甲就是大甲

太甲，商代國君，名至，是商湯的嫡長孫，太丁之子。他即位後由伊尹輔政。但他不聽伊尹的勸告，不理國政，不守居喪的禮節，被伊尹放逐到商湯埋葬的地方「桐」（軟禁於桐宮）。三年後回到亳都，才想要接受常道。伊尹才歸政於他，並作〈太甲〉來告誡他學習先王，敬奉天命。原文是：「先王顧諟天之明命，以承上下神祇。」意思是：先王敬奉天命，以承順天神地祇。〈太甲〉是古文《尚書．商書》中的一篇，今文本無。因為古文《尚書》經後人考定為偽作，所以這一類文字大可看作出於漢初儒生之手（陳槃認為是魏晉間人所假託），並非真的古籍。亦即所謂「偽書」。

**．帝典**

〈帝典〉，指〈堯典〉，是《尚書．虞書》中的一篇。主要記述堯、舜的事蹟。原文是說堯帝「克明俊（通「峻」）德，以親九族。」原意是：能夠尊明俊德之士，使之助己以親慕九族。但是《大學》引用此語，意思是「能夠弘揚崇高的品德」。

**．堯──傳說中的人物**

堯，傳說中父系氏族社會後期部落聯盟首領。號稱陶唐氏，名放勳，史稱「唐堯」。傳曾命羲和掌管時令，制定曆法。諮詢四嶽，選舜為繼承人。對舜考核三年以後，命舜攝位行政。他死後由舜繼位，史稱「禪讓」。近人以為，〈堯典〉是周代史官根據傳聞編著，又經春秋、戰國時人用儒家思想陸續補訂而成。記載堯、舜禪讓的事蹟，反映了中國原始社會末期的一些歷史情況。

**【修辭】**

**．引用：作文的妙招**

我小時候寫文章，除了結論一定要「反攻大陸」以外，內文往往要來幾句「國父說」、

「蔣總統說」、「孔子說」。考作文時，如果沒有名言佳句在腦中，還可以「俗語說」、「有人說」，或者說一個愛迪生的故事。這樣的引用，頗有好處，除了擴增篇幅，還可以引用權威，以壯聲勢，加強說服力。這個小聰明，使我成了作文比賽的常勝軍。

黃麗貞說：在說話或寫文章時，引取其他和本題有關的語言、文字，以充實內容、佐證或加強自己的論點、見解，或妥切地表示自己的感情，這種修辭法，就是「引用」，也叫「引證」或「引語」。（黃麗貞《實用修辭學》第356頁）

《大學》和《中庸》成書較早，所以書中除了引述堯舜、文武、周公的事蹟和功業，直接引用的文字基本上來自孔子的語錄（21）和《詩經》（28）、《尚書》（6）二經，另外還有《曾子》、「湯之盤銘」、孟獻子、「諺」、《禮記》（各1），其中又以《詩經》文字的引用為最多。五千三百多字就有六十處引用文字，這樣的頻率實在很高（《論語》引用《尚書》文字不過三次，引用《詩經》也不過十四次）。這些引用，往往只是一首詩的片段，有時甚至連文字和文義都改了，難免斷章取義，重複論述或語焉不詳，甚至造成理解上的困難。本書在解析時會適度指出這些問題。初學者對於引用經書造成的障礙（特別是《尚書》），若能暫時避開，或不求甚解，學習會更有成效。

【會通】

**．託古改制**

胡適說：古人言必稱堯舜，只因為堯舜年代久遠，可以由我們任意把我們理想中的制度一概推到堯舜的時代。即如《黃帝內經》假託黃帝，《周髀算經》假託周公，都是這個道理。韓非（《韓非．顯學》）說得好：「孔子、墨子俱道堯舜，而取捨不同，皆自謂真堯舜。堯舜不復生。誰將使定儒墨之誠乎？」（胡適《中國古代哲學史》）這種借重古人的主張，康有為稱為「託古改制」。

# 第二章　釋「新民」＊＊

湯之〈盤銘〉曰：「苟日新，日日新，又日新。」〈康誥〉曰：「作新民。」《詩》曰：「周雖舊邦，其命惟新。」是故君子無所不用其極。

【語譯】

商湯的〈盤銘〉說：如果一天能夠自新，就應該天天自新，新了還要繼續求新。《尚書．康誥》上說：「感化人民、鼓勵人民，使其自新、新生。」《詩經》上說：「我們周人雖然是一個古老的諸侯國，算是一個舊邦了，但是接受天命卻是新近的事。」所以，君子都會盡心竭力去做明德與新民，以達成止於至善。

**【詳註】**

**湯之〈盤銘〉曰：「苟日新，日日新，又日新。」**

商湯的〈盤銘〉說：「如果一天能夠自新，就應該天天自新，新了還要繼續求新。」

湯，即商湯，是商朝的開國君主。盤銘：刻在盥洗盆上以自勉的辭句。　盤：古代青銅製盥洗器具。貴族盥洗時，用匜提水澆洗，以盤盛水。盛行於商、周時代。　銘：刻寫在器物上的文辭。古代常把文字刻在金石器物之上，或用作紀事頌德，或用作勸勉申誡，後來演變成一種文體。　苟：如果。「苟日新」即是「如果能夠日求自新」之意。另一說，「苟」是「敬」字的古體，「苟日新」即是「敬求日新」之意。

**〈康誥〉曰：「作新民。」**

《尚書．康誥》上說：「感化人民、鼓勵人民，使其自新、新生。」

〈康誥〉：《尚書》中的一篇。　作：鼓舞振興。　新民：使民更新、教民向善。

**《詩》曰：「周雖舊邦，其命惟新。」**

《詩經》上說：「我們周人雖然是一個古老的諸侯國，算是一個舊邦了，但是接受天命卻是新近的事。」

《詩》：引自《詩經・大雅・文王》，是一首歌頌周文王德業的詩。　周：指周國。　舊邦：古老的諸侯國。古時諸侯的封土，大的稱為「邦」，小的稱為「國」。周從后稷始受封國，（開國）至太王遷往岐山定居建國，經歷夏、商二代，所以稱作「舊邦」。　其命惟新：根據《尚書》的記載，上天命令文王討伐殷商，接受天命，也就是說文王時天命才開始歸周，所以說「其命惟新」。　其命：指周所秉受的天命。　其：代詞，它的。命：天命。　惟：連詞，「則」的意思，相當於「乃是」。

**是故君子無所不用其極。**

所以，君子都會盡心竭力去做明德與新民，以達成止於至善。

極：極致。指至善的地步。朱註：自新、新民，皆欲止於至善也。

## 【精解】

### ・商湯生平

湯，亦稱「武湯」、「成湯」，自稱履，是商朝的建立者。建都於亳，原為商族領袖，與有莘氏通婚，任用伊尹、仲虺為輔佐，陸續攻滅鄰近的葛國、夏的聯盟韋、顧、昆吾等國，經十一次出征，成為當時強國。約於西元前一六〇〇年左右一舉滅夏，建立商朝。

**・岑溢成說「盤」**

盤，一種盛器。但這種盛器的功用卻有不同的說法。朱子採取孔穎達《禮記正義》的說法，認為這是沐髮浴身之盤。宋陳天祥《四書辨疑》認為是盛食物之盤。宋朝新定邵氏、清朝閻若璩、江永、段玉裁、俞樾等均認為不應為沐浴之盤而當為盥洗之盤。閻若璩的論證最為扼要，他說：「說者謂古者五日一浴，三日一沐，甚或過三日五日之期，非同盥漱為每日晨興所必須。此與銘不合。所以雅愛鄭康成〈內則〉證『盤，承盥水者』、韋昭〈吳語〉註『盤，承盥器也』；直取以易《集註》。」（岑溢成《大學義理疏解》第51頁）

**・甲骨文大師銘文別解**

董作賓說：「苟」字不見於商代的卜辭。金文中常常見到，但「苟」字在這裡作「敬」字解，就是苟是敬字的古文。「又日新」的「又」字，如果在祖甲以前，那只可以作「佑助」解；祖甲以後，才有「再」的解義。董先生因此替這「湯之盤銘」試解作：「敬日新，日日新之，此盤佑助汝之日新。」（轉引自陳槃《大學中庸今釋》第20頁）

**・第一部詩歌總集**

《詩經》是中國第一部詩歌總集。據說是由儒家創始人孔子編定的。大致上是西周初年至春秋中葉、五〇〇年間的作品，共三百零五篇，代表了二五〇〇多年以前詩歌創作的最



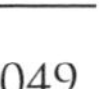

高成就。《詩經》裡的作品都是合樂的唱詞，分為「風」、「雅」、「頌」三部分。「風」是地方樂調，收錄當時十五國的民歌，共一百六十篇。「雅」分「大雅」、「小雅」，多為貴族所作的樂章，「頌」是用於宗廟祭祀的樂歌。《詩經》的寫作方法，古人歸納為賦、比、興三類。「比」就是比喻，「興」就是聯想和象徵，而「賦」，就是有話直說，只用「白描」，不用比喻、象徵或婉曲等寫作方式。

**【會通】**

**．解釋權：經典的引述**

〈康誥〉云：「予惟小子，乃服惟弘王，應保殷民，亦惟助王宅天命，作新民。」〈康誥〉是周武王告誡康叔要小心謹慎地統御管治殷之遺民的文字。「作新民」之原意指當與殷民更始，使殷民受周室之教化。《大學》引用此語，則把「新」用作「自新」，把「民」用作泛稱而非專指殷民；這顯然與〈康誥〉原意不大相符。先儒引述經典，通常借來表達自己的意思，並非詮釋經典，所以不守其本意。（岑溢成《大學義理疏解》第52頁）

**．好習慣的養成**

有人問美國著名的幽默大師馬克吐溫：為什麼一直沒有戒菸？他回答說：「其實我已經戒了好幾百次了。」很多人每年都要買一本新的日記，立下新年的新志向，然後努力實

行新生活。但是，過不了多久，所有的新努力就束之高閣，一切回歸正常，而我就是其中一份子。所以，每次想起初中同學在畢業紀念冊的留言：「君子立恆志，小人恆立志。」我都只能承認自己做不了君子。

如何才能養成良好的新習慣，而不致半途而廢？常見的說法是：要養成一個新習慣，最少需要二十一天的反覆練習。無論這個說法有無根據，如果你真的把一件事重複做個二十一天，那麼相信你一定也會有所收穫。不過最新的說法是：好習慣的養成需要連續六十六天。英國心理學家沃德爾於二〇〇九年通過實驗發現，大約經過六十六天堅持之後，人們就會做到「習慣成自然」，把好習慣轉化成生活的一部分，不再需要刻意堅持。（參本書《大學》第八章「富蘭克林的十三美德」）

# 第三章　釋「止於至善」*

《詩》云：「邦畿千里，惟民所止。」《詩》云：「緡蠻黃鳥，止於丘隅。」子曰：「於止，知其所止，可以人而不如鳥乎？」

《詩》云：「穆穆文王，於緝熙敬止。」為人君，止於仁；為人臣，止於敬；為人子，止於孝；為人父，止於慈；與國人交，止於信。

《詩》云：「瞻彼淇澳，菉竹猗猗。有斐君子。如切如磋，如琢如磨。瑟兮僩兮，赫兮喧兮。有斐君子，終不可諠兮。」如切如磋者，道學也；如琢如磨者，自脩也；瑟兮僩兮者，恂慄也；赫兮喧兮者，威儀也；「有斐君子，終不可諠兮」者，道盛德至善，民之不能忘也。

《詩》云：「於戲！前王不忘。」君子賢其賢而親其親，小人樂其樂而利其利。此以沒世不忘也。

【語譯】

《詩經》上說：「在天子都城一千里內，都是人民居住的地方。」《詩經》上說：「啁啾鳴唱著的黃鳥，就棲息在小山丘的一個小角落。」孔子說：「說到棲息居住，連黃鳥都找得到適合棲息的地方，難道人可以不如鳥嗎？」

《詩經》上說：「和善而肅穆的文王啊，能繼續其光明之德，恭敬其所止，而所止無有不善。」作為國君的本分，要愛護百姓；作為臣下的本分，要有恭肅的態度，對職務不懈怠；作為人子的本分，要做到孝敬父母；為人父母的本分，要做到慈愛子女；和國中的人交往的本分，要做到言行有信用。

《詩經》上說：「看啊！那淇水水流彎曲的岸邊，綠色的竹子美麗多姿，竹子的枝葉，隨風擺動，像是在互相切蹉著。風度翩翩的君子，如同切磋獸骨象牙一般，如同琢磨玉石一般。不斷切蹉琢磨，工夫細密，又勤慎不怠；德行多麼顯赫啊，儀容多麼威風啊。風度翩翩的君子，永遠不會被人忘記。」

談論學問，就要「如同切開獸骨，雕刻象牙」，不斷切磋精進。修養自己的品行，就要「如同研磨玉石」，要不斷琢磨，精益求精。「莊重戒慎」就是戰戰兢兢的態度。「德威明盛」就是令人敬畏的儀表。「風度翩翩的君子，總是令人難以忘記」是說品德完美，達到最高境界，人民會永遠記得他的。

《詩經》說：「啊呀，對於先王要念念不忘。」由於先王的德澤，後代的君子，尊重他所應該尊重的人，並且親近他所應該親近的人，後代百姓也能享受他所能擁有的快樂，獲得他所能得到的利益，這就是先王雖然去世而不會被人忘記的道理。

**【詳註】**

**《詩》云：「邦畿千里，惟民所止。」**

《詩經》上說：「在天子都城一千里內，都是人民居住的地方。」

《詩》：《詩經・商頌・玄鳥》。「頌」是宗廟祭祀、歌功頌德所作的詩。這也是一首簡短的史詩。敘述殷商始祖契誕生的傳說，以及商湯建立王業，武丁中興的功績。邦畿：國境、疆域。舊說，天子統治之地千里，稱為王畿。　邦：古時諸侯的封土，大的稱為「邦」，小的稱為「國」。　畿（ㄐㄧ jī）：或作「幾」。國都，或古代君王所管轄的地方。

惟民所止：人民所居之處。　惟：是、為。發語詞，無義。　止：居住。

**《詩》云：「緡蠻黃鳥，止於丘隅。」**

《詩經》上說：「啁啾鳴唱著的黃鳥，就棲息在小山丘的一個小角落。」

《詩》：引自《詩經・小雅・綿蠻》。　緡蠻：即綿蠻，黃鳥的鳴叫聲。　黃鳥：胡淼《詩經的科學解讀》說，這種鳥，應當是民間稱作「蘆花黃雀」的黃雀，是一種柔弱的小鳥，而不是光鮮有力，鳴聲嘹亮的黃鸝。　丘隅：小山丘的角落（指山岩曲折，草木繁盛，適於棲息的地方）。　丘：小土山、小土堆。　隅：角、角落。　止：棲息。

**子曰：「於止，知其所止，可以人而不如鳥乎？」**

孔子說：「說到棲息居住，連黃鳥都找得到適合棲息的地方，難道人可以不如鳥嗎？」

而：尚且。　不如：比不上。　乎：用於句尾，表示反詰的語氣。

**《詩》云：「穆穆文王，於緝熙敬止。」**

《詩經》上說：「和善而肅穆的文王啊，能繼續其光明之德，恭敬其所止，而所止無有不

善。」

《詩》：引自《詩經．大雅．文王》，是一首歌頌周文王德業的詩。　穆穆：睦睦的假借，和敬的樣子。形容人謙謹恭敬、氣度深遠。　文王：商末周族領袖（事蹟參見本書〈中庸〉第十八章）。　於（ㄨ wū）：表示感嘆、讚美的語氣。　緝熙：繼續光明。　緝：繼續。　熙：光明。　敬止：止於敬。另一說：敬：敬事上帝。止：助詞，用於語尾，以加強語氣。戴震《詩經補注》：「敬慎其止居不慢也。故《禮記．大學》引之以明止於至善。」止有靜的意思。止，陳宏謀註云：「《詩》釋止字為語辭；《大學》引《詩》則訓止為實字，謂文王能敬止其所而不遷，為止至善之證。義自各別也。」（《四書考輯要》）

**為人君，止於仁；為人臣，止於敬；**

作為國君的本分，要愛護百姓。作為臣下的本分，要有恭肅的態度，對職務不懈怠。人君：國君。　止：「止」有至、達到、停息、居住、棲息等多重含意，此處是「自處」之意。　仁：寬惠善良的德性。敬：恭肅、對職務不荒怠。

**為人子，止於孝；為人父，止於慈；**

作為人子的本分，要做到孝敬父母；為人父母的本分，要做到慈愛子女；孝：善事父母的道理、方法。慈：父母對子女的愛稱為「慈」。

**與國人交，止於信。**

和國中的人交往的本分，要做到言行有信用。

交：來往、往來相好。　信：誠實不欺、有信用。

**《詩》云：「瞻彼淇澳，菉竹猗猗。**

《詩經》上說：「看啊！那淇水水流彎曲的岸邊，綠色的竹子美麗多姿。

《詩》：引自《詩經．衛風．淇澳》，歌頌衛武公的美德。衛國是周初康叔的後裔，武公勤政愛民，輔助周平王擊退犬戎，受封為公。這是周初之事。　瞻：向上或向前看。淇：河川名。源於河南省林縣，流經湯陰縣至淇縣注入衛河。　澳（ㄩˋ yù）：岸邊水流彎曲的地方。　菉竹：綠色的竹子。菉：讀音ㄌㄨˋ lù，語音ㄌㄩˋ lǜ，《詩經》作「綠」。一說，菉為一種草本植物，蓼科蓼屬，遠望如竹。　猗猗（ㄧ yī）：茂盛濃綠的樣子。

**有斐君子，如切如磋，如琢如磨。**

竹子的枝葉，隨風擺動，像是在互相切蹉著。風度翩翩的君子，如同切磋獸骨象牙一般，如同琢磨玉石一般。

有：助詞，加於形容詞前的虛字，作為詞頭。斐：有文采的樣子。　「切」、「磋」、「琢」、「磨」：古代雕刻獸骨和玉石的工藝。

**瑟兮僩兮，赫兮喧兮；有斐君子，終不可諠兮！」**

不斷切蹉琢磨，工夫細密，又勤慎不怠；德行多麼顯赫啊，儀容多麼威風啊。風度翩翩

的君子，永遠不會被人忘記。」

瑟：矜持莊重、嚴密。　僩（ㄒㄧㄢˋ xiàn）：勤慎不怠。　赫：盛大。　喧：明亮，形容有威儀。　諠（ㄒㄩㄢ xuān）：忘記，通「諼」。

**如切如磋者，道學也；如琢如磨者，自脩也：**

談論學問，就要「如同切開獸骨，雕刻象牙」，不斷切磋精進。修養自己的品行，就要「如同研磨玉石」，要不斷琢磨，精益求精。　自脩：修身、自我修養。

道學：講習討論之事。　道：作動詞用，說、談論。

**瑟兮僩兮者，恂慄也；赫兮喧兮者，威儀也：**

「莊重戒慎」就是戰戰兢兢的態度。「德威明盛」就是令人敬畏的儀表。

恂慄：戰戰兢兢。　恂：恐懼。　慄：戰慄、發抖。　威儀：莊重的容貌舉止。

**「有斐君子，終不可諠兮」者，道盛德至善，民之不能忘也：**

「風度翩翩的君子，總是令人難以忘記」的意思，是說品德完美，達到最高境界，人民會永遠記得他的。

終：到底、畢竟。　道：作動詞用，說、談。　盛德：高尚的品德。　至善：極為完善。

**《詩》云：「於戲！前王不忘。」**

《詩經》上說：「啊呀，對於先王要念念不忘。」

《詩》：引自《詩經．周頌．烈文》。於戲（ㄨ ㄏㄨ wū hū）：即「嗚呼」，讚歎之辭。歎詞二字連用，比起單獨使用表達更為突出的語調，抒發更為強烈的感情。前王：即「先王」。朱子以為指周文王與周武王。

**君子賢其賢而親其親，小人樂其樂而利其利：**

由於先王的德澤，後代的君子，尊重他所應該尊重的賢人，並且親近他所應該親近的親人。後代百姓也能享受他所能擁有的快樂，獲得他所能得到的利益。

君子：指後世的賢君。　賢其賢而親其親：第二個「賢」和「親」字是名詞，指賢人和親人，第一個「賢」和「親」字則轉變為動詞，這是「轉品」。後面的「樂其樂而利其利」也是同樣情形。小人：指後世的人民。

**此以沒世不忘也：**

這就是先王雖然去世而不會被人忘記的道理。

沒世：前王逝世。沒（ㄇㄛˋ mò）：同「歿」。

**【修辭】**

**．摹聲：繪聲繪影**

本節「緡蠻黃鳥」的「緡蠻」二字，是以聲音相近的字，去描摹黃鳥的聲音，以產生

繪聲繪影的效果。這種修辭方式叫做「摹聲」。摹聲是「摹狀」的一種。

在現實生活中，人們把各種事物的形狀、聲音、色澤、氣味、情態等的感受，描繪出來，這種「跟著感覺走」的修辭手法，就是「摹狀」。摹狀的修辭，以摹聲詞為最多。

**・反問：答案就在問題的反面**

「可以人而不如鳥乎？」孔子提出了問題，並未說出答案，這是一種「反問」的修辭方法，是為了激發聽者、讀者的思考而問。

這種修辭法，表面上有問題，但沒有答案。不過，仔細推敲，答案卻很明顯地表現在問題的反面。也就是說，常以否定的形式表示肯定的意思，而以肯定的形式表示否定的意思。「可以人而不如鳥乎？」當然不可以。連鳥都能知止，何況是人？

反問格，由於總是採取不容置疑的語氣來表達確定的內容，這可以使重要的內容得到強調突出，並能有力地激發人們進一步思考問題；又使得作品氣勢峭勁，挺拔有力，易於感人。（參本書《中庸》第三十二章「反問」）

**・複句排比：複雜隊形**

填充題：為人(1)，止於(2)。

答案：(1)君、臣、父、子、國人皆可。(2)仁、敬、孝、慈、信皆可。

如果寫成一個句字，就是「為人君、臣、父、子，就要分別以仁、敬、慈、孝為終級目標。」但這樣子寫，有一點不清不楚，不乾不脆。所以《大學》還是寫成了五個句組，成為很整齊的「複句排比」。

要表達相同範疇的意思，必須要用三個以上句組（即以二個以上的句子為一組），才可以交代清楚，所以就有了複句的排比。（參本書《大學》「經文」章第一節「排比兼層遞」）

**．互文：一種省略方式**

本章用切磋比喻講求學問，用琢磨比喻自我修習，只是為了行文的方便。其實這兩件事情的道理可以互通。也就是說，君子的道學和自修，好像是雕琢獸骨、象牙和玉石，都需要切磋琢磨，不然器物就不能成為美器，而君子就不會有完美的德行。這裡用的是「互文修辭法」。這種修辭法，《中庸》也有多處用到。（參本書《中庸》第十九章）

王占福說：為避免行文的單調呆板，或為適應文體表達的需要（如格律、對偶、音節等），經常把一個意思完整或意思比較複雜的語句有意識地拆開，分成兩個（或三個）語句相同（或基本相同）、用詞交錯有致的語句，使這兩個（或三個）語句的意義內容具有彼此隱含、相互呼應、相互補充的關係，但在解釋時必須前後互為補充或互相拼合語句的意義。這種修辭方式叫做互文，又稱互文見義、互辭等。（王占福《古代漢語修辭學》189頁）

**．轉品：**「賢其賢」、「親其親」、「樂其樂」、「利其利」，四組相同的字，詞性卻都有不同。這是一種「轉品」。（參本書《大學》「經文」章第一節）

・對比：「君子」和「小人」產生「對比」。（參本書《大學》第六章）

【會通】

・「知止」的現代意義

本章是「止於至善」的申論，但都止於理想目標的建立和實踐的態度。以現代人的生命管理來說，「知止」有其深刻意義。

「知止」就是要懂得說「不」。人的慾望無窮，到處充滿誘惑。莊子說：「吾生也有涯，而知也無涯，以有涯隨無涯，殆已。」所以，我們要「知止」，懂得什麼事該做，什麼事不該做，懂得什麼朋友該交，什麼朋友不該交。有時，話到嘴邊留半句，比全說了好。有時守口如瓶又比說半句好。尤其重要的是承諾，要答應一件事，只要點個頭，說一聲「是」或「好」就成了，但之後也許要為無謂的承諾而疲於奔命，或落到輕諾寡信的下場。

「知止」不但是懂得選擇，還要懂得「專注」，集中時間、人力、財力資源於少數重要目標，甚至是唯一目標。人若是什麼都想做好，結果就是什麼都沒做好。我父親常常提醒我：「行行通，樣樣鬆。」我的老師夏起晉也常常提醒學生「要科科皆長，一科專。」

「知止」有時候也意味著「適可而止」，適度滿足，不要太過分，過度吹毛求疵。有時，為了「顧此」，不得不「失彼」，在某些地方適時鬆手放棄。

### ．王永慶力行「大學之道」

《論語》像是散落的珍珠，能再把它串起來的沒有幾個人。所以，要能以「半部《論語》治天下」並不容易。《大學》只有一千七百四十七字，卻綱舉目張，容易掌握要旨。

經營之神王永慶，就頗能領會《大學》的精髓。他說：「管理沒有祕訣，只看肯不肯努力下功夫，凡事求得合理化。台塑經營管理的理念是追根究底、止於至善。」

細讀王永慶的相關論著，千言萬語，不過三個要點：合理化、追根究底和止於至善。他目標明確，就是要賺錢，原則清楚，就是改進效率，而努力過程就是不斷日日新、又日新。王永慶只讀過小學，他卻是最懂得運用「大學之道」於經營管理的人。

### ．孔子的詩教

古人說話喜歡引經據典。孔子對於《詩經》尤有偏好。他不但言談之間常常要引用《詩經》（《論語》引用《詩經》文字共十四次），更隨時督促提醒自己的兒子（鯉）讀《詩》，告訴他：「不學《詩》，無以言」（《論語．季氏》）另外他也說「興於《詩》，立於《禮》，成於《樂》」。（《論語．泰伯》）他的詩教最得我心的一句話則出現於《論語．陽貨》篇。子曰：「小子何莫學夫《詩》？《詩》可以興，可以觀，可以群，可以怨。邇之事父，遠之事君；多識於鳥獸草木之名。」意思是說：「弟子們，何不多學些《詩》呢？讀《詩》可以興發志氣，可以觀覽各地風土民情，可以了解社會人群，還可以知曉民怨，從而

規正施政得失。近可用來事奉父親，遠可用來事奉國君，還可以認識和記憶許多動植物的名稱。」《大學》引用《詩經》文字十二次，其中五次出現在本章。《中庸》引用《詩經》文字十六次。這是孔子詩教的延伸。

# 第四章 釋「本末」**

子曰：「聽訟，吾猶人也，必也使無訟乎！」無情者不得盡其辭，大畏民志。此謂知本。

【語譯】

孔子說：「擔任審判官，聽取訴訟雙方陳訴，做出公平裁決，我和別人一樣。如果可能的話，應該進一步杜絕訟源才對。」不肯說出事情真相的人，不能縱容他信口開河，強詞奪理。要能以德服人，使人民真誠，自然興讓息爭，因而訴訟的事情就不會發生，根本用不著去審判了。這就叫做「知本」。

**【詳註】**

**子曰：「聽訟，吾猶人也，必也使無訟乎！」**

孔子說：「擔任審判官，聽取訴訟雙方陳訴，做出公平裁決，我和別人一樣。如果可能的話，應該進一步杜絕訟源（以德化人，使他們向善，不致涉訟）才對。」

聽訟：審理訴訟、判案。　聽：斷決、判決。　猶人：不異於人。　必也：轉接語。假如可能有所不同之意。　必：假設，如果。（大部分註本將「必也」解為「必定」、「力求」、「最要緊」，似未確當。）

**無情者不得盡其辭，大畏民志，此謂知本。**

不肯說出事情真相的人，不能縱容他信口開河，強詞奪理。要能以德服人，使人民真誠（有深深的敬畏之心），自然興讓息爭，因而訴訟的事情就不會發生，根本用不著去審判了，這就叫做「知本」。

無情：不合實情。　情：指實情道理，與感情無關。　盡其辭：暢所欲言。　辭：指勉強的狡辯。　畏：敬畏。作動詞用，「使……敬服」的意思。　民志：民心、人心。指社會中多數人的意志所表現的「社會制裁」。

**【會通】**

### ・文本的問題

前章解釋「止於至善」時，引用一大堆子曰、《詩》云，論證並不充分。本章解釋「本末」也只有「聽訟」的單一事例，更加不足。明方孝孺說：「以聽訟釋本末，律以前後例不類。」李贄則說：「朱文公既曰明德為本，新民為末，則第一章釋明明德，第二章釋新民，是本末已釋過了，何必又釋本末！無乃眉下添眉耶？」

本章最大的不足，在於站在貴族和士大夫的立場說話，一般人是畏懼訴訟的「民」，不是「聽訟」者。而且本末也不僅聽訟一端。

古代訴訟，強調官威，人民到了官府，心情基本上就是畏懼的——君不見公堂之前恆有「威武」、「肅敬」之告示乎。古代對受害人的保護不足，現代講究人權，為了所謂「程序正義」，有時「恐龍法官」對於加害人反而過度保護。

# 第五章 釋「格物致知」

此謂知本。此謂知之至也。

【語譯】

這就叫做「知本」。這就是知的最極致了。

【詳註】

此謂知本。

這就叫做「知本」。

依據程頤的意見，上一章最後一句就是「此謂知本」所以這句是「衍文」，也就是重複多餘的文字。

此謂知之至也。

這就是知的最極致了。

【附註】

朱熹說：「此句之上別有闕文，此特其結語耳。」意思是：這一句像是結尾的語氣，前面還缺少了一些文字。而這缺少的部分，正是有關「格物致知」的申論。朱子自己寫了以下一段文字：

所謂致知在格物者，言欲致吾之知，在即物而窮其理也。蓋人心之靈，莫不有知；

而天下之物，莫不有理。惟於理有未窮，故其知有不盡也。是以《大學》始教，必使學者即凡天下之物，莫不因其已知之理而益窮之，以求至乎其極。至於用力之久，而一旦豁然貫通焉，則眾物之表裡精粗無不到，而吾心之全體大用無不明矣。此謂物格，此謂知之至也。

**【語譯】**

朱子這段文字的意思是：

所謂「致知在格物」就是說，若要實現自我的認知本能，就要針對每一件事物，窮究其理原理。因為人的心性，都具備了天賦的認知本能；而天下萬事萬物，也都有其根本原理。只是因為沒有用心窮究事物之原理，所以我們的本能就無法完全發揮。所以《大學》教人的開始，必定使學習的人，針對他所面臨的全部事物，無不應用他已經知道的道理為基礎，而繼續深入探討，以求達到最高深、最極致的境界。等到由於用功很久，一旦豁然開朗，得以貫通，則事事物物的表面和內在，巨觀和微觀，都能了悟，而我的心靈的整體本能作用也就沒有不明白的了。此就是事理的貫通，也是本能發揮到極限。

【詳註】

**所謂致知在格物者，言欲致吾之知，在即物而窮其理也。**

所謂「致知在格物」，就是說，若要實現自我的認知本能（知識），就要針對每一件事物，窮究其原理。

致知：推極我的知識。格物：依據朱子解釋，格物為窮至（至即來的意思）事物的道理。今多宗此說。即物：針對每一件事物。窮：窮究。

**蓋人心之靈，莫不有知；而天下之物，莫不有理。**

因為人的心性，都具備了天賦的認知本能；而天下萬事萬物，也都有其根本原理。

靈：心性、精神。

**惟於理有未窮，故其知有不盡也。**

只是因為沒有用心窮究事物之原理，所知有限，所以不能夠徹底明白。

**是以《大學》始教，必使學者即凡天下之物，**

所以《大學》教人的開始，必定使學習的人，針對他所面臨的全部事物，

**莫不因其已知之理而益窮之，以求至乎其極。**

無不以已經知道的道理為基礎，更加用心深入探討，以求達到最高深、最極致的境界。

**至於用力之久，而一旦豁然貫通焉，**

等到由於用功很久，有一天忽然想通了，一切道理都能貫通起來。

豁然：開通貌。

**則眾物之表裡精粗無不到，而吾心之全體大用無不明矣。**

則天下事物的表面和內在，巨觀和微觀，都能了悟，而我的心靈的整體本能作用也就沒有不明白的了。

表裡精粗：內內外外，大大小小。表：指理的大綱。裡：指理的條目。精：細致。粗：大率。

**此謂物格，此謂知之至也。**

這就叫做「格物」，這就是知的極致了。

## 【精解】

### ·格物的工夫

《大學》原是貴族的「大人之學」，所說的道德教育理想，要內聖兼外王，也就是政治理想「平天下」的實現。於是道德和政治合而為一，形成了所謂「德治」。德治的追求，當然要以社會的穩定為基礎，所以雖然傾聽人民的聲音極為重要，卻要在宗法制度的大架構下進行，講究遵守禮法倫常而不求知識的創新。因而，所謂「明明德」偏向「明善」，而

所謂「致知」，偏向德性之知（或明善）也是免不了的事。有此偏向，「求真」和「明善」會有脫鉤，也是很自然的事。因而《大學》對於「細推物理」的「格物」部分略而未談，並非無因。

朱子說：「蓋釋格物、致知之義，而今亡矣，閒嘗竊取程子之意以補之」，但他所寫的是否即《大學》原意，已難認定，所以不能視為本文的一部分。

陳立夫認為，《中庸》第二十章所講的博學、審問、慎思、明辨、篤行等五階段功夫，正可善盡「格」的工夫，可備一說。（《四書道貫》第22頁）

不過若從今日治學觀點立論，講「格物致知」最深入的當屬諾貝爾獎得主，美籍華裔物理學家丁肇中（一九三六—　）。一九九一年他於北京以〈應有格物致知精神〉為題，發表演講。下面就是他的演講詞摘要：

**．丁肇中說「格物致知精神」**

在中國傳統教育裡，最重要的書是「四書」。「四書」之一的《大學》裡這樣說：一個人教育的出發點是「格物」和「致知」。就是說，從探察物體而得到知識。用這個名詞描寫現代學術發展是再適當也沒有了。現代學術的基礎就是實地的探察，就是我們現在所謂的實驗。

但是傳統的中國教育並不重視真正的格物和致知。這可能是因為傳統教育的目的並不是

尋求新知識，而是適應一個固定的社會制度。《大學》本身就說，格物致知的目的，是使人能達到誠意、正心、修身、齊家、治國的田地，從而追求儒家的最高理想——平天下。因為這樣，格物致知的真正意義被埋沒了。

儒家傳統的看法認為，天下有不變的真理，而真理是「聖人」從內心領悟的。聖人知道真理以後，就傳給一般人。所以經書上的道理是可「推之於四海，傳之於萬世」的。這種觀點，經驗告訴我們，是不能適用於現在的世界的。

科學進展的歷史告訴我們，新的知識只能通過實地實驗而得到，不是由自我檢討或哲理的清談就可求到的。

我覺得真正的格物致知精神，不但是在研究學術中不可缺少，而且在應付今天的世界環境中也是不可少的。在今天一般的教育裡，我們需要培養實驗的精神。就是說，不管研究科學，研究人文學，或者在個人行動上，我們都要保留一個懷疑求真的態度，要靠實踐來發現事物的真相。現在世界和社會的環境變化得很快。世界上不同文化的交流也越來越密切。我們不能盲目地接受過去認為的真理，也不能等待「學術權威」的指示。我們要自己有判斷力。在環境激變的今天，我們應該重新體會到幾千年前經書裡說的格物致知真正的意義。這意義有兩個方面：第一，尋求真理的唯一途徑是對事物客觀的探索；第二，探索的過程不是消極的袖手旁觀，而是有想像力的有計畫的探索。希望我們這一代對於格物

和致知有新的認識和思考，使得實驗精神真正地變成中國文化的一部分。（轉引自姚金銘《大學智慧》）

【會通】

**．古書的補寫問題**

《文心雕龍》認為，文章之法，有隱有秀，有些意思，含蓄潛藏於字裡行間已足，甚至更耐人尋味。《古本大學》自有其完整的內在結構，即使有闕漏，也只能像「未完成交響曲」一般，保持原貌。所以，對於改編和補寫不以為然的學者也不少。

勞思光說：朱子的補傳，代表朱子承程門的學說，未必即《大學》原意。但自朱註《四書》通行於世之後，他所改編的地方，與他作的補傳，都變為定本。這是時勢使然。學者不可因此便以為朱子之補傳是《大學》原意。（勞思光《大學中庸譯註》第16頁）

傅佩榮也說：由於這份文本並未談到「格物致知」，於是朱熹再依程頤之意作了「補傳」。這在我國經典的傳承史上可謂創舉。朱熹這種作法並不合適。關於古代經典，即使可能有刻錯寫錯的字句，但我們後人連增減一字都須萬分謹慎，何況是像朱熹一般擅自增加一百三十四個字呢？（傅佩榮《大學中庸解讀》第12頁）

**．豁朗期**

朱子所謂「豁然貫通」的境界，在心理學上也有相關研究。

英國心理學家瓦拉斯（G. Wallas，1926~）將創造歷程分為四個階段：準備期、潛伏期、豁朗期、驗證期。朱子所謂「因其已知之理而益窮之」就是「準備期」，「用力之久」就是中間還有思而未得，沒完全貫通，進入「潛伏期」，到了「豁然貫通」，就是「豁朗期」。科學史上，有很多重要發明都是在睡夢中（潛伏期）想出來的。

苯在一八二五年由英國科學家法拉第首先發現。此後幾十年間，人們一直不知道它的結構。所有的證據都表明苯分子非常對稱，大家實在難以想像六個碳原子和六個氫原子怎麼能夠完全對稱地排列、形成穩定的分子。一八六四年冬的某一天，德國化學家凱庫勒坐在壁爐前打了個瞌睡，原子和分子們開始在幻覺中跳舞，一條碳原子鏈像蛇一樣咬住自己的尾巴，在他眼前旋轉。猛然驚醒之後，凱庫勒明白了苯分子是一個環，就是現在充滿了我們的有機化學教科書的那個六角形的圈圈。後來，人們發現苯的分子結構遠比凱庫勒想像的複雜得多，這是後話，不過，凱庫勒提出的苯的結構圖（習慣上稱為「凱庫勒式」）能解釋一些現象，仍然有一定的價值。（引自中國網〈科學史上四個著名的夢〉）

凱庫勒的夢，就是「日有所思，夜有所夢」的結果。所以「思而不得」也不會完全白費，潛意識會繼續發揮作用，直到進入豁朗期。

# 第六章　釋「誠意」＊＊＊＊

所謂「誠其意」者，毋自欺也。如惡惡臭，如好好色，此之謂自謙，故君子必慎其獨也。

小人閒居為不善，無所不至；見君子而后厭然揜其不善，而著其善。人之視己，如見其肺肝然，則何益矣？此謂誠於中，形於外。故君子必慎其獨也。

曾子曰：「十目所視，十手所指，其嚴乎！」富潤屋，德潤身，心廣體胖。故君子必誠其意。

【語譯】

所謂「誠其意」（使意念真誠）的意思，就是不要欺騙自己。討厭惡事，要像討厭難聞的氣味一般自然，喜歡好事，也要像喜歡看美好的顏色一樣自然。這樣做就是所謂「自謙」，也就是順乎本性，才能自我滿足。所以有德的人，若要使意念純正，必須在獨處的時候力求謹慎。

小人平日獨處的時候，就會做壞事，沒有什麼不敢做的。當他們見到君子的時候，就會掩掩遮遮地掩飾自己的壞處，而刻意表現自己好的一面。人的心思，很容易以肢體語言和表情洩露出來，就好像內臟都被看透了的樣子。刻意遮掩和表現又有什麼用呢？這就是所謂內心的真誠與否，外表就會顯現出來。所以君子在獨處的時候，要更加謹慎。

曾子說：「被十隻眼看著，被十隻手指著，這是多麼嚴厲的事呀！」財富可以裝飾屋子，德行可以使自身有光彩。心懷坦蕩，體貌自然舒泰。因此君子一定要真誠地面對自己的意念。

**【詳註】**

**所謂「誠其意」者，毋自欺也。**

所謂「誠其意」（使意念真誠）的意思，就是不要欺騙自己。

誠其意：使意念真誠。　誠：使，動詞。　者：語氣詞，用於判斷句，放在主語後，引出判斷。　毋：不要。副詞，表示對祈使的否定，用在動詞之前，表示禁止或者勸阻，相當於「不要」、「莫」、「別」。　自欺：欺騙自己。　也：表示判斷或肯定的語氣。

**如惡惡臭，如好好色，**

討厭惡事，要像討厭難聞的氣味一般自然；喜歡好事，也要像喜歡看美好的顏色一樣自

然。

惡惡臭：討厭汙穢的氣味。第一個「惡」是「憎恨、討厭」的「惡」（ㄨˋ wù），第二個「惡」（ㄜˋ è）字是形容詞，指不好。惡臭，指汙穢的氣味，較現代單指臭味的含義廣泛。 臭（ㄒㄧㄡˋ xiù）：氣味。不像今日用來和「香」做對比。 好好色：喜愛美好的容色。第一個「好」（ㄏㄠˋ hào），喜歡。第二個「好」（ㄏㄠˇ hǎo），美好。

**此之謂自謙，故君子必慎其獨也。**

這樣做就是所謂「自謙」，也就是順乎本性，才能自我滿足。所以有德的人，若要使意念純正，必須在獨處的時候力求謹慎。

自謙：對自己滿意，內心沒有遺憾。謙（ㄑㄧㄝˋ qiè）：通「慊」，滿足、愜意的意思。 慎其獨：在獨自一人時也謹慎不苟；對於只有自己知道的心中意念，也要謹慎覺察其善惡。

朱註：「獨者，人所不知，而己所獨知之地也。言欲自脩者知為善以去其惡，則當實用其力，而禁止其自欺。使其惡惡則如惡惡臭，好善則如好好色，皆務決去，而求必得之，以自快足於己，不可徒苟且以徇（ㄒㄩㄣˋ xùn，屈從、偏私、環繞）外而為人也。然其實與不實，蓋有他人所不及知而己獨知之者，故必謹之於此以審其幾焉。」

**小人閒居為不善，無所不至；**

小人平日獨處的時候，就會做壞事，沒有什麼不敢做的。

小人：「君子」的反面。　閒居：即獨處、家居無事。　不善：壞事。

**見君子而后厭然揜其不善，而著其善。**

當他們見到君子的時候，就會掩掩遮遮地掩飾自己的壞處，而刻意表現自己好的一面。

厭然：躲躲閃閃，見不得人的樣子或神態。厭（ㄧㄢˇ yǎn）：閉藏的樣子。孔穎達疏：「厭然，閉藏其不善之事。」　揜：同「掩」，即遮蔽隱藏。　著其善：顯現自己好的一面。

著（ㄓㄨˋ zhù）：顯露、刻意表現。

**人之視己，如見其肺肝然，則何益矣？**

人的心思，很容易以肢體語言和表情洩露出來，就好像內臟都被看透了一般。刻意遮掩和表現又有什麼用呢？

如見其肺肝：如同一眼就被看透心肝的樣子。　然：「……的樣子」。指小人欲揜其惡而終不可揜，欲詐為善而卒不可詐。「然」能與名詞、動詞、形容詞及其短語結合成固定結構，表示情狀，相當於「的樣子」、「……似的」。

**此謂誠於中，形於外，故君子必慎其獨也。**

這就是所謂內心的真誠與否，外表就會顯現出來。所以君子在獨處的時候，要更加謹慎。

誠於中形於外：內心真有什麼，外表便顯現出什麼。　中：指內心。　外：指外表。

獨：別人看不到的地方。獨處的時候。

**曾子曰：「十目所視，十手所指，其嚴乎！」**

曾子說：「被十隻眼看著，被十隻手指著，這是多麼嚴厲的事呀！」

比喻一個人的言行，均受到眾人的監視注意，不可不慎。「十」表示眾多之意，未必是十人或五人。　視：看。　指：用手指，指責。　其：發語詞，無義。　嚴：嚴厲。「千夫所指，無疾而死。」現代傳播事業發達，輿論力量強大，已經是萬手所指，萬目所視了。

**富潤屋，德潤身，心廣體胖。**

富有可以修飾房屋，德行可以使身心有光彩。心懷坦蕩，體貌自然舒泰。

潤身：修養自身。潤：修飾、潤澤。　心廣體胖：心胸寬廣，身體舒泰安康。比喻心懷坦蕩，體貌自然舒泰。　廣：寬大。　胖（ㄆㄢˊ pán）：大、舒坦。

**故君子必誠其意。**

因此君子一定要真誠面對自己的意念（使自己的意念真誠）。

**【精解】**

**．「厭然」別解**

「厭」一般讀為ㄧㄢˇ，是「遮蔽、隱藏」的意思，如作此解，則與後面的「揜」語意重複；「厭」又讀ㄧㄢ yān。「厭然」就是「安然、安定」。如作此解，則小人在君子前面，故

作鎮定，若無其事，不但不會重複，還能彰顯小人行徑。似也可通？

【修辭】

・**轉品**：「如惡惡臭，如好好色」，「惡臭」的「惡」本來是形容詞，第一個「惡」字轉變為動詞。同樣地，「好」本是形容詞，美好的意思。第一個「好」轉變為動詞以後，是喜歡之意。這種詞性轉變的現象稱為「轉品」。（參本書《大學》「經文」章第一節「轉品」）

・**反問**：「則何益矣？」這是運用「反問法」，語氣更強，更理直氣壯。（參本書《大學》第三章「反問」）

・**借代**：「十目所視，十手所指」是以定數代替不定數，表示很多人，這是一種「借代」的修辭方式。（參本書《中庸》第十章「替代」）

【會通】

・**心廣體胖**

《升菴經說》引子夏說先王之義戰勝於胸臆故肥一事，做「心廣體胖」的說明，可以說確切之至。案吳孫權問諸葛恪：「你近來怎麼娛樂，怎麼會一天比一天『肥澤』？」恪答道：「我聽說，『富潤屋，德潤身』。我不敢做別的娛樂，不過注意自己的修養罷了。」

可見這「體胖」，三國時人還是作體肥來解。

**・鷗鳥知人心**

《列子・黃帝》：「海上之人有好漚（同鷗）鳥者，每日之海上，從漚鳥遊，漚鳥之至者百數而不止。其父曰：『吾聞漚鳥皆從汝遊，汝取來，吾玩之。』明日之海上，漚鳥舞而不下也。」

# 第七章　釋「正心」

所謂「脩身在正其心」者，身有所忿懥，則不得其正；有所恐懼，則不得其正；有所好樂，則不得其正；有所憂患，則不得其正。心不在焉，視而不見，聽而不聞，食而不知其味。此謂脩身在正其心。

**【語譯】**

所謂「脩身在正其心」，意思是說：因內心發生忿恨時，情緒就會受到干擾而失去平衡。在恐懼害怕時，便不能平衡；在歡喜愛好時，便不能平衡；在憂愁煩惱時，便不能平

衡。一個人如果注意力無法集中，或另想別事，雖張眼觀看，也會看不見，用耳朵聽，也聽不進去，張嘴去吃，也吃不出味道。就這是「脩身在正其心」的道理。

【詳註】

**所謂「脩身在正其心」者，**

所謂「脩身在正其心」，意思是說：

正其心：端正他的心思。

**身有所忿懥，則不得其正；有所恐懼，則不得其正；**

自己生氣了，情緒就會受到干擾而失去平衡。在恐懼害怕時，便不能平衡；

程頤說：「身有之身當作心。」身：指自身，包含身心各方面。忿懥（ㄓˋ zhì）：生氣。懥：怒。

**有所好樂，則不得其正；有所憂患，則不得其正。**

在歡喜愛好時，便不能平衡；在憂愁煩惱時，便不能平衡。

好樂（ㄏㄠˋ ㄧㄠˋ hào yào）：喜好、欣賞。

**心不在焉，視而不見，聽而不聞，食而不知其味。**

一個人如果注意力無法集中，或另想別事，雖張眼觀看，也會看不見，用耳朵聽，也聽

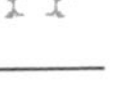

不進去，張嘴去吃，也吃不出味道。

心不在焉：心不存於此。指情緒失去平衡，無法集中注意力去思考或自我檢討。焉：於此，代名詞，指心所在的地方。朱註：「心有不存（心不在焉），則無以檢其身，是以君子必察乎此，而敬以直之，然後此心常存而身無不脩也。」

**此謂脩身在正其心。**

這就是「脩身在正其心」的道理。

**【精解】**

**・勞思光說「正心」**

忿懥、恐懼、好樂、憂患，都是從心發動而人所不能免的，如果不能察覺它是不是合理，應當不應當，一任感情衝動而不加節制，邪心為情欲所牽，當然就失去其平正，修身也就談不上了。所以說，修身，在於要能正心。（勞思光《大學中庸譯註》）

**【修辭】**

**・類疊：文字的旋律**

如果在一段文字中，同樣的字、詞或句，接二連三地重複出現，使用的修辭法就是「類

疊」、「反復」或「複疊」。

邢光祖說：作家以重複字來織結他的意念，正如同泥水匠將他的磚塊一塊一塊地疊起來。其次，用來作意念的強調（強化中心論旨，製造較大音響）。第三，就是用來產生情感的激盪力（迴響）。（邢光祖《英語修辭學》）

《大學》裡面出現的反復字、詞特別多。類疊的修辭法，也往往與「排比」、「聯珠」、「遞進」等修辭方同時存在。例如本章：「有所……則不得其正」連續出現五次。這是「類疊」，也是「排比」。又如《大學》經文章第二節、第八章、第九章，《中庸》第二十章、三十一章等，也有很多文字上的類疊。

## 【會通】

### ·情緒與價值判斷

人間本來就是個有情世界，有喜怒哀樂，才會有多彩人生。情緒固然不能毫無節制，但也不可過於壓抑，事實上情緒可以幫我們做選擇，給我們價值，給我們智能。在寫作本書的同時，我也為時報文化出版社翻譯了一本《未來物理學》，其中提及人之所以異於機器人，最重要的就是人可以做價值判斷。茲特摘錄部分文字如下，希望能為讀者帶來另類思考：

科學家現在已經了解情緒的真正性質。第一，情緒告訴我們，什麼對我們有益，什麼

對我們有害。世界上大多數事物，既非對我們有害，也不會很有用。當我們經驗「喜歡」的情緒時，我們是在學習確認環境中對我們有益的細微事物。

事實上，我們的每一種情緒（恨、妒忌、恐懼、愛等等），都是經過數百萬年演化形成，以便在充滿敵意的世界保護我們，免於危險，並幫我們繁衍後代。每一種情緒都會藉由基因繁殖到下一代。

南加州大學神經學家安東尼歐．達馬西歐曾對腦部傷害的病人進行研究。有一部分病人大腦中的思考部分（大腦皮層）和情緒中心（位於大腦中心深處，像個杏仁核）的聯繫被切斷。這些人除了情緒的表達有困難，其他功能一切正常。

有一個問題立刻明顯出現：他們無法做選擇。購物成為夢魘，因為所有的東西，不論貴或便宜，俗豔或高雅，對他們而言價值都相同。設定約會幾乎不可能，因為未來的每一天都相同。他說，他們似乎「知道，卻無感覺」。

換句話說，情緒的主要目的之一，就是給我們價值，然後我們才能決定什麼是重要的，什麼是昂貴的，什麼是美麗的以及什麼是珍貴的。沒有情緒，所有的事物等值，我們將因無法做決定而麻痺，因為不論做任何決定，重要性都相同。所以科學家現在開始了解，情緒乃是智慧的必要因素，而非奢侈的。（加來道雄《未來物理學》）

# 第八章　釋「脩身」＊＊

所謂「齊其家在脩其身」者，人之其所親愛而辟焉，之其所賤惡而辟焉，之其所畏敬而辟焉，之其所哀矜而辟焉，之其所敖惰而辟焉。故好而知其惡，惡而知其美者，天下鮮矣。故諺有之曰：「人莫知其子之惡，莫知其苗之碩。」此謂身不脩，不可以齊其家。

**【語譯】**

所謂「管理好自己的家庭或家族，全靠培養自己的德性」，意思是說：一般人對於所親愛的人，表現會有偏愛、包庇；對於自己所看不起和厭惡的人，常有偏見；對於他所畏懼或敬重的人，常有偏僻；對於他所同情或哀憐的人，常有偏心；對於他所傲視及輕慢的人，常有偏頗。因此，喜愛一個人又知道他的缺點、厭惡一個人又知道他的優點的人，才是不受感情蒙蔽的人，這種人在世界上是不多的。因此有俗諺說：「人有溺愛之心，往往不知自己兒子的缺失，也感覺不到自己的禾苗有多麼高大茂盛。」這就是所謂「自身不修

養，就不能管理好自己的家庭或家族」。

**【詳註】**

**所謂「齊其家在脩其身」者，**

所謂「管理好自己的家庭或家族，全靠培養自己的德性」，意思是說：

齊：和諧整齊；公平有序。　家：家庭。也指古代大夫的家族。

**人之其所親愛而辟焉，之其所賤惡而辟焉，**

一般人對於所親愛的人，表現會有偏愛、包庇；對於自己所看不起和厭惡的人，常有偏見；

人：眾人。　之：即「於」，對於。　其：他、他們。用於第三人稱。　親愛：指自己所親愛的人。　辟（ㄆㄧˋ pì）：同「僻」，偏僻、偏差、情感上的偏袒、偏見，即偏而不正。辟：又同「譬」，比喻的意思。（南懷瑾說它「甚至有病癖的意義」）　焉：語氣詞，置句末。　賤惡（ㄨˋ wù）：指自己所看不起和厭惡的人。

**之其所畏敬而辟焉，之其所哀矜而辟焉，之其所敖惰而辟焉。**

對於他所畏懼或敬重的人，常有偏僻（諂媚之言）；對於他所同情或哀憐的人，常有偏心；對於他所傲視及輕慢的人，常有偏頗。

畏敬：害怕和敬重的人。　哀矜：同情、憐惜。　敖惰：傲視輕慢。敖，通「傲」，不敬重、倨慢。　惰：怠慢、不敬。

**故好而知其惡，惡而知其美者，天下鮮矣。**

因此，喜愛一個人又知道他的缺點、厭惡一個人又知道他的優點的人，才是不受感情蒙蔽的人，這種人在世界上是不多的。

好（ㄏㄠˋ hào）喜愛。　「知其惡」的「惡（ㄜˋ è）」，缺點。　「惡而」的「惡（ㄨˋ wù）」，作動詞用，憎恨、厭惡。　鮮（ㄒㄧㄢˇ xiǎn）：稀少。

**故諺有之曰：「人莫知其子之惡，莫知其苗之碩。」**

因此有俗諺說：「人有溺愛之心，往往不知自己兒子的缺失，感覺不到自己的禾苗有多麼高大茂盛（還要揠苗助長）。」

諺：俗語。　有：與「無」相對，表示存在。　莫：不、沒有。　「惡」：一般解為「壞處、缺失」。又可解為「醜」（與「美」相對）。　碩：大、美好的。　朱註：「溺愛者不明，貪得者無厭，是則偏之為害，而家之所以不齊也。」

**此謂身不脩，不可以齊其家。**

這就是所謂「自身不修養，就不能管理好自己的家庭或家族」。

## 【修辭】

### ・省略：以少勝多

「省略」就是為了文字簡潔，在該用字的地方把字省了。我們在對話中，往往有所省略。例如「請坐！」如果要說得完整，就要補足所省略的部分，這樣說：「我請你坐！」又如「乾杯！」完整的說法是：「我請你喝乾這杯酒！」另外，前句已有的主詞，後句往往省略。例如：「王老師走進教室來，（）向全班同學掃視了一下，（）就打開書本，（）講起書來了。」（省略三個「王老師」。參董季棠《修辭析論》第427頁）

本章也有省略主詞的地方，而且一省就是四個：

「人之其所親愛而辟焉，（人）之其所賤惡而辟焉，（人）之其所畏敬而辟焉，（人）之其所哀矜而辟焉，（人）之其所敖惰而辟焉。」本來是五個以「人」為主語的句子，這樣子一再重複寫出，會顯得累贅，所以就把後面四個「人」字省略了。

### ・重複有理？

不過上述句子，就「之其所……而辟焉」重複使用五次而言，則屬於「類疊」（參本書《大學》第七章「類疊」），如果真要省略，應當可以寫成一句：「人之其所親愛、賤惡、畏敬、哀矜、敖惰而辟焉。」這樣子的改法好不好？我們會在第二十章第八節進一步討論。

・余光中說「正宗中文」

詩人余光中昨天為中山大學畢業生致詞，提醒大家，不要把英文習慣帶到中文，一定要用「正宗中文」。余光中認為「中文西化」現象日益嚴重。他表示，每種語言都有其特色，中文與英文各有特質，學生努力學英文之際，不要把英文習慣帶到中文裡，「讓原本清清楚楚的用語，變成非驢非馬的奇怪句子」。

他以唐朝詩人賈島的〈尋隱者不遇〉為例。教外國人中文時，若以字面直譯，外國人霧煞煞，只得將五言轉成七言，變成「我來松下問童子，童子言師採藥去；師行只在此山中，雲深童子不知處。」英文語法少不了主詞，但中文的彈性就很大。（二〇〇〇年六月十二日「聯合報」）

【會通】

・富蘭克林的十三美德

富蘭克林曾經下決心使自己不犯錯，但他很快發現自己往往顧此失彼，有興趣追求完美並不足以防止失足，因而壞習慣必須打破，好習慣才能建立。他擬定了十三項自己要培養的德性——為求明確，寧可多用幾個項目。

1. 節制：食不過飽，飲不過量。

2.沉默：多聽少說，言必有益。
3.秩序：物有定位，事不拖延。
4.決心：當機立斷，堅持不懈。
5.節儉：利人利己，絕不浪費。
6.勤勉：愛惜光陰，避免徒勞。
7.真誠：誠實無欺，公平有信。
8.正直：不傷害人，盡職無私。
9.中庸：寬大為懷，不走極端。
10.整潔：身體衣屋，常保潔淨。
11.寧靜：隨遇而安，一心不亂。
12.貞潔：節欲自愛，珍惜名譽。
13.謙虛：學習耶穌、蘇格拉底。

他說：「我的目標是養成所有的美德。但我認為試圖全部同時達成會使我注意力過於分散，所以只能一段時間只專注於其中一項。等我掌握了那個德性，然後再進行下一項，其餘各項也都如此，直到完全做到這十三項。由於前面習得的某些德性，會有助於以後某些德性的養成。所以我安排了這個次序。節制往往會有冷靜清楚的頭腦，可以對舊習慣的誘惑保持警覺。有了節制，沉默的德性就容易多了。我發覺經由耳朵學到的比經由舌頭的還要多。秩序會使我有更多時間完成計畫和學習。決斷的習慣使我努力不懈，獲得其他德性。每日檢討是必要的。」

他也製作一個小冊子，來檢討並記錄自己的進展。一項德性一頁。劃上七直列，代表一星期中的一天。十三橫行，每行代表一個德行。

他決定每星期執行一項德性。第一星期，集中注意於不違反「節制」，其餘平常看待，只是每晚在當天的格子內以一個小黑點記下錯誤。第一星期努力讓第一行乾淨。第二星期，兼顧前兩項，依此類推，如此可以在十三星期內完成一輪。一年內可以進行大約四輪。限於篇幅，還有很多細節，無法在此詳述。

就修身而言，光是意願是不夠的，執行不得要領也很難有成果。富蘭克林的十三美德，正可以為「正心修身」作一個明確可行的註腳。

富蘭克林可以說是近代的聖人之一。我很幸運的在年輕時代，買到一本他的自傳，每隔一兩年，我都會重新閱讀它，每次都深受啟發。

# 第九章　釋「齊家」

## 9-1（先齊其家）＊＊

所謂治國必先齊其家者：其家不可教，而能教人者，無之。故君子不出家，而成教於國。孝者，所以事君也；弟者，所以事長也；慈者，所以使眾也。〈康誥〉曰：「如保赤子。」心誠求之，雖不中，不遠矣，未有學養子，而后嫁者也。

【語譯】

所謂「要管理國家，必須先管理好自己的家庭或家族」，意思就是：連自己的家都沒有好好教育，反而能教化別人這種事，是沒有的。所以，一個有德的人，不需要走出家門，就能夠在國人中完成教化。孝順父母的道理，是事奉國君的基礎；尊敬兄長的道理，是事奉尊長的基礎；照顧子女的道理，是指揮群眾的基礎。《尚書．康誥》說：「愛護人

民，要如同保育嬰兒一般。」只要誠心地去推求，雖不能盡合治國之道，但也相去不遠了。從來沒有女子是先學會養育孩子，然後才出嫁的。

**【詳註】**

**所謂治國必先齊其家者，**

所謂「要管理國家，必須先管理好自己的家庭或家族」，意思就是：

治國：治理國家政務。　家：家庭和家族。先秦典籍中用「家」字乃指貴族的家族而言。《大學》成書雖可能較晚，但這種用法仍和先秦時一致。

**其家不可教，而能教人者，無之。**

連自己的家都沒有好好教育，反而能教化別人這種事，是沒有的。

教：管教、教化。

**故君子不出家，而成教於國。**

所以，一個有德的人，不需要走出家門，就能夠在國人中完成教化。

**孝者，所以事君也；弟者，所以事長也；慈者，所以使眾也。**

孝順父母的道理，是事奉國君的基礎（君臣關係是父子關係的延長）；尊敬兄長的道理，是事奉尊長的基礎；照顧子女的道理，是指揮群眾的基礎。

所以：方法。弟（ㄊㄧˋ tì）：同「悌」，敬重兄長。慈：慈愛。使：派遣、使令。

**〈康誥〉曰：「如保赤子。」**

《尚書・康誥》說：「愛護人民，要如同保育嬰兒一般。」（治國經驗並非絕對重要）

保：養護。赤子：嬰兒。嬰兒剛出生時，顏色紅潤，所以叫赤子。

**心誠求之，雖不中、不遠矣，**

只要誠心地去推求，雖不能盡合治國之道，但也相去不遠了。

求：找尋、探索，設法得到。中（ㄓㄨㄥˋ zhòng）：符合、達到要點。

**未有學養子，而后嫁者也。**

從來沒有女子是先學會養育孩子，然後才出嫁的。

后：即「後」。這句話作為「喻體」，用來比喻「主持國政者，不一定要有經驗，誠心最重要」。但婚前若能有一些教養知識，不是更好嗎？

**【修辭】**

・**排比**：「孝者，所以事君也；弟者，所以事長也；慈者，所以使眾也。」這是三者並列的「排比」句。（參本書《大學》「經文」章第一節「排比」）

・**譬喻**：「如保赤子」應用了「譬喻」的技巧，被譬喻的對象（本體「愛護人民」）卻省略了。（參本書《大學》「經文」章第三節「譬喻」）

## 9-2（以身作則）

一家仁，一國興仁；一家讓，一國興讓；一人貪戾，一國作亂；其機如此。此謂一言僨事，一人定國。

【語譯】

能夠在一個家中實踐仁愛，全國的人也會跟著興起仁愛的風氣。能夠在一個家中謙讓，全國的人也會跟著興起謙讓的風氣。一國之君若是貪婪凶暴，整個國家都會陷入混亂。它的關鍵所在就是這樣。這就是所謂「一句錯話，就能敗壞事情。一位賢君，就能使國家安定。」

【詳註】

一家仁，一國興仁；

能夠在一個家中實踐仁愛，全國的人也會跟著興起仁愛的風氣。

仁：寬惠善良的德行。　興：興起。指風氣說。

**一家讓，一國興讓；**

能夠在一個家中謙讓，全國的人也會跟著興起謙讓的風氣。

讓：謙讓、退讓。

**一人貪戾，一國作亂。**

一國之君若是貪婪凶暴，整個國家都會陷入混亂。

一人：指一國之君。　貪戾：貪婪凶暴。　作亂：暴亂。

**其機如此。**

它的關鍵所在就是這樣。

機：契機、事物發生、變化的原由，指明白事物變化的微妙關鍵。

**此謂一言僨事，一人定國。**

這就是所謂「一句錯話，就能敗壞事情。一位賢君，就能使國家安定。」

僨（ㄈㄣˋ fèn）：覆敗、敗壞。　定：使平靜、使穩固。

**【修辭】**

・**排比**：「一家仁，一國興仁；一家讓，一國興讓；一人貪戾，一國作亂。」運用了

「排比」技巧。（參本書《大學》「經文」章第一節「排比」）

## 9-3（仁恕之道）*

堯舜帥天下以仁，而民從之。桀紂帥天下以暴，而民從之。其所令反其所好，而民不從。是故君子有諸己，而后求諸人；無諸己，而后非諸人。所藏乎身不恕，而能喻諸人者，未之有也。故治國在齊其家。

**【語譯】**

堯、舜用仁德來領導天下的人，人民就追隨他；桀、紂用殘暴領導天下的人，人民也跟著上行下效。領導者所發出的命令和他自己所喜好的相反，人民就不會順從。所以在位的君子要自己先有美德，然後才能要求人民有美德；自己沒有做壞事，然後才能責備他人的過錯。自己心中若無恕道，卻能讓他人明白恕道，那是從來沒有的事。

**【詳註】**

**堯舜帥天下以仁，而民從之。**



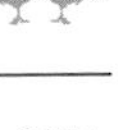

堯、舜用仁德來領導天下的人，人民就追隨他。

堯舜：古代聖王的代表。　帥：同「率」，率領、領導。從：跟隨、順從。

**桀紂帥天下以暴，而民從之。**

桀、紂用殘暴領導天下的人，人民也跟著上行下效（上梁不正下梁歪）。

桀紂：夏商兩代的暴虐無道之君。商湯把桀放逐到南巢（現在安徽巢縣東北五里），夏朝就滅亡了。周武王把商紂殺了，商朝也滅亡了。

**其所令反其所好，而民不從。**

領導者所發出的命令和他自己所喜好的相反（自己辦不到，卻要別人遵守），人民就不會順從。

令：命令、法令。

**是故君子有諸己，而后求諸人；**

所以在位的君子要自己先有美德，然後才能要求人民有美德；

有諸己：先使自己有善行。　有：表事實、狀況的正面存在，與「無」相對。　諸：「之於」二字的合音。「之」是代詞，「於」是介詞。　求：要求。

**無諸己，而后非諸人。**

自己沒有做壞事，然後才能責備他人的過錯。

非諸人：責備別人的過錯。非：責難。

**所藏乎身不恕，而能喻諸人者，未之有也。**

自己心中若無恕道，卻能讓他人明白恕道，那是從來沒有的事。

藏：懷藏、積藏、儲存。乎：相當於「於」。恕：推己及人之道，為別人設身處地。喻諸人：即使人信從了解。喻：曉喻、開導。

**故治國在齊其家。**

因此君子治理國家的基礎在於齊家。

**【精解】**

**．說舜**

舜是傳說中的父系氏族部落聯盟領袖。姚姓，一說嬀姓，號有虞氏，名重華，史稱「虞舜」。相傳因四嶽推舉，堯命他攝政。他巡行四方，除去共工、驩兜、三苗、鯀等四人。堯去世後繼位，又諮詢四嶽，挑選賢人，治理民事，並選拔治水有功的禹為繼承人。

## 9-4（詩歌感發）

《詩》云：「桃之夭夭，其葉蓁蓁，之子于歸，宜其家人。」宜其家人，而后可以教國人。《詩》云：「宜兄宜弟。」宜兄宜弟，而后可以教國人。《詩》云：「其儀不忒，正是四國。」其為父子兄弟足法，而后民法之也。此謂治國，在齊其家。

**【語譯】**

《詩經》上說：「桃樹美麗而又茂盛，真是枝繁葉茂。小姐出嫁了，一家人和樂相處。」能和家人和樂相處，然後才可以教化國人。《詩經》上又說：「兄弟和睦相處。」必須能與兄弟和睦，然後方能夠教化國人。《詩經》上又說：「他的言行舉止沒有偏差，可以作為四方諸侯樹立模範。」一個人在家族生活中扮演父親、兒子、兄長、弟弟的角色，都足以為人效法；然後人民才會效法他。這就是所謂「君子治國的基礎在於齊家」。

**【詳註】**

《詩》云：「桃之夭夭，其葉蓁蓁，之子于歸，宜其家人。」

《詩經》上說：「桃樹美麗而又茂盛，真是枝繁葉茂。（在這良辰美景中）小姐出嫁了，和整個家族和樂相處。」

《詩》：引自《詩經．周南．桃夭》。夭夭：少壯美盛的樣子。其：它們的。蓁蓁：草木茂盛的樣子。之子：這個姑娘。古代男女皆可稱子。于：語助詞。歸：女子出嫁。家人：指家族的成員。宜：合適、相稱。

**宜其家人，而后可以教國人。**

能和家族成員和樂相處，然後才可以教化國人。

教：訓誨、誘導、教育。

**《詩》云：「宜兄宜弟。」**

《詩經》上文說：「兄弟和睦相處。」

《詩》：引自《詩經．小雅．蓼蕭》。宜兄宜弟：《毛傳》：「為兄亦宜，為弟亦宜。」即以天子在兄弟關係中處事得宜，讚美其人主之風。宜：相安、和順。

**宜兄宜弟，而后可以教國人。**

必須能與兄弟和睦相處，然後方能夠教化國人。

教：訓誨、誘導。

**《詩》云：「其儀不忒，正是四國。」**

《詩經》上文說：「他的言行舉止沒有偏差，可以作為四方諸侯樹立模範。」

《詩》：引自《詩經・曹風・鳲鳩》。儀：「義」的假借，信義，操守。作儀表講，亦通。忒：偏差。正：領導、使……正。是：這些。四國：四方的邦國。

**其為父子兄弟足法，而后民法之也。**

一個人在家族生活中扮演父親、兒子、兄長、弟弟的角色，都足以為人效法；然後人民才會效法他。

為：做、擔任。法：仿效。

**此謂治國，在齊其家。**

這就是所謂「君子治國的基礎在於齊家」。

**【精解】**

**・家室、家人的原意**

家室，西周、春秋時期的「家」和「室」均指宗法血緣家族。大的家族長或室主均為卿大夫一級的貴族。「家室」不僅包括了血緣家族中的人口；還包括屬於這個家族的土地等全部物質財產，個人完全淹沒在家族之中。《孟子》所謂的「丈夫生而願為之有室，女子生而願為之有家」是戰國以後才有的情況。所以，此詩中的「家室」、「室家」和「家人」

皆指血緣宗法家族，而不是指一般意義上的配偶和夫妻。從這意義上講，〈桃夭〉乃當時家族成員之間通用的賀婚之詩。（雒三桂註釋《詩經新注》）

**【修辭】**

**・「興」就是象徵**

朱註：「夭夭，少好貌。蓁蓁，美盛貌。興也。」又說「興，謂有所感發而興起也。」興，就是象徵的意思。由桃葉嫩綠茂盛，聯想（興發）到家要和諧茂盛、其樂融融。

《詩經》有三種主要的寫作技巧：賦、比、興。賦，就是開門見山，直接說出來。比就是譬喻，是一種相似性的聯想。而興，是一種接近性的聯想。看到松，想到堅貞。看到蓮，想到出汙泥而不染。看到的是可以觸知的景物，而想到的卻是抽象的概念。

《大學》和《中庸》直接說理較多，近於「賦」，「比」則比較少用，「興」就更少了。第十章的「節彼南山，維石巖巖」，由山的高峻，想到人的威嚴。是「興」，也是「象徵」。（參本書《大學》「經文」章第一節「象徵」）

**・語助詞**

歸，是「女子出嫁」，「于歸」，還是「女子出嫁」的意思。「于」是「語助詞」也是所謂「音節助詞」。



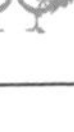

音節助詞，分別用在單音節的名詞、動詞、形容詞、副詞之前，增加一個音節，並無實義。古代學者所謂「一字不成詞，則加某字以配之」，即指單音詞前加一個音節助詞，使成雙音詞，大概只是為了音節協調、句式整齊。

如「阿」字口語中常見，如「阿姨」、「阿爸」。「有」作輔助音節，應用最早最久，如「有明一代」、「有清一代」。「于」字用於動詞之前，在《詩經》中用得較多。

【會通】

**．家，光是「齊」是不夠的。**

由於「家」的定義，古今不同。所以古人談到「家」，往往指的是「家族」，除了側重大夫之家或男性家長的責任之外，常有集體觀念，把家看成一個整體。本章和上一章談「齊家」，重點在於齊家以修身為基礎，要做到不偏心、公平及相處要和諧。這樣的「齊家」，只是「修身」與「治國」之間的過度，核心家庭的幸福美滿並非重點。因此在五倫之中與家有關的部分，只講父子、兄弟關係而不及於夫婦。父子關係只講父慈、子孝，對於子女的教養，只講誠心與身教，而忽視胎教與親職的準備，更別說持家所需的理財觀念、修閒娛樂及其他幸福家庭所需的內涵了。

**．反面教材**

這一段是說，只要做好修身齊家，就能把國家治理好。德性和誠意比治國經驗更重要。只要有誠意推求，就能將在家族中培養的德性，包括孝、弟、慈等，應用於事君、事長和使眾。這在古代是齊家以德治國的理想。在今日，即使是公認為家庭美滿，公認具有溫、良、恭、儉、讓等修養的總統，面對各方利益衝突，仍可能天天扮演著父子騎驢顧此失彼的戲碼。

不過，若從現代核心家庭的觀點來檢驗，反面教材則到處都是。美國甘迺迪總統的弟弟愛德華・甘迺迪，因車禍溺斃女伴及其他可能被揭露的癖好，而失去競選總統的機會。一九八七年民主黨參議員蓋哈特本來在總統初選中聲勢最強，但因為與萊斯夫人的緋聞而黯然退出競選。二〇一一年，前國際貨幣基金會主席詩卡恩有意競選法國總統，當時的聲望比在任的沙克吉總統還高。沒想到卻因為性侵案在美國被捕，因而總統夢碎。二〇一二年法國總統大選有了結果，本來被認為聲望不如卡恩，不足以撼動沙克吉的歐蘭德當選了。卡恩是被自己打敗的。所以，沒有修身齊家，就很難有機會管理國家，更別說治理的成果了。

# 第十章　釋「治國平天下」

## 10-1（絜矩之道）＊＊＊＊

所謂平天下在治其國者，上老老而民興孝，上長長而民興弟，上恤孤而民不倍；是以君子有絜矩之道也。所惡於上，毋以使下；所惡於下，毋以事上；所惡於前，毋以先後；所惡於後，毋以從前；所惡於右，毋以交於左；所惡於左，毋以交於右：此之謂絜矩之道。

《詩》云：「樂只君子，民之父母。」民之所好好之，民之所惡惡之，此之謂民之父母。《詩》云：「節彼南山，維石巖巖。赫赫師尹，民具爾瞻。」有國者不可以不慎，辟，則為天下僇矣。

【語譯】

所謂「平天下的前提就在治理好國家」的意思，就是說，在上位的人能夠孝養老人，人民就會有所感發而興起孝養的風氣；在上位的人能夠敬重尊長，人民就會有所感發而興起友愛兄弟、尊敬長上的風氣；在上位的人能夠體恤沒有父母的孩子，人民就會有所感發而不會有遺棄孤兒的行為。所以有德的君子，有「絜矩之道」，能以同理心審己以度人、推己及人。厭惡在上面的人對待自己的方式，就別那樣使喚在自己下面的人；厭惡在下面的人對待自己的方式，就別那樣侍奉在自己上面的人。厭惡在前面的人對待自己的方式，就別那樣對待自己後面的人，留下壞榜樣。厭惡在後面的人對待自己的方式，就別跟著前面的壞榜樣，以錯誤的方式對待在自己後面的人。厭惡在右方的人對待自己的方式，就別那樣和在自己左方的人交往。厭惡在左方的人怎樣對待自己，就別那樣和在自己右方的人交往。這就是所謂「絜矩之道」。

《詩經》上說：「快樂的君子啊，愛民如子，是人民的父母。」喜好人民所喜好的，厭惡人民所厭惡的，這就是所謂人民的父母。《詩經》上又說：「高峻的終南山啊，層巒疊嶂。尊嚴威儀的周太尹氏啊，人們都仰望著你。」領有國家的人，不可以不謹慎，如果偏邪不守正道，很快地就會被天下的人所棄絕或殺戮！

**【詳註】**

**所謂平天下在治其國者，**

所謂「平天下的前提就在治理好國家」的意思，就是說：

**上老老而民興孝，**

在上位的人孝養老人，人民就會有所感發，而興起孝養的風氣。

老老：孝養老人，前一個「老」字當動詞，義為「敬老」。下一個「老」字是名詞，指老人。　興：興起。朱註：「謂有所感發而興起也。」

**上長長而民興弟，**

在上位的人能夠敬重尊長，人民就會有所感發，而興起友愛兄弟、尊敬長上的風氣。

長長：尊敬長輩。長（ㄓㄤˇ zhǎng）：前一個「長」字當動詞，後一個「長」字當名詞用。

**上恤孤而民不倍；**

在上位的人能夠體恤沒有父母的孩子，人民就會有所感發而不會有遺棄孤兒的行為。

恤：體恤、憐憫。　孤：孤兒。　倍：同「背」，背棄、遺棄。

**是以君子有絜矩之道也。**

所以有德的君子，有「絜矩之道」，能以同理心審己以度人、推己及人。

絜矩之道：審己以度人、推己及人的大原則，即「同理心」的發揮。　絜（ㄒㄧㄝˊ xié）：度量。　矩：畫直角和方形的工具。引申作「標準」之意。

**所惡於上，毋以使下；所惡於下，毋以事上；**

厭惡在上面的人指使自己的方式，就別那樣使喚在自己下面的人；厭惡在下面的人服事自己的方式，就別那樣侍奉在自己上面的人。

惡：厭惡、不喜歡。　使：使喚。　事：侍奉。

**所惡於前，毋以先後；所惡於後，毋以從前；**

討厭別人插隊到自己前面，就別搶先占位，把別人拋在後面。討厭後面的人在後跟從，就別跟從前面的人。

先（ㄒㄧㄢˋ xiàn）：作動詞用，先於。　從：跟從。

**所惡於右，毋以交於左；所惡於左，毋以交於右；**

厭惡在右方的和自己交往的方式，就別以那樣的方式和在自己左方的人交往。厭惡在左方的人和自己交往的方式，就別以那樣的方式和在自己右方的人交往。

交：交往、交接、交易。

**此之謂絜矩之道。**

這就是所謂「絜矩之道」。

**《詩》云：「樂只君子，民之父母。」**

《詩經》上說：「快樂的君子啊，愛民如子，是人民的父母。」

《詩》：引自《詩經．小雅．南山有臺》。　樂：快樂。　只：助詞，無意義。　君子：指貴族。

**民之所好好之，民之所惡惡之，此之謂民之父母。**

人民喜好的事物他也喜歡，人民厭惡的事物他也厭惡。這就是所謂人民的父母。

好（ㄏㄠˋ hào）：第一個「好」是名詞，指心中所喜歡的事物。第二個「好」是動詞，是愛、喜愛的意思。　惡（ㄨˋ wù）：第一個「惡」是名詞，是指心中討厭的事物。第二個「惡」是動詞，是厭惡的意思。

**《詩》云：「節彼南山，維石巖巖。赫赫師尹，民具爾瞻。」**

《詩經》上說：「那巍峨高峻的終南山，真是層巒疊嶂。尊貴威嚴的周太師尹氏啊，人們都仰望著你。」

《詩》：引自《詩經．小雅．節南山》。周幽王重用太師尹氏，大夫家父作此詩諷刺他，批評他擅權誤國。　節：高峻。　彼：那、那個。與「此」相對。　南山：終南山，或指南邊的山。　維：句首語氣詞，無義。　石：山石。　巖巖：形容山峰嵯峨疊加的樣子。　師尹：周太師尹氏（周宣王時做過太師的尹吉甫的後代）。　赫赫：形容權位顯赫。

民：人民。　具：俱、全都。　爾：你。　瞻：仰視、看。

**有國者不可以不慎。辟，則為天下僇矣。**

領有國家的人，不可以不謹慎。如果偏邪不守正道，很快地就會被天下的人所棄絕或殺戮！

有國者：領有國家、統治國家的人。　辟：通「僻」，乖僻、偏邪。　僇（ㄌㄨˋ lù）：通「戮」，殺戮。　鄭玄註：「邪辟失道，則天下共誅之矣。」

**【精解】**

**‧師尹：是一人，還是二官？**

師尹，一般解作「太師尹氏」。但王國維《書作冊詩尹氏說》說：「師、尹乃二官名。非謂尹其氏、師其官也。」師為王最高軍事長官，尹掌冊命，為王朝最高文職名稱。

雒三桂則指出：「詩中的『赫赫師尹』，應當就是扶立攜王的虢公翰，而虢公翰又很可能就是《史記》所載幽王朝時那位諂佞好利的虢石父。詩人抨擊的是權臣及其卵翼的弱主，捍衛的則是嫡子天王的名分。」（雒三桂《詩經新注》第373頁）

【修辭】

．回文

「所惡於上，毋以使下；所惡於下，毋以事上。所惡於前，毋以先後；所惡於後，毋以從前。所惡於右，毋以交於左；所惡於左，毋以交於右。」

這段文字，讀來回環往復，像是綿綿不盡，是一種並列式的「回文」。

寫到這裡，我想起一段往事。有一次，我看到一個招牌，上面寫著「專醫台中」，很納悶的對友人說，「只醫治台中人，真沒醫德。」後來才弄清楚，這是「中台醫專」。又曾見一個商店高掛「出賣大日本」的紅布條，原來是在舉行跳樓大拍賣，不是真的有民族仇恨。另外還有一個對聯很有意思：「人過大佛寺，寺佛大過人。」這回，不會再有誤會了。

回文，大致可分為回文句和回文詩兩類。回文句是上下的句子，詞彙大都相同，而詞序的排列相反，成為回環往復的形式。回文詩是整首詩可以順讀，也可以倒讀，也是回環往復的形式，不過字數句數加多了。回文句的產生是很自然的。它的運用，在求句意的周到綿密，無懈可擊。所以大都用在說理方面，而分條列述的語錄式文體中尤其常見。（董季棠《修辭析論》第373頁）

回文詩可以做到整首詩都可以順讀，也可以逆讀。下面這首無名氏作品，不但每一句都首尾相接，而且前半句與後半句互為回文，所以是句句回文，句句回環，值得欣賞。

**山水**　無名氏

處處飛花飛處處，潺潺碧水碧潺潺。
樹中雲接雲中樹，山外樓遮樓外山。

文章不容易成為嚴格的回文。但是《大學》和《中庸》的「寬式回文」還不少呢：

是故財聚則民散，財散則民聚。（《大學》第十章）

好人之所惡，惡人之所好。（《大學》第十章）

仁者以財發身，不仁者以身發財。（《大學》第十章）

在上位不陵下，在下位不援上。（《中庸》第十四章）

自誠明，謂之性；自明誠，謂之教。誠則明矣，明則誠矣。（《中庸》第二十一章）

**．諷刺**

「節彼南山，維石巖巖。赫赫師尹，民具爾瞻。」

山，是高大的，莊重的。用山來形容一個人，通常都是好的。如「壽比南山」、「山高水長」、「仰之彌高」等等。本章引用《詩經》這四句話，前兩句說山峰聳峙，再說「赫赫師尹，民具爾瞻」這不是把尹太師捧上天了嗎？非也。

有一種寫作技巧叫做「欲抑先揚」。也就是欲貶先褒，先高高舉起，再重重落下，如此則反差加倍。

《詩經・小雅・節南山》原文第一段如下：「節彼南山，維石巖巖。赫赫師尹，民具爾瞻。憂心如惔，不敢戲談。國既卒斬，何用不監！」

後四句的意思就是：「內心憂愁如火燒，不敢嬉戲談笑。國家的太平已經不再，你為什麼看不到！」所以整段看來，前四句是在諷刺，而不是在讚揚。這種寫作技巧可稱為「反諷」（「倒反」就是其中的一種）。張錯說：凡是言外之意，口是心非，說出的話和心內相反，偏又讓人知道弦外之音，就是反諷。（張錯《西洋文學術語手冊》第144頁）

《大學》本章，並未指出尹太師的劣跡，卻直接說出了「心裡的話」：「有國者不可以不慎，辟，則為天下僇矣。」落差不可謂不大。

・**疊字**

同一個字重疊出現，用來描寫人物的聲音或形象，叫「疊字」。《詩經》中疊字的使用很多。如本節的「維石巖巖」和「赫赫師尹」就是。本章第三節〈秦誓〉裡的「斷斷兮」和「休休焉」也都是「疊字」。這樣寫，可以使寫景、寫情、擬聲更加生動，加深感受。我們日常生活中，如「黑壓壓」、「白茫茫」、「紅撲撲」都是，閩南語「吃人夠夠」、「臉臭臭」也是，而有關顏色的疊字如「青筍筍」、「黑碼碼」等就更多了。

・**轉品**：「上老老而民興孝，上長長而民興弟」前一個「老」字當動詞，義為「敬老」。下一個「老」字是名詞，指老人。前一個「長」字當動詞，後一個「長」字名詞用。當動詞用的「老」和當動詞用的「長」都是由名詞的「老」和「長」轉移而來。「民之所好好之，民之所惡惡之」：第二個「好」和第二個「惡」是動詞，分別由名詞的「好」與名詞的「惡」轉化而來。這種變換詞性的現象在修辭學上稱為「轉品」，這樣使用的原因可能是因為古代辭彙較為貧乏，所以借用一下。（參本書《大學》「經文」章第一節「轉品」）

・**排比**：「所謂平天下在治其國者，上老老而民興孝，上長長而民興弟，上恤孤而民不倍。」這是「排比」。（參本書《大學》「經文」章第一節）

・**象徵**：「絜矩之道」，是以具體可見的度量、畫方工具，象徵抽象的道德和倫理規範，這是運用「象徵」的修辭方式。（參本書《大學》「經文」章第一節「象徵」）

・**倒裝**：「爾瞻」就是「瞻爾」。這是為跟上句「巖」字押韻才作倒裝。（參本書《大學》第十章第二節「倒裝」）

## 10-2（以德為本）

《詩》云：「殷之未喪師，克配上帝。儀監于殷，峻命不易。」道得眾則得國，失眾則失國。

是故君子先慎乎德。有德此有人，有人此有土，有土此有財，有財此有用。德者，本也，財者，末也。外本內末，爭民施奪。是故財聚則民散，財散則民聚。是故言悖而出者，亦悖而入；貨悖而入者，亦悖而出。

〈康誥〉曰：「惟命不于常。」道善則得之，不善則失之矣。《楚書》曰：「楚國無以為寶，惟善以為寶。」舅犯曰：「亡人無以為寶，仁親以為寶。」

【語譯】

《詩經》上說：「殷朝還沒有失去民眾支持的時候，君王的德行，還夠格配合上天的命令。所以我們應當以殷朝的興亡為鑒戒，天命就不會改換，仍然在周。」這就是說，能獲得民眾的支持，就能擁有國家的政權；喪失民心，就會喪失國家的政權。

所以領導國家的人首先重視德行的修養。有德行，就能獲得人民的擁護。有人民的

擁護，就能保有國土。有土地，就會有財貨。有財貨，國家就有經費可以運用。德就是根本，財物只是細微末節。輕忽了根本，卻又重視細微末節，與民爭利，施行劫奪之政（這是錯誤的）。所以，人君如果聚斂錢財，人民就會分散於四方。如果散財於民，則人民就會聚集起來。所以，對別人說出不合情理的話，自己也會聽到同樣的話。以違反常理搜刮進來的財物，也會以不合常理的方式散出去。

《尚書．康誥》上說：「上天並不會永久地保佑某國某族。」這就是說：國君有德行就能得到天命，國君沒有德行就會失去天命！《楚書》上說：「楚國沒有可以稱為寶物的，只有善人是楚國真正的寶。」舅犯說：「失位流亡的人沒有什麼珍貴的寶物，只有仁愛親人才是寶。」

**【詳註】**

**《詩》云：「殷之未喪師，克配上帝。儀監于殷，峻命不易。」**

《詩經》上說：「殷朝還沒有失去民眾支持的時候，君王的德行，還夠格配合上天的命令。所以我們應當以殷朝的興亡為鑑戒（當鏡子），天命就不會改換，仍然在周。」

《詩》：引自《詩經．大雅．文王》。　喪：失，喪失。　師：眾，指民眾、民心。　克：能夠、勝任。　配：配合。　上帝：上天。　朱註：配，對也。配上帝，言其為天下君，

而對乎上帝也。儀監：今本《毛詩》作「宜鑒」。宜：應當。鑒：鏡子，此作動詞用，作鑒戒。峻命：大命，天命。指統治者所受天之大命，故代用以指一個王朝的政權。峻：大。今本《毛詩》作「駿」。易：容易。或理解為「改變」。不易：不容易。也可理解為「不會改變」。

**道得眾則得國，失眾則失國。**

這就是說：贏得民心，就會領有國家，失去民心，就會失去國家。

道：說。眾：眾人，群眾。指民心。得：得到、獲取。失：丟掉、喪失。

**是故君子先慎乎德。**

所以領導國家的人首先重視德行的修養。

君子：領導國家的人，即前面所說的「有國者」。先慎乎德：首先重視德行的修養。先：首要的。慎：重視。德：道德。指得於己者而言。先慎乎德，是承接上文「有國者不可以不慎」說的。

**有德此有人，有人此有土，有土此有財，有財此有用。**

有德行，就能獲得人民的擁護；有人民的擁護，就能保有國土。有土地，就會有財貨；有財貨，國家就有經費可以運用。

此：斯、乃、則、就。「此」本是近指代詞，引申成為連詞，也能聯繫條件與結果。與

「則」作用相同。相當於「這就」、「那麼」。　有人：指人民的歸附。　用：運用。

**德者，本也，財者，末也。外本內末，爭民施奪。**

德就是根本，財物只是細微末節。輕忽了根本（的德性），卻又重視細微末節（的財物）（這是錯誤的），與民爭利，施行劫奪之政（這是錯誤的）。

本：根本。　末：不重要、非根本的事物。（這裡所說的「本末」，在本節才有特殊意義，與前面所說的「本末」不同。）　外：疏遠、輕視。　內：親近、重視。（這個「外」字，現在閩南語還有，「你把我看得外外的」就是「你瞧不起我」的意思。）　爭民：爭利於民，與民爭利。　施奪：施行劫奪之政。這就是孟子所說的「上下交征利」。

**是故財聚則民散，財散則民聚。**

所以，人君如果聚斂錢財（於府庫之內），人民就會分散於四方；如果散財於民，則人民就會聚集起來。

聚：聚斂、搜刮。　散：分散。

**是故言悖而出者，亦悖而入；貨悖而入者，亦悖而出。**

所以，對別人說出不合情理的話，自己也會聽到同樣的話。以違反常理搜刮進來的財物，也會以不合常理的方式散出去。

悖：違背，違反。即不合情理、違背正理。　朱註：「悖，逆也。君有逆命，則民有逆辭

也。」　出：說出。　入：進，由外面到裡面。指聽到。　這裡所講的也是「絜矩之道」、將心比心、忠恕之道。

〈康誥〉曰：「惟命不于常。」

《尚書・康誥》上說：「上天並不會永久地保佑某國某族（而是以統治者的德行為轉移）。」

〈康誥〉：《尚書》篇名。屈萬里《尚書釋義》以為是周武王滅殷以後，分封弟弟於康時的誥辭。原文為：「王曰：『嗚呼！肆汝小子封。惟命不于常，汝念哉！無我殄享，明乃服命，高乃聽，用康乂民。』」　誥：文體名，訓誡或任命封贈的文告。　惟：發語詞。　命：天命。　于：同「於」。

**道善則得之，不善則失之矣。**

這就是說：國君有德行就能得到天命，國君沒有德行就會失去天命！

道：言、說。

**《楚書》曰：「楚國無以為寶，惟善以為寶。」**

《楚書》上說：「楚國沒有可以稱為寶物的，只有善人是楚國真正的寶。」

《楚書》：楚國的史冊，可能是楚昭王時的史書。　寶：珍貴的東西。　惟：僅、只有。　惟善以為寶：「惟以善為寶」的倒裝。

**舅犯曰：「亡人無以為寶，仁親以為寶。」**

舅犯說：「失位流亡的人沒有什麼珍貴的寶物，只有仁愛親人才是寶（以仁德為寶）。」

舅犯：春秋時晉文公的母舅，姓狐，名偃，字子犯，曾隨公子重耳流亡在外，共患難十九年。重耳後來回國繼位為文公，他輔佐改革內政，整頓軍旅，文公能成就霸業，他貢獻很大。　亡人：失位流亡的人，指公子重耳。

**【精解】**

**・重耳的故事**

原來重耳的父親晉獻公聽信他的夫人驪姬的讒言，重耳因此逃難到外邊。後來晉獻公死了，重耳在那時流亡在翟，秦穆公叫子顯到重耳那裡去弔唁，同時勸重耳回到本國做人君去。「亡人」兩句，是舅犯代重耳對答秦國的使人子顯說的。仁親，義為親愛，仁道，意思就是以仁親為寶貴，不因為父親死了，一國無主，遂而急急於回去爭權奪利。這一故事，見於《禮記・檀弓篇》。（陳槃《大學中庸今釋》第48頁）

**【修辭】**

**・倒裝：刻意的顛倒：**「惟善以為寶」是「惟以善為寶」的「倒裝」。又「仁親以為寶」，

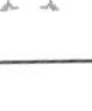

同樣是「以仁親為寶」的「倒裝」。

倒裝，就是一句話在文法規律上，應該這麼順著說，但在修辭上，為了某種需要，卻那麼倒著說。譬如徐志摩〈我所知道的康橋〉裡有一句話：

「靜極了，這朝來水溶溶的大道！」

按照文法，應該是：「這朝來水溶溶的大道，靜極了！」但是作者為了修辭上的需要（強調靜景之美），把形容詞轉變的述語「靜」，倒裝在主語「大道」的前面，成為倒裝的句子。（董季棠《修辭析論》第415頁）

「倒裝」的作用，可以加強語勢，突出重點，協調音節，錯綜句法。

．**層遞**：「是故君子先慎乎德。有德此有人，有人此有土，有土此有財，有財此有用。德者，本也；財者，末也。」這是遞減的倒層遞。由本到末，由重到輕。重點在第一句的「德」。（參本書《大學》「經文」章第一節「層遞」）

．**映襯**：「是故財聚則民散，財散則民聚。是故言悖而出者，亦悖而入；貨悖而入者，亦悖而出。」這是以聚散，出入作對襯，說明治國平天下，必須以德為本、以財為末的道理。本章第三節「好仁之所惡，惡人之所好」則是回文式的映襯。（參本書《大學》「經文」章第三節「映襯」）

．**聯珠**：「有德此有人，有人此有土，有土此有財，有財此有用。」句與句之間都用相

同的詞連在一起，環環相扣，這是「聯珠」的修辭方式。（參本書《大學》「經文」章第二節「聯珠」）

## 10-3（忠信為先）＊＊

〈秦誓〉曰：「若有一个臣，斷斷兮，無他技；其心休休焉，其如有容焉。人之有技，若己有之；人之彥聖，其心好之，不啻若自其口出。寔能容之，以能保我子孫黎民，尚亦有利哉！人之有技，媢嫉以惡之；人之彥聖，而違之俾不通；寔不能容，以不能保我子孫黎民，亦曰殆哉。」

唯仁人放流之，迸諸四夷，不與同中國，此謂「唯仁人為能愛人，能惡人。」見賢而不能舉，舉而不能先，命也。見不善而不能退，退而不能遠，過也。好人之所惡，惡人之所好，是謂拂人之性，菑必逮夫身。是故君子有大道，必忠信以得之，驕泰以失之。

**【語譯】**

〈秦誓〉中說：「如果有一個臣子，忠誠專一，沒有其他的過人才能，但他的心胸寬



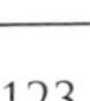

大，像是很有包容的雅量。別人有專門的本領，就如同他自己有一樣。別人才德、學識出眾，他會衷心喜愛他們。對他人的美言，簡直就像是自己口中說出的一樣。這種人，我還能包容他，因為他還能保護我的子孫和百姓，也還是有益的吧。（反之）如果別人有本領，就嫉妒而厭惡他們。別人才德、學識出眾，反而要阻撓，使他不得通於君主。這種人實在是容他不得，因為他不能保護我的子孫和百姓，這樣也是很危險的呀。」

只有讓有仁德的人，來放逐這些人。把他們驅逐到四方未開化的地方去，不讓他們同住在中國。這就是所謂「只有有仁德的人，能夠喜歡人，憎惡人。」

看見賢能的人而不能薦舉，薦舉了又不能讓他早一點出人頭地，這是命運。但看見不好的人而不能罷退，罷退了又不能疏遠他，便是自己的過失了。喜歡別人所憎惡的東西，憎惡別人所喜歡的東西，這就是所謂違逆人性，一定會有災禍臨身。所以領導國家的人，有一個根本的法則。一定要盡心做事、誠實不欺才能走這條大道，獲得成功，若是行為驕縱、傲慢，則已偏離這條大道，必然招致失敗。

**【詳註】**

〈秦誓〉曰：「若有一个臣，斷斷兮，無他技；

《尚書・秦誓》中說：「如果有一個臣子，忠誠專一，沒有其他的過人才能。

〈秦誓〉：《尚書．周書》中的一篇，秦穆公派兵襲鄭，被晉襄公帥兵在殽（崤山）打敗，為表示自責和告誡諸臣，就作〈秦誓〉，是秦留傳下來最早的一篇文獻。　誓：古代告誡將士的言辭。　若：如果、假如，表示假設。　一个：一個。　斷斷：忠誠專一的樣子。　他：別的、其他的。　技：才藝，專門的本領。

**其心休休焉，其如有容焉。**

他的心胸寬大，像是很有包容的雅量。

其心：他的心。　休休：寬容、氣魄大。　有容：有肚量能夠容物。　容：寬容。焉：表示狀態，相當於「然」、「的樣子」。　其如：如同。　其：發語詞，無義。

**人之有技，若己有之；**

別人有專門的本領，就如同他自己有一樣。

之：它，指才藝、本領。

**人之彥聖，其心好之，不啻若自其口出。**

別人才德、學識出眾，他會衷心喜愛他們。對他人的美言，簡直就像是自己口中說出的一樣。

彥：才德出眾的人。　聖：舊稱在學識或技藝上有很深造詣的人。　好（ㄏㄠˋ hào）：喜愛。　之：他、他們。不啻：無異於、如同。　啻（ㄔˋ chì）：但、只、僅。常用於疑問

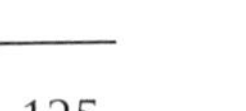

詞或否定詞之後。

**實能容之，以能保我子孫黎民，尚亦有利哉！**

這種人，我還能包容他，因為他還能保護我的子孫和百姓，也還是有益的吧！

以：因為、由於。　黎民：百姓。民眾。（黎，本來是西周以前相當大的古國，後來國亡了，種也滅了，然而「黎民」一詞，卻照舊流傳民間，成為習用口語，作為百姓的代稱。就如後代以「漢人」、「唐人」作為中華民族的代稱一樣。）　黎：眾，黑（因黑髮得名）。一說，原來指九黎之民。　尚亦有利：應該對國家有利。尚：庶幾、差不多。

**人之有技，媢嫉以惡之；**

（反之）如果別人有本領，就嫉妒而厭惡他們。

媢（ㄇㄠˋ mào）疾：嫉妒。　惡（ㄨˋ wù）：憎恨、討厭。

**人之彥聖，而違之俾不通。**

別人才德、學識出眾，反而要阻撓，使他不得通於君主。

違：阻撓、阻隔。　俾：使。　通：到達、陳述、報告。

**實不能容，以不能保我子孫黎民，亦曰殆哉！」**

這種人實在是容他不得，因為他不能保護我的子孫和百姓，這樣也是很危險的呀！

亦曰殆哉：也就危險了。　曰：助詞，無義。　殆：危險。

**唯仁人放流之，迸諸四夷，不與同中國，**

只有讓有仁德的人，來放逐這些人。把他們驅逐到四方未開化的地方去，不讓他們同住在中國。

唯：獨、只有。　仁人：有仁德的人。　放流：即「流放」，將罪犯放逐到偏遠處。迸：通「摒」（ㄅㄧㄥˇ bǐng），驅逐、棄置。　四夷：東夷、西戎、南蠻、北狄的總稱。指邊疆文化落後民族的地區。　中國：指夏族、漢族地區。

**此謂「唯仁人為能愛人，能惡人。」**

這就是所謂「只有有仁德的人，能夠喜歡人，憎惡人。」

仁人因為公正無偏私，才能立場超然，明辨善惡，把妒賢害國的人趕走。

**見賢而不能舉，舉而不能先，命也。**

看見賢能的人而不能薦舉，薦舉了又不能讓他早一點出人頭地，這是命運。

舉：舉薦。　先：為在自己之前。

**見不善而不能退，退而不能遠，過也。**

但看見不好的人而不能罷退，罷退了又不能疏遠他，便是自己的過失了。

退：擯斥、罷退。　遠（ㄩㄢˋ yuàn）：摒逐到遠方，指流放到四夷去。　過：過失。

**好人之所惡，惡人之所好，是謂拂人之性，菑必逮夫身。**

喜歡別人所憎惡的東西，憎惡別人所喜歡的東西。這就是所謂違逆人性，一定會有災禍臨身。

拂：違反、違逆。　菑：通「災」。　逮：到。　此句即是說，必有災禍臨頭。　夫（ㄈㄨˊ fú）：助詞。

**是故君子有大道，必忠信以得之，驕泰以失之。**

所以領導國家的人，有一個根本的法則。一定要盡心做事、誠實不欺才能走這條大道，獲得成功，若是行為驕縱、傲慢，則已偏離這條大道，必然招致失敗。

君子：領導國家的人，即前面所說的「有國者」。　有：表事實、狀況的正面存在，與「無」相對。　大道：根本的法則。忠：忠誠、盡心做事。　信：誠實不欺。　得：成功、獲得。　之：指大道。　驕：驕傲。　泰：傲慢。

**【精解】**

**．「先」抄錯？「命」讀錯？**

「舉而不能先」俞樾以為「先」本應作「近」，但因篆字字形相似而傳抄錯誤。因為下文又有「退而不能遠」一語與此相對，所以應作「近」。依此則「舉而不能先」的意思是：「薦舉而不能使人君親近他」。

「舉而不能先，命也」的「命」，鄭玄注以為應當作「慢」（因為聲音相同的錯誤），程子以為當作「怠」字，朱熹對這兩種說法也沒有決定。但合起來就是「怠慢」。如果不是「命運」，意思就是「舉薦以後而不能優先重用，那就是怠慢」。

《四書考異》引陸佃說：命字並沒有錯，孟子說過「莫非命也」，不能舉賢，不能使賢位在自己之先，雖然是一種過失，但從天觀之則不能不說是命運。

【修辭】

．**引用中的引用**

〈秦誓〉本身就是引用，它裡面又引用《論語》的話，這是「引用中的引用」。但因為沒有明白標出是孔子的話，文字也略有差異，所以是「暗引」。《論語．里仁》的原文是：子曰：「唯仁者能好人，能惡人」。（參本書《大學》第一章「引用」）

．**疊字**：「斷斷兮」、「休休焉」也是疊字。（參本章第一節「疊字」）

．**聯珠**：「見賢而不能舉，舉而不能先，命也。見不善而不能退，退而不能遠，過也。」「舉」字和「退」字的出現是「聯珠」。（參本書《大學》「經文」章第二節「聯珠」）

．**倒裝**：「必忠信以得之，驕泰以失之。」這是「必以忠信得之，以驕泰失之。」的「倒裝」。（參本書《大學》第十章第二節「例裝」）

．**省略**：「驕泰」前面則省略了一個「必」字。（參本書《大學》第八章「省略」）

## 10-4（以義為利）**

生財有大道，生之者眾，食之者寡，為之者疾，用之者舒，則財恆足矣。仁者以財發身，不仁者以身發財。未有上好仁而下不好義者也，未有好義其事不終者也，未有府庫財非其財者也。

孟獻子曰：「畜馬乘，不察於雞豚；伐冰之家，不畜牛羊；百乘之家，不畜聚斂之臣。與其有聚斂之臣，寧有盜臣。」此謂國不以利為利，以義為利也。長國家而務財用者，必自小人矣。彼為善之，小人之使為國家，菑害並至。雖有善者，亦無如之何矣。此謂國不以利為利，以義為利也。

**【語譯】**

增加財富有一個基本法則，就是：生產的人多，消耗的人少；製作的人迅速，使用的人遲緩；財富就常常覺得充裕了。有仁德的人把財物散發出去，以求利人，提高自身修養，贏得民心。沒有仁德的人，不顧品德、修養，甚至犧牲了生命和名譽，只是為了增加財富。不會有在上位的人喜歡仁德，而在下面的人做事不合宜、胡作非為、不講道理的情形。也不會有做事合宜、講道理，而事情不能完成的情形。也不會有國家財庫中的財物，不是國君應得的，或以不合理方式流出的情形。

孟獻子說：「剛剛開始擔任大夫官職的人，就不該再用心於計較養雞、養豬的小利。喪祭禮能夠用冰的卿大夫，就不應該再畜養牛、羊。有封地采邑，擁有百輛兵車的公卿，不應該任用專事搜刮財富的臣子。與其任用專事搜刮財貨的家臣，寧可有盜竊府庫財物的家臣。」

孟獻子的意思是，國家不應當將貨財當做真正的利益所在，而要把合於正道當做為利益所在。治理國家的人，如果把重點放在聚斂財貨以充實國庫，必定是由下面的那些小人開始發動，因為那正是小人最擅長的事。讓小人來處理國家大事，各種天災人禍一定會一起來到。這時即使有擅長治理國家的賢人，也沒辦法挽救了。這就是「國家不應當將貨財當做真正的利益所在，而要把合於正道當做為利益所在」的意思。

【詳註】

**生財有大道：**

增加財富有一個基本法則，就是：

生財：增加財富。　大道：寬闊的道路，指正道、常理、基本法則。

**生之者眾，食之者寡，為之者疾，用之者舒，則財恆足矣。**

生產的人多，消耗的人少，製作的人迅速，使用的人遲緩，財富就常常覺得充裕了。

生：生產。　眾：多。　食：消耗。　寡：少。　為：造作、製作。　疾：快速、勤快。用：使用。　舒：遲緩。　恆足：常常充足。恆：長久。（朱註：呂氏曰：「國無遊民，則生者眾矣；朝無倖（幸）位，則食者寡矣；不奪農時，則為之疾矣；量入為出，則用之舒矣。」）

**仁者以財發身，不仁者以身發財。**

有仁德的人把財物散發出去，以求利人，提高自身修養，贏得民心。沒有仁德的人，不顧品德、修養，甚至犧牲了生命和名譽，只是為了增加財富。

仁者：有仁德的人，指慈愛民眾的人君。　發：發起、發達，引申為提高。　身：品格、修養。指「修身」的「身」。　以身發財：犧牲自身修養（現代人則要錢不要命），以求增加自己的財富。（朱註：「發，猶起也。仁者散財以得民，不仁者亡身以殖貨。」）

**未有上好仁，而下不好義者也；**

不會有在上位的人喜歡仁德，而在下面的人做事不合宜、胡作非為、不講道理的情形。

上：指國君。　好仁：愛好仁德，愛護人民。　下：指民眾。　義：正道、行事得宜。

**未有好義，其事不終者也；**

也不會有做事合宜、講道理，而事情不能完成的情形。

終：終了、結束。

**未有府庫財，非其財者也。**

也不會有國家財庫中的財物，不是國君應得的（聚斂而來），或以不合理方式流出（被家臣盜用）的情形。

府庫：古代國家儲藏財物或文書的處所。府：官家的房屋。庫：倉庫。　財、非其財：即都是正當得來，而非聚斂而來，也不會被家臣盜用。（朱註：「上好仁以愛其下，則下好義以忠其上；所以事必有終，而府庫之財無悖出之患也。」）

**孟獻子曰：「畜馬乘，不察於雞豚；**

孟獻子說：「剛剛開始擔任大夫官職的人，就不該再用心於計較養雞、養豬的小利。

孟獻子：魯國賢大夫仲孫蔑，獻子是諡號。卒於魯襄公十九（西元前五五四）年。《孟子．萬章》：「孟獻子，百乘之家也。」　畜馬乘（ㄕㄥˋ shèng）：古時一車四馬為一乘。古禮，士為大夫後方能駕四馬，所以畜養了馬匹，有車子可乘坐的人，就是「做大夫的人」。畜：養也。此處作具備解。　不察於雞豚：不會去計較養豬養雞的事，即不與平民爭利。察：關注，引申為計較。

**伐冰之家，不畜牛羊；**

喪祭禮能夠用冰的卿大夫，就不應該再畜養牛、羊。

伐冰之家：指喪祭時能用冰保存遺體的人家。這是卿大夫之家的待遇。　伐：擊，這裡指「鑿冰」。　不畜牛羊：自家不養牛羊，指不去與乎民爭利。

**百乘之家，不畜聚斂之臣。**

有封地采邑，擁有百輛兵車的公卿，不應該任用專事搜刮財富的臣子。

百乘之家：擁有一百輛兵車的人家，指有封地的卿大夫。　乘：一乘有一車四馬。（朱註：「有采地者也。」采地，卿大夫所封食邑也。所謂采者，不得有其土地人民，採取其租稅耳。）　畜：養。　聚斂之臣：指搜刮民間財貨的家臣（古代卿大夫家的屬吏）。

**與其有聚斂之臣，寧有盜臣。」**

與其任用專事為自己搜刮財貨的家臣，寧可有盜竊府庫財物的家臣。

盜臣：謂盜竊府庫財物的官吏。　鄭玄註：國家利義不利財。盜臣損財耳，聚斂之臣乃損義。《新唐書・食貨志》：「盜臣誠可惡，然一人之害耳，聚斂之臣用，則經常之法壞，而天下不勝其弊矣。」

**此謂國不以利為利，以義為利也。**

孟獻子的意思是，國家不應當將貨財當做真正的利益所在，而要把合於正道當做為利益

所在。

**長國家而務財用者，必自小人矣。**

治理國家的人，如果把重點放在聚斂財貨以充實國庫，必定是由下面的那些小人開始發動。

長國家：作國家的首長，治理國家，掌管國政。長（ㄓㄤˇ zhǎng）：治理。　務財用：把重點放在聚斂財貨。　務：致力、從事。　財用：國庫的財源。　自：從、由。

**彼為善之。**

因為那正是小人最擅長的事。

彼：指小人。　善：擅長。　之：指聚斂之事。（朱註：「此句上下，疑有闕文誤字。」）

**小人之使為國家，菑害並至；**

放任小人來處理國家大事，各種天災人禍一定會一起來到。

使：放任。　菑害：天災人禍造成的損失。　菑：即「災」。

**雖有善者，亦無如之何矣。**

這時即使有擅長治理國家的賢人，也沒辦法挽救了。

善者：擅長（治國）的賢能人士。　無如之何：無可奈何、沒有辦法。

**此謂國不以利為利，以義為利也。**

這就是「國家不應當將貨財當做真正的利益所在，而要把合於正道當做為利益所在」的意思。

義：宜，思想行為符合道德理想。　以利為利：把功利當做利益。（朱註：此一節，深明以利為利之害，而重言以結之，其丁寧之意切矣。）

**【精解】**

**．孟獻子**

孟獻子（?—西元前五五四年），姬姓，魯國卿。魯國有三大家族（孟孫氏、叔孫氏、季孫氏），他是孟孫氏第五代宗主，名蔑，世稱仲孫蔑，諡號獻。他是一個生活很簡樸的人，是魯國孟氏家族振興的重要貢獻者，也是春秋中期魯國外交家，政治家。另有一說，孟孫蔑的「孫」為尊稱，「孟孫」並不是氏稱，故孟孫蔑為孟氏，而非孟孫氏。

**．孟子：義利之辨**

孟子見梁惠王。王曰：「叟，不遠千里而來，亦將有以利吾國乎？」孟子對曰：「王何必曰利？亦有仁義而已矣。王曰：『何以利吾國？』大夫曰：『何以利吾家？』士庶人曰：『何以利吾身？』上下交征利，而國危矣！萬乘之國，弒其君者，必千乘之家；千

乘之國，弒其君者，必百乘之家。萬取千焉，千取百焉，不為不多矣；苟為後義而先利，不奪不饜。未有仁而遺其親者也，未有義而後其君者也。王亦曰：仁義而已矣，何必曰利？」（《孟子．梁惠王上》）

【修辭】

**．倒反**

「與其有聚斂之臣，寧有盜臣。」這是自律嚴謹，生活節儉的孟獻子的名言。為什麼聚斂之臣比盜臣可怕？依據鄭玄的說法，聚斂而來的是不義之財，會使國家的存在失去正當性，而盜臣造成的不過是錢財的損失，所以「損義」比「損財」嚴重。那麼，孟獻子當真是「兩害相權取其輕」，因而願意容忍盜臣了嗎？顯然不是，這不過是一句誇飾性的反話罷了。他真正的意思是：兩者都不能接受。

孟獻子的這種表達方式，通常被稱為「倒反」。

王占福說：說寫者用相反的詞句表現本意和真情，這種修辭方式叫做「倒反」。運用倒反可使語言活潑、幽默、風趣，而且能蘊含深邃的思想或激越的情感。（王占福《古代漢語修辭學》250頁）由於《大學》與《中庸》並非文學作品，所以這種「倒反」，特別少見。

**．類疊**：本節「之者」重複使用五次，「未有」重複使用三次，都是所謂「類疊」。（參

發財，都是對比，也是一種「映襯」的修辭技巧。（參《大學》「經文」章第二節「映襯」）

．**映襯**：本節對比現象湧現：眾對寡、疾對舒、上對下、仁對不仁、以財發身對以身《大學》第七章「類疊」）

## 【會通】

### ．周代宗法制度

宗法制度是中國古代維護貴族世襲統治的一種制度。由父系家長制演變而成，到周代逐漸完備。周王自稱天子，王位由嫡長子繼承，稱天下的大宗，是同姓貴族的最高家長，也是政治上的共主，掌握國家的軍權和政權。天子的庶子有的分封為諸侯，對天子為小宗，在本國為大宗，其職位亦由長子繼承，並以國為氏。諸侯的庶子有的分封為卿大夫，對諸侯為小宗，在本家為大宗，其職位亦由嫡長子繼承，以官職、邑名、輩分等為氏。從卿大夫到士，其大宗與小宗的關系與上同。世襲的嫡長子，稱為宗子，掌握本族財產，負責本族祭祀，管理本族成員，同時代表貴族統治人民。歷代王朝長期利用這種制度，以鞏固政權、族權、神權、夫權。

### ．西周官制

在西周宗法分封制度下，形成了天子；王室卿大夫、諸侯；諸侯國卿大夫三個等級層次。隨著統治結構的不斷完善，等級分化也日趨細密。同一等級內一般又分為三個等級。卿級和大夫級的官吏各有上、中、下之分。

不同等級的官吏享有不同的政治、經濟利益。西周以封地作為官吏的俸祿。封土與官職相應有等差，在朝聘、祭禮、喪葬，服飾、車馬、宮室等方面都有不同的等級規定。

西周的等級制，是在以宗法血緣關係分別親疏貴賤的基礎上，進行財產、權力的分配和再分配而形成的，並與世官制相始終，因此它具有兩個顯著特徵。第一，職官等級與宗法等級相一致。周天子作為天下之大宗，理所當然成為天下之君，諸侯、王室卿大夫相對於天子而言，是為小宗而宗於天子，因此諸侯、王室卿大夫成為第二等級的官吏。諸侯相對封國之內的卿大夫而言，又成為大宗而使卿大夫宗之，因此封國的卿大夫便成為第三等級官吏。第二，在等級序列中，具有嚴格的遞相為君臣的等級關係。即每一個上級貴族，就是下級貴族的君，每一個下級貴族就是上級貴族的臣。諸侯對周王來說是臣，對自己封國內的卿大夫而言，又是君。天子不能直轄諸侯的臣子，諸侯也無權直轄卿大夫的家臣。

春秋末年至戰國，職官等級與宗法等級逐漸分離，各級官吏也均由國君直接任命。在俸祿制度方面，各國不再以「授土授民」作為官祿，而是普遍採用糧食作為官吏的俸祿。

（參孔令紀等編《中國歷代官制》第34頁）

### ．玫琳凱的金科玉律

美商玫琳凱公司，是一家國際性的化妝品公司。該公司的創辦人玫琳凱（Mary Kay）可能是全世界最成功的女性企業家。她原來只是一個帶著三個小孩的單親媽媽，全部存款只有五千美元。一九九五年，她出書說出自己的成功祕訣。其中第一章就是介紹自己生活的金科玉律：「待人如己」。當她遇到人際問題時，她總是問自己：「如果我是這個人，我會希望如何被人對待？」

她也說：「當你與別人來往時，你的眼神中不可以出現金錢的記號。如果你想著，『這次我可以賺多少錢？』顧客會看透你的心。你的屬下、顧客和客戶會感受到你對他們的關心是否真誠。不真誠會創造出敵意關係——『我們』相對於『他們』的思考方式。如果屬下與管理者之間，或顧客與推銷員之間，畫出了一道鴻溝，人們會築起防禦工事。在敵意的環境中，任何事業都很難成長。」（Mary Kay《你可以全部擁有》第4頁）

### ．第三部門

古人論及財貨，很難脫離官民二元色彩。現代社會則在第一部門（公部門）和第二部門（私部門）之外，還有所謂「第三部門」興起。一般來說第三部門單位大都是由政府編列預算、私人企業出資或民間集資，獨立維持經營的事業體。常見的社團法人、財團法人、基金會、非政府組織（NGO）或非營利組織（NPO），通常都屬於第三部門的範疇。

雖然它們的背景與營運方式各有不同，但基本上都是以非營利為目的的公益團體。過去的很多大富豪都將大部分個人創造的財富捐出，成立基金會，以造福人群，因而流芳百世。著名的如洛克斐勒基金會、福特基金會等都有很好的表現。當代富豪巴菲特各倡議「裸捐」，他自己將五百八十億美元的個人資產全部捐給自己和妻子名下的基金會，創造了「裸捐」之最。目前已經有全球各地的富豪響應，其中包括長榮的張榮發。這是財富運用的正道。

### ・朱熹對傳十章的結論

凡傳十章：前四章統論綱領旨趣，後六章細論條目功夫。其第五章乃明善之要，第六章乃誠身之本，在初學尤為當務之急，讀者不可以其近而忽之也。

# 中庸

## 0-0【開宗明義：朱子《中庸章句》前言】

子程子曰：「不偏之謂中，不易之謂庸。中者，天下之正道；庸者，天下之定理。」此篇乃孔門傳授心法，子思恐其久而差也，故筆之於書，以授孟子。其書始言一理，中散為萬事，末復合為一理，放之則彌六合，卷之則退藏於密，其味無窮，皆實學也。善讀者玩索而有得焉，則終身用之，有不能盡者矣。

**【語譯】**

程夫子說：「不偏不倚叫做『中』，恆常而不改變叫做『庸』。所謂『中』，就是天下的正道；所謂『庸』，就是天下的定理。」這篇《中庸》是儒家傳授的重要心得和方法，子思惟恐年代久了，會有傳授上的誤差，所以寫成這本書，傳授給孟子。這本書開始只說一個原理，中間散開來應用於萬事萬物，最後又歸結為一個原理。這一個原理，展開來可以充塞整個宇宙，收攏起來可以深藏於隱密的內心。它韻味無窮，卻都是很真實的學問。善於讀書的人如果反復玩味探索，有了心得，必然能夠終身應用，獲益無窮。



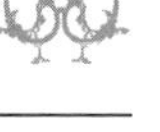

**【詳註】**

子程子：參《大學》「開宗明義」詳註。孔門：孔子的門下。借指儒家。不易：不變。心法：原為佛教用語。指經典以外傳授之法。以心相印證，故稱。後泛指傳授的重要心得和方法。子思：（西元前四八三—前四〇二年）戰國初年哲學家。姓孔，名伋。孔子之孫。子思是他的字。相傳曾受業於曾子，是《中庸》的作者，孟子曾受業於他的門人，將他的學說加以發揮，形成了「思孟學派」。後被尊為「述聖」。孟子：（約西元前三七二—前二八九年）戰國時思想家、政治家、教育家。名軻，字子輿。鄒（今山東鄒城東南）人。受業於子思的門人。曾遊歷齊、宋、滕、魏等國，一度任齊宣王客卿。因主張不見用，晚年與弟子萬章等著書立說。作《孟子》七篇，被認為是孔子學說的繼承者，後世尊為「亞聖」。彌：充滿。六合：上、下和東、南、西、北。後指天地、宇宙或天下、人世間。卷：同「捲」，收藏。玩（ㄨㄢˋ wàn）索：反復玩味探索。

# 第一章（人性密碼）

## 1-1（性、道、教）*****

天命之謂性，率性之謂道，脩道之謂教。

【語譯】

上天所給我們的自然秉賦，稱為「本性」；依循本性去發展實踐，稱為「正道」；修養「正道」的努力，稱為「教化」。

【詳註】

天命之謂性，

上天（造化）所給我們的自然秉賦，稱為「本性」。

天命：上天的意志和命令。指上天（造化）所給我們的自然秉賦。　之：助詞，相當於「的」，用於強調或補足語氣，無義。　謂：稱呼、叫做。　性：人或物自然具有的本質、本能。　朱熹說：「命，猶令也。性，即理也。天以陰陽五行化生萬物，氣以成形，而理亦賦焉，猶命令也。於是人物之生，因各得其所賦之理，以為健順五常之德，所謂性也。」　勞思光說：天命一詞，是與「人為」對立的詞語，意指「非人為的」，轉為「本有的」。「天命」在此是指「天的命令」，引申為天所賦予、所安排的。古人相信「天」是萬物的本源，因此萬物的本性皆是出於天的安排。　「天命之謂性」只是單純地指出人的本性是來自天的賦予，並未說明這種本性的性質是善是惡。

**率性之謂道，**

依循本性去發展實踐，稱為「正道」。

率性：依循本性而行。有「真誠」之意，不作「任性」解。　率：遵循、順服。　道：路，引申為「正路」、「正道」。這種道，可以說是普遍性的真理，可以放諸四海而皆準。《中庸》書中所講的道，是指性的外在表現形式。　朱熹說：「道，猶路也。人物各循其性之自然，則其日用事物之間，莫不各有當行之路，是則所謂道也。」在朱子的理解中，「率性之謂道」是指萬物在不受干擾下的自然循道的境界。「循性」是毋需人為造

作，只要不受物欲障蔽，便自然合道。（參本書《大學》「經文」章第一節「象徵」）

**脩道之謂教。**

修養「正道」的努力，稱為「教化」。

脩：同「修」，修行，修煉。　教：教化。　朱熹說：「脩，品節之也。性道雖同，而氣稟或異，故不能無過不及之差，聖人因人物之所當行者而品節之，以為法於天下，則謂之教，若禮、樂、刑、政之屬是也。蓋人之所以為人，道之所以為道，聖人之所以為教，原其所自，無一不本於天而備於我。學者知之，則其於學知所用力而自不能已矣。」（品節：按等級、層次而加以節制。　品：標準，等級。　氣稟：秉受的氣質。）

## 【精解】

### ・天命

「天命」是儒家思想體系中的重要範疇之一。一般指非人力所能改變的客觀必然性。周朝統治者自稱受命於天，周王自稱天子，把自己的意志說成是上帝的命令，以此統治天下。這種做法被歷代統治者所效用。西周、春秋之際，出現了疑天思潮（如子產），對天命觀提出否定。孔子的天命思想充滿了矛盾性。既不同於宗教天命觀，還相信有一種非人力所能改變的超自然力量。《論語・季氏》：「小人不知天命而不畏也。」《論語・為政》：「四十而不惑，五十而知天命。」《論語》所記孔子等言「天、命」的有二十二條，而直接言「天命」的僅三處，應與孔子受當時疑天思潮的影響有關。孔子的天命思想，由以後的儒家所繼承、改造。因而《中庸》從「天命之謂性」講起。

**【修辭】**

**．層遞**

凡層遞排列的次序是從淺到深，從低到高，從小到大，從輕到重，從前到後，從始至終，諸如此類的，屬前進式。此章說明道的本源。就整體形式而言，三句排列整齊，屬於「排比」。就整體內容而言，依照性、道、教的順序，是「層遞」。就部分形式而言，反復使用「之謂」，又是「類疊」中的「類字」。全句運用「排比」、「層遞」、「類疊」三種辭格。（蔡宗陽《應用修辭學》第9頁。另參《大學》「經文」章第一節「排比兼層遞」）

**【會通】**

**．人性的深層結構**

天，一指天帝，是人們想像中的萬事萬物的主宰者。一指天然，如天工，天災。另外也指客觀的自然。

心理學家認為，人類的行為是先天基因和後天環境、教育交互作用產生的結果。人性是長期演化出來的。

語言學家杭士基認為語言能力是與生俱來的本能，例如，兒童可以說出他們以前沒學過的話，這是因為人類語言的潛能或深層結構，這種結構有其普遍性意義。經由聲音表達（說）出來，它就是語言的外在結構。朱熹所說的「性」，「性即理也」，就是一種類似的「深層結構」，本性表達在外，有當行之路就是「道」，所謂正道，指仁、義、禮、智、信「五常」，就是外顯的「外在結構」。

只要順著天性發展，就是「道」，其中隱含「人性本善」的前提。所以有人說「中庸」是思孟學派發展出來的。

## 1-2（君子慎獨）*****

道也者，不可須臾離也，可離非道也。是故君子戒慎乎其所不睹，恐懼乎其所不聞。莫見乎隱，莫顯乎微，故君子慎其獨也。

**【語譯】**

道這種東西，不可以片刻分離，可以分離的道就不是正道了。所以，有德的人常存敬畏之心，對於他所沒有親見的事物，警惕而謹慎。對於沒有親耳聽到的，唯恐聽聞不正確。對他人而言，最隱密的事物，自己卻看得清楚，對他人而言最細微的事物，自己卻看得分明。所以君子非常重視「慎獨」的精神修養。

**【詳註】**

**道也者，不可須臾離也，可離非道也。**

道這種東西，不可以片刻分離，可以脫離的道就不是正道了。

道：如果道是指物象背後的原理，則普遍存在，不可能脫離。也者：語氣助詞，這裡作為提示。　不可：表示不可能的意思。　須臾：片刻。　離：分開、分解。（朱熹說：「離，去聲。」如讀為ㄌㄧˋ lì，則通「麗」，依附之意。故仍應讀平聲ㄌㄧˊ lí。　也：句末語助詞，表示判斷或肯定。朱註：「道者，日用事物當行之理，皆性之德而具於心，無物不有，無時不然，所以不可須臾離也。若其可離，則為外物而非道矣。是以君子之心常存敬畏，雖不見聞，亦不敢忽，所以存天理之本然，而不使離於須臾之頃也。」

**是故君子戒慎乎其所不睹，恐懼乎其所不聞。**

所以，有德的人常存敬畏之心，對於他所沒有親見的事物，警惕而謹慎（小心對待和判斷）。對於沒有親耳聽到的，唯恐聽聞不正確（小心對待和判斷）。

是故：所以、因此。為承上啟下之詞。　君子：西周、春秋時對貴族的通稱。春秋末年後「君子」與「小人」逐漸成為「有才德者」與「無才德者」的稱謂。如：正人君子、以小人之心度君子之腹。《禮記．曲禮》：「博聞強識而讓，敦善行而不息，謂之君子。」杜維明《中庸洞見》說：「君子總是努力在人的日常存在中體現生命的終極意義。」戒慎：警惕而謹慎。　戒：警戒、防備，通「慎」。引申為「警惕」。　慎：小心謹慎、慎重。　乎：介詞，相當於「於」。　其：代詞，即「他」。　不睹：見不到、沒見到。不：否定詞。有不是、未、非等義。　睹：看見。　恐懼：害怕。非禮勿聽。　聞：聽到。

杜維明說：「『君子戒慎乎其所不睹，恐懼乎其所不聞』，就是有意識地力求察知到他內在自我表露的精細微妙的表徵，從而能充分實現其本性中所固有的人道。」

**莫見乎隱，莫顯乎微，**

（由於戒慎恐懼的內省工夫）對他人而言，最隱密的事物，自己卻看得清楚，對他人而言最細微的事物，自己卻看得分明。

見（ㄒㄧㄢˋ xiàn）：同「現」，顯現。　乎：介詞，相當於「於」，在這裡有比較的意味。隱：潛藏，掩蓋。　顯：明顯、顯出。　微：細小、昏暗不明。傅佩榮說：「隱蔽與細微之事，可能逐漸發展為清楚與明白之事。一個人的言行表現，莫不是由最初的隱微意念所演變及展示出來的。」內心世界，總有一些蛛絲馬跡，有行為語言顯露，可供察言觀色。孔子說：「視其所以，觀其所由，察其所安，人焉廋哉，人焉廋哉。」孟子曰：「存乎人者，莫良於眸子；眸子不能掩其惡。胸中正，則眸子瞭（了）焉；胸中不正，則眸子眊焉，聽其言也，觀其眸子，人焉廋哉！」

**故君子慎其獨也。**

所以君子非常重視「慎獨」的精神修養。

故：因此、所以。　君子：才德出眾的人、在位者或君王。　慎其獨：閒居獨處時，行為仍然謹慎不苟且。　慎：小心、重視。　其：他的、他們的。　獨：單獨、一個人。

朱註：「獨者，人所不知而己所獨知之地也。言幽暗之中，細微之事，跡雖未形而幾則已動，人雖不知而己獨知之，則是天下之事無有著見明顯而過於此者。是以君子既常戒懼，而於此尤加謹焉，所以遏人欲於將萌，而不使其滋長於隱微之中，以至離道之遠也。」（幾：同機，事物出現前或變化前的細微跡象。　遏：抑止。　萌：開始、發生。）

**【精解】**

**．慎獨：面對真理與自己**

所謂「眼見為憑」，有時眼睛還會被錯覺蒙蔽，何況是傳聞或不一定可靠的報導。換一個角度來說，人在獨處的時候，別人看不見，聽不到你的心聲，但還是要面對自己的良知。再進一步，不睹不聞，可以解釋成「非禮勿視、非禮勿聽」的不睹不聞。無論如何，慎獨的人，只是注重獨處時的自我修煉，並非追求孤獨。

古人說，「天知地知你知我知」，又說，「舉頭三尺有神明」。人面對的是道，是真理，是自己，而非別人的見與不見，聞與不聞。《中庸》在第一章提出「慎獨」，最後一章再談「不愧於屋漏」，實有深意。

## 1-3（致中和）＊＊＊＊＊

喜怒哀樂之未發，謂之中；發而皆中節，謂之和。中也者，天下之大本也；和也者，天下之達道也。致中和，天地位焉，萬物育焉。

**【語譯】**

喜怒哀樂等情緒還沒有波動時的心理狀態或境界，稱為「中」。情緒表現出來而又符合



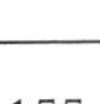

禮樂制度和習俗，叫做「和」。所謂「中」的境界，就是宇宙事物道理的本源。所謂「和」的境界，是古今共同通行的正路。如果人人都達到「中和」的境界，就如同天地有秩序地各安其位，萬物也繁衍不已，生生不息。

**【詳註】**

**喜怒哀樂之未發，謂之中；**

喜怒哀樂等情緒還沒有波動（表現出來）時（超脫於情緒干擾時）的心理狀態或境界，稱為「中」。

喜怒哀樂：人類最常見的四種情緒。　未：沒有。　發：現露。　中：不偏不倚，恰到好處。　朱熹說：「喜怒哀樂，情也。其未發，則性也，無所偏倚，故謂之中。」

杜維明說：『中』意指每個人所固有的最精微的絕對不可化除的品質。」又說：「所謂『中』就是一個人絕對不受外在力量騷擾的心靈狀態。……與其說是一個後天達到的理想，不如說是一個先天賦予的真實存在。」（《中庸洞見》）

**發而皆中節，謂之和。**

情緒表現出來而又符合禮樂制度和習俗，叫做「和」。

而：連詞，表示遞進，相當於「而且」、「並且」。　中節：音樂合於節拍。比喻為適中節度。即合乎禮義法度，恰如其分。 中（ㄓㄨㄥˋ zòng）：切中、符合。 節：法度、分寸。

和：和諧。 朱熹說：「發皆中節，情之正也，無所乖戾，故謂之和。」

**中也者，天下之大本也；**

所謂「中」的境界，就是宇宙事物道理的本源。

天下：古代多指中國範圍內的全部土地、統治權。 大本：事物最主要的基礎。 本：事物的根源或根基。 朱熹說：「大本者，天命之性。天下之理皆由此出，道之體也。」又說：「性即理也。」因此，作為天下之大本的，是指使物存在的天理。

**和也者，天下之達道也。**

所謂「和」的境界，是古今共同通行的正路。

和：適中、恰到好處、剛柔並濟的常道。 達道：人類遵行、永不變易的道理。

朱註：「達道者，循性之謂。天下古今之所共由，道之用也。」與上段配起來看，朱子是以「中」為「體」，以「和」為「用」；又以「中」配上文之「天命」，以「和」配上文之「率性」。「達道」即是「共同之道」或「普遍之道」；「和」是「發而皆中節」，即處處如理。這是取根本的原則，亦即是最普遍的形式法則，所以說是「達道」。

**致中和，天地位焉，萬物育焉。**

如果人人都達到「中和」的境界，就如同天地有秩序地各安其位，萬物也繁衍不已，生

生不息。

致：通「至」，達到、推極。　中和：儒家以中正平和為中庸之道的精神修養。後也泛指平衡穩定、不受干擾的狀態。　天地：天空與地表。　位：安排、方位。這裡作「定位」解。　焉：語氣詞，置於句末，表示肯定。相當於「也」、「矣」。　育：生養、成長。

## 【會通】

### ・錢穆：何謂中庸？

何謂「中庸」？「中」字易知，「庸」字難解，但絕非安於庸俗之謂。《中庸》言：「喜怒哀樂未發謂之中，發而皆中節謂之和。致中和，天地位焉，萬物育焉。」方其未發，有此喜怒哀樂之情，無此喜怒哀樂之別，則「中」亦一「和」。及其發而中節，則仍亦一「和」。是則「中和」二字，更重在「和」。「和」之一字，可以盡中庸之德矣。故曰「中者，天下之大本；和者，天下之達道。」惟貴本於中以求和，故大群之和乃皆本於小己之中。即天地位，萬物育，亦位育於此「中」。莊子所謂「得其環中，以應無窮」，是矣。《中庸》又言：「君子和而不流，強哉矯！中立而不倚，強哉矯！」則《中庸》非不言強，惟貴其中和，無過不及，不走極端，不趨分裂。又曰：「衣錦尚絅」。君子之道，闇然而日章。君子之道，淡而不厭，簡而文，溫而理，知遠之近，知風之自，知微之顯，可與入德

矣。是中庸之道亦非不主表現，但求表現於闇微淡簡中。此皆「中庸」之要旨。（錢穆《晚學盲言》）

**・朱註：**

右第一章。子思述所傳之意以立言。首明道之本原出於天而不可易，其實體備於己而不可離，次言存養省察之要，終言聖神功化之極。蓋欲學者於此反求諸身而自得之，以去夫外誘之私，而充其本然之善，楊氏所謂一篇之體要是也。其下十章，蓋子思引夫子之言，以終此章之義。（附註：楊氏，名時，字中立，先後授業於二程子。著有《中庸解》。）

# 第二章（君子小人）＊

仲尼曰：「君子中庸，小人反中庸。君子之中庸也，君子而時中；小人之反中庸也，小人而無忌憚也。」

**【語譯】**

仲尼說：「君子實行中庸之道，小人違背中庸之道。君子對中庸的實踐，是隨時以君子的態度，做到持中；小人對中庸的反對，在於有小人之心，而又沒有顧忌和害怕，一有機會就做壞事。」

**【詳註】**

**仲尼曰：「君子中庸，小人反中庸，**

孔子說：「君子實行中庸之道，言論和行動都能遵循中庸的準則；小人違背中庸之道，言論和行為都違反中庸的準則。

仲尼：孔子名丘，字仲尼。　曰：說。用於文言文。　中庸：不偏不倚的正道或常道。無過無不及，恰到好處。《辭海》：儒家倫理思想，中有中正、中和、不偏不倚等義；庸有平常、常道、用等義。　小人：無德智修養、人格卑劣的人。　反：違反、違背。

**君子之中庸也，君子而時中；**

君子對中庸的實踐，是隨時以君子的態度，做到持中。

時中：於時得中，即在適當時機做正確的判斷。合乎時宜而無過與不及。中庸不是一套固定的行為規範，而只提供原理原則，隨機判斷應用，是動態的。　朱註：「君子之所以為中庸者，以其有君子之德，而又能隨時以處中也。」

**小人之反中庸也，小人而無忌憚也。**

小人對中庸的反對，在於有小人之心，而又沒有顧忌和害怕，一有機會就做壞事。

小人之反中庸也：原文作「小人之中庸也」，但依上文「小人反中庸」之意，在此仍作「反中庸」為宜。　忌憚：有所顧忌害怕而不敢妄為。　忌：怕、畏懼。　憚：怕、畏懼。　朱註：「小人之所以反中庸者，以其有小人之心，而又無所忌憚也。蓋中無定體，隨時而在，是乃平常之理也。君子知其在我，故能戒謹不睹、恐懼不聞，而無時不中。小人不知有此，則肆欲妄行，而無所忌憚矣。」

**【精解】**

**・孔子**

孔子（西元前五五一—前四七九年）名丘，字仲尼，春秋魯人。生有聖德，學無常師，相傳曾問禮於老聃，學樂於萇弘，學琴於師襄。初仕魯，為司寇，攝行相事，魯國大治。後周遊列國十三年，不見用，年六十八，返魯，晚年致力整理古代經典。有弟子三千，身通六藝者七十二人，開平民教育先河，後世尊為「至聖先師」。亦稱為「孔子」。

**【修辭】**

**．映襯：君子與小人**

在《大學》和《中庸》中，有一個跨篇章、到處出現或潛藏的主題式對比，那就是「君子」和「小人」。這是運用「映襯」以達最佳的修辭效果。「君子」本是西周、春秋時對貴族的通稱。春秋末年後「君子」與「小人」逐漸成為「有德者」與「無德者」的稱謂。《大學》大部分篇章都有「君子」一詞的出現（而君子的反面就是小人）。而兩者對舉的則有：

「君子賢其賢而親其親，小人樂其樂而利其利。」（《大學》第二章）

「小人閒居為不善，無所不至；見君子而後厭然揜其不善，而著其善。」（《大學》第六章）

「仲尼曰：『君子中庸，小人反中庸。君子之中庸也，君子而時中；小人之反中庸也，小人而無忌憚也。』」（《中庸》第二章）

「故君子居易以俟命，小人行險以徼幸。」（《中庸》第十四章）

「故君子之道，闇然而日章；小人之道，的然而日亡。」（《中庸》第三十三章）

如果說，《學、庸》講的就是君子之道，也不為過。（參本書（《大學》「經文」章第三節「映襯」））

【會通】

**．反中庸的苦果**

長期以來，某些人錯誤地理解或存心歪曲「中庸」的涵義，說不偏就是搞折中調和，走中間路線，不易就是堅持機械的、靜止的形而上學，反對變革。

大半個世紀以來，中國人遍嘗和深受反「中庸」的苦果和惡果，情緒化的東西往往占上風。政治上的東倒西歪，思想上的偏激和混亂，經濟上的反復折騰，對國家的現代化事業，對社會的穩定，對人民生活的安定和改善都有所延誤，損失難以估量和挽救。人們缺乏中庸思想，與無知相比，離真理更遠。

前事不忘，後事之師。必須時時、處處、事事採取客觀、平實、公正、寬容和理性的態度，正確對待孔子關於中庸思想的教導，始終記取孔子的箴言：「中庸這種道德標準，該是最高的了！老百姓缺少這種道德觀念為時很久了！」（蔣沛昌《論語今釋》）

**．適度與靈活**

「中庸」有兩層意思：第一，肯定事物的變化超過一定的限度就要轉向反面；第二，要求恪守這個限度，以免轉向反面。這第一層意思顯然是合理的、正確的。第二層意思在許多情況下也是合理的，因為無論在自然界或人類社會歷史裡，在事物的發展過程中，在一定條件下，必須保持平衡，才能避免走向反面，才能維持事物的存在和發展；而在另外

的條件下則必須打破平衡才能發展，在這種情況下，堅持「中庸」就難以進步了。這就是說，在一般情況下，在事物相對穩定發展的情況下，「中庸」的原則有利於事物的平衡發展，而在事物發展的劇烈變革時期，「中庸」的原則就會阻礙事物的發展。「中庸」的方法意味著在事物或情況的複雜序列中，在兩極之間的過渡帶中尋找一個適當的標準，這是合理的，這裡有一個掌握適當的分寸或程度的問題，因而有相當的普遍意義。

孔子既講「中庸」，又講「毋固」。《論語・子罕》篇中說孔子主張「毋意，毋必，毋固，毋我」，即反對主觀妄測，反對絕對肯定，反對固執不化，反對自以為是。「中庸」要求遵守一定的標準，「毋必，毋固」則反對不顧一切地拘守某一固定標準。這一方面肯定了適度的原則，另一方面也肯定了一定的靈活性。（引自張岱年主編《中華的智慧》）

# 第三章（終極理論）

子曰：「中庸其至矣乎！民鮮能久矣！」

**【語譯】**

孔子說：「中庸應該是最高的道德標準了！長久以來，很少有人能達到這個標準了。」

## 【詳註】

**子曰：「中庸其至矣乎！**

孔子說：「中庸應該是最高的道德標準了。

子（ㄗˇ zǐ）：對男子的美稱，多指有學問、道德或地位的人。在此專指孔子。　其：副詞，大概、該是。　至：極。　矣乎：用於感嘆句末，表示讚歎的感情。

**民鮮能久矣！」**

長久以來，很少有人能達到這個標準了。」

民：人、百姓。　鮮（ㄒㄧㄢˇ xiǎn）：少。　能：勝任、能做到。朱註：「過則失中，不及則未至，故惟中庸之德為至。然亦人所同得，初無難事，但世教衰，民不興行，故鮮能之，今已久矣。」

## 【會通】

### ・平衡趨勢

自然界有四種基本相互作用力，即引力、電磁力、強作用力和弱作用力。這些力量因

相吸、相斥而交互作用，最終要歸結於宇宙最基本的規則：平衡趨勢。宇宙正是在「平衡趨勢」與逆「平衡趨勢」的雙重作用下，不斷地進行著反復變化的過程。所以，她是永恆的，也是美麗的。應用到人世間，有物極必反與否極泰來，有過猶不及與允厥執中。人與人也有遠近親疏，會相吸相斥，人際關係能維持長期平衡，才能行之久遠。所以至道即是常道。當孔子說，中庸是至道時，感受是一樣的。

**·李澤厚：平常是道**

但為什麼「平常」就是不能改變的「天下之定理」？為什麼如此重要？陳淳《北溪字義》說：「凡日用間人所常行而不可廢者，便是正常道理。惟平，故萬古常行而不可廢。如五穀之食，布帛之衣，萬古常不可改易。」今人徐復觀的解釋更好：「所謂庸是把『平常』和『用』連在一起，以形成新內容的。《說文》三下用部：『庸，用也。』……『庸』者指『平常地行為』。因此『平常地行為』實際是指『有普遍妥當性的行為』而言。所謂『平常地行為』，是指『隨時隨地，為每一個所應實踐所能實現的行為』而言。……表明了孔子乃是在人人可以實踐、應當實踐的行為生活中，來顯示人之所以為人的『人道』這是孔子之教與一切宗教乃至形而上學斷然分途的大關鍵。」（《中國人性論史》）。其實，此即我所謂之「實用理性。」庸，用也。「中庸」者，實用理性也，它著重在平常的生活實踐中建立起人間正道和不朽理則，此「人道」，亦「天道」。雖平常，卻乃「道」之所

在。所以孔子才有「中庸之為德，至矣乎」的讚歎。這就是最高處所。此最高處所並不在另一世界或超越此世間。但為何「民鮮久矣」？可能是指當時人多好高騖遠，而不重此「道在倫常日用中」的根本道理。今日中庸之道，也應求之於平民百姓的日常生活中，即現代化的社會存在中，而不必過分強調高玄理論、傳統資源。（李澤厚《論語今讀》）

### ．錢穆說「民鮮能」

中庸之人，平人常人也。中庸之道，為中庸之人所易行。中庸之德，為中庸之人所易具。故中庸之德，乃民德。其所以為至者，言其至廣至大，至平至易，至可寶貴，而非至高難能。而今之民則鮮有此德久矣，此孔子嘆風俗之敗壞。

《小戴禮．中庸篇》有曰：「中庸其至矣乎？民鮮能久矣！」與《論語》本章異。《論語》言中庸，乃百姓日用之德，行矣而不著，習矣而不察，終身由之而不知其道。若固有之，不曰能。《小戴禮．中庸篇》乃以中庸為有聖人所不知不能者，故曰民鮮能。若《論語》則必言仁與聖，始是民所鮮能。（錢穆《論語新解》）

# 第四章（過猶不及）＊＊

子曰：「道之不行也，我知之矣；知者過之，愚者不及也。道之不明也，我知之矣；賢者過之，不肖者不及也。人莫不飲食也，鮮能知味也。」

【語譯】

孔子說：「中庸之道之所以不能實行，我已經知道其中的道理了。那是因為聰明的人把道想得太高遠，往往不甘於平常，做得太超過，而愚笨的人無法理解道就在日用常行之中，所以不會在日常生活中實踐。中庸之道之所以未能彰顯，我已經知道其中的道理，那是因為賢能的人努力實踐，總是高懸標準，做得太過分，而無才能的人，所做的又達不到標準。凡是人都要吃喝，可是很少人能夠嘗出食物的真正味道。」

【詳註】

子曰：「道之不行也，我知之矣；

孔子說：「中庸之道之所以不能實行，我已經知道其中的道理了。

道：指中庸之道。　朱子註：「道者，天理之當然，中而已矣。」　不行：不能推行，有阻礙。《論語．公冶長》：「道不行，乘桴浮於海。」　知：明白、了解、察覺。

**知者過之，愚者不及也**。

那是因為聰明的人把道想得太高遠，往往不甘於平常，做得太超過，而愚笨的人無法理解道就在日用常行之中，所以不會在日常生活中實踐。

知者：有智慧的人。知（ㄓˋ zhì）：同「智」。　過：超出、超越。　之：它，指中庸之道。　矣：表示肯定的語氣。　愚：笨傻、不聰明。

**道之不明也，我知之矣**；

中庸之道之所以未能彰顯，我已經知道其中的道理了。

不明：不彰顯。即不能明於天下。

**賢者過之，不肖者不及也**。

那是因為賢能的人努力實踐，總是高懸標準，做得太過分，而無才能的人，所做的又達不到標準。

賢：有德行、才能。　不肖：不才、不賢。　不及：比不上。

**人莫不飲食也，鮮能知味也。**」

凡是人都要吃喝，可是很少人能夠嘗出食物的真正味道。

莫不：皆、沒有一個不。　飲食：吃喝。　味：舌頭嘗東西所得到的感覺。

【精解】

・**朱註**：道者，天理之當然，中而已矣。知愚賢不肖之過不及，則生稟之異而失其中也。知者知之過，既以道為不足行；愚者不及知，又不知所以行，此道之所以常不行也。賢者行之過，既以道為不足知；不肖者不及行，又不求所以知，此道之所以常不明也。「人莫不飲食也，鮮能知味也。」道不可離，人自不察，是以有過不及之弊。

【會通】

・**中庸詩一首**

**中庸**　　宋　朱熹

過兼不及總非中，離卻平常不是庸。
二字莫將容易看，只斯為道用無窮。

・**中庸的反面教材**

「過」與「不及」剛好可以反顯「中庸」的道理。這裡只談「過」。

我常為了省錢，買大包裝的食物和維他命，往往過期還吃不完，造成更大的浪費。

我在美國工作時，常要到沒去過的地方洽公。有時候趕時間，開車時往往只盯著前面的綠燈，盡量順勢往前衝，結果常有衝過頭的情況發生。當時還沒有衛星導航系統，所以「再回頭已是百年身」，反而遲到，這就是「欲速則不達」的後果。

學生平日不燒香，臨時抱佛腳。考前最後一夜開夜車，如果開過頭，也是後果不堪設想。我個人就發生過代表學校參加作文比賽，結果卻在考場睡著的糗事。

練功的人，怕走火入魔。運動員求好心切，難免運動傷害。林書豪在籃球場突然掀起旋風，教練超乎尋常的大加重用，結果傷了膝蓋，無法繼續參加比賽。當年紅葉少棒掀起棒球旋風以後，很多天才型的青少年棒球明星，都因運動傷害而成了流星。

飲酒也是一個好例子。所有的研究都支持「適度飲酒，有益健康」，特別是紅酒。但是，真能從其中獲益的有幾個？這世界倒是酒鬼充斥，常常做出很多損人不利己的事，所謂「酒、色、財、氣」，包括賭博，都可如是觀。

一九六五年林海峰在名人挑戰賽中，第一局敗給坂田榮男，他向恩師吳清源求助，吳清源勉勵他秉持「平常心」應戰，之後林海峰便以四勝二負擊敗坂田榮男，成為當時日本有史以來最年輕的名人。相對的，關穎珊曾經三度奪得世界花式滑冰金牌，遺憾的是她在一

九九八年冬季奧運會和二〇〇二年冬季奧運會分別只獲得銀牌和銅牌。依據我個人觀察，她兩度功敗垂成，就在於她太在乎那個榮譽。

# 第五章（憂患意識）

子曰：「道其不行矣夫！」

【語譯】

孔子說：「（既然行道會有過與不及），正道恐怕就這樣沒辦法實踐了！」

【詳註】

其：殆、大概。矣夫：「矣」和「夫」都是語氣助詞，用於感嘆句末，表示感嘆、商討等語氣，相當於「吧」、「了」。「矣」、「夫」連用，加強感嘆語氣。

【會通】

### ・一句感嘆即一章？

朱熹說：「此章承上章而舉其不行之端，以起下章之意。」意思是：這一章承接上章而舉出道能否行得通的懷疑，作為因端，引起下一章的意思。

這一章有點奇怪，所以顧起元說：「如果是承接上文，那這句話的上下應該有闕亡的文字。」（《中庸外傳》）

### ・孔子的感嘆

孔子的聖賢之道，常以堯舜禹湯文武為標準，懸得甚高。有時候，由於愛之深，難免責之切，難免感嘆道之不行。《論語・公冶長》中，他說：「道不行，乘桴浮於海。」但他事實上並未真的就去探尋海外仙山，還是繼續努力，繼續作育英才。幸而，下一章，他就提出了「執其兩端，用其中於民」的大舜智慧。

世事奇妙無比，如果你不憂道之不行，以後道就可能真的不行。如果你懷著憂患意識，唯恐道會倒退，結果正道就會通暢了。宋朝范仲淹所說：「仁者先天下之憂而憂，後天下之樂而樂。」不正是此意？

### ・葛洛夫的偏執狂

一九九六年英特爾（Intel）創辦人葛洛夫（Andrew Grove）出版了一本瞬間紅遍全球的暢銷書《Only The Paranoid Survive》，中文版譯為「十倍數的時代」（與原意風馬牛不相及）。Paranoid 原意是「偏執狂」，是一種精神病症，指的是過度懷疑或在意別人舉止的精神狀態。其實葛洛夫當然不會說自己真的偏執，而是強調企業經營者要戰戰兢兢，要有憂患意識。

其實企業界還有比葛洛夫更偏執的人，他就是蘋果公司的創辦人賈伯斯，他處處追求完美，結果創造出許多典範性產品，使蘋果成為最有價值的公司。

# 第六章（執兩用中）＊＊

子曰：「舜其大知也與！舜好問而好察邇言，隱惡而揚善。執其兩端，用其中於民，其斯以為舜乎！」

**【語譯】**

孔子說：「舜實在是有大智慧的人呀。舜喜歡發問，而又能仔細考察身邊淺近的言論。對於聽到的一切，他都能隱藏別人的過失而宣揚別人的長處；能掌握住一切事理的正反兩面，和過與不及兩個極端，而採納適中的原則來治理民事。這應該就是舜之所以能成

為『仁聖盛明』的大舜的緣故了。」

**【詳註】**

**子曰：「舜其大知也與！**

孔子說：「舜實在是有大智慧的人呀！

其：如同「殆」字。副詞，表示推測、估計。即「大概」、「可算是」。　知：即「智」字。　也：句末語氣詞，表示判斷或肯定。　與（ㄩˊ yú）：同「歟」，語末助詞，置於句末，可表示感嘆，也可表疑問、反詰等語氣。在此，一般解為感嘆。但如變成自問自答（孔子很喜歡這樣），則更加生動。第十七章「舜其大孝也與」，也有同樣的表達。

**舜好問而好察邇言，隱惡而揚善。**

舜喜歡發問，而又能仔細考察身邊淺近的言論。隱藏別人的過失，宣揚別人的善行。

好：愛、喜愛。　察：留意、明辨、仔細考核。　邇言：淺近或左右親近的言語。也可解作「眼前的人的言論」，表示舜無「貴遠賤近」的毛病。　邇：近、眼前。

**執其兩端，用其中於民，**

能掌握住一切事理的正反兩面，和過與不及兩個極端，而採納適中的原則來治理民事。

執：持守、掌握。　兩端：正反雙方或過與不及兩個極端。　用：行使。　民：百姓。



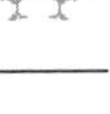

其斯以為舜乎！」

這應該就是舜之所以能成為『仁聖盛明』的大舜的緣故了。」

其：可、應該，表示期望。　斯：此、這個、這裡。用於文言文。　以為：認為。舜：《禮記・中庸》疏，謚法云：「受禪成功曰舜」，又云：「仁義勢明曰舜」。《白虎通・謚》：「仁聖盛明謚曰舜。」所以孔子有此感嘆。乎：表示感嘆的語氣，相當於「啊」。

【精解】

・朱註：舜之所以為大知者，以其不自用而取諸人也。邇言者，淺近之言，猶必察焉，其無遺善可知。然於其言之未善者則隱而不宣，其善者則播而不匿，其廣大光明又如此，則人孰不樂告以善哉。兩端，謂眾論不同之極致。蓋凡物皆有兩端，如小大厚薄之類，於善之中又執其兩端，而量度以取中，然後用之，則其擇之審而行之至矣。然非在我之權度精切不差，何以與此。此知之所以無過不及，而道之所以行也。

【會通】

・說項：到處逢人說項斯

## 贈項斯　唐　楊敬之

幾度見詩詩總好，及觀標格過於詩。
平生不解藏人善，到處逢人說項斯。

江東人項斯，本來並不出名。他帶著自己的詩篇，去拜見楊敬之，希望獲得賞識。楊敬之寫了這首詩送給他。沒多久，這首詩流傳到長安，再隔一年（西元八四四年），項斯就進士及第了。項斯的詩其實「拙惡有餘」，所以楊敬之只能強調他風度（標格）比詩好。這是實情，「詩總好」也含蓄地說出真相。楊敬之的確是懂得隱惡揚善、風度極佳的人。「說項」一詞，流傳到現在（只是意思變了）。

### ・杜威：祖孫的方法

杜威先生不曾給我們一些關於特別問題的特別主張，——如共產主義，無政府主義，自由戀愛之類，——他只給了我們一個哲學方法，使我們用這個方法去解決我們自己的特別問題。歷史的方法——「祖孫的方法」他從來不把一個制度或學說，看做一個孤立的東西，總被他看做一個中段；一頭是他所以發生的原因，一頭是他自己發生的效果；上頭有他的祖父，下頭有他的孫子。捉住了這兩頭，他再也逃不出去了！這個方法的應用，一方面是很忠厚寬恕的，因為他處處指出一個制度或學說所以發生的原因，指出他歷史的背景，故能了解他在歷史上的地位和價值，故不致有過分的苛責。一方面，這個方法又是很嚴厲的，最帶有革命性質的。因為他處處拿一個學說或制度發生的結果，來評判他本身的價值，故最公平，又最厲害。這種方法，是一切帶有評判精神的運動的一個武器。（胡適《胡適文選・杜威先生與中國》）

# 第七章（自知之明）*

子曰：「人皆曰予知，驅而納諸罟擭陷阱之中，而莫之知辟也。人皆曰予知，擇乎中庸而不能期月守也。」

**【語譯】**

孔子說：「很多人都說『我很聰明』，卻被驅趕進入羅網、機關、陷阱中，而不知躲避。很多人都說自己很聰明，雖然認同了中庸之道，卻往往連一個月也無法堅持實踐。」

**【詳註】**

子曰：「人皆曰『予知』，

孔子說：「很多人都說『我很聰明』（自以為懂得為人處事之道，其實只懂得計較利害，而不知正道），

皆：全、都，統括之詞。　予：我。　知（ㄓˋ zhì）：同「智」，明智之意。

**驅而納諸罟擭陷阱之中，而莫之知辟也。**

卻被驅趕進入羅網、機關、陷阱中，而不知躲避。

驅：驅趕。　納：入，使進入。　諸：相當「之於」。　罟（ㄍㄨˇ gǔ）：捕魚、捕鳥的網。　擭（ㄏㄨㄛˋ huò）：裝有機關的捕獸木籠。　陷阱：捕野獸的地坑，比喻陷害人的圈套。罟擭陷阱等等象徵罪惡及墮落之路。　莫之知辟：即「莫知避之」。　之：指罟擭陷阱。　辟：即「避」，躲避。

**人皆曰『予知』，擇乎中庸而不能期月守也。」**

很多人都說『我很聰明』，雖然認同了中庸之道，卻往往連一個月也無法堅持實踐。」

擇乎中庸：選擇了中庸。（表示中庸需要主動選擇）　擇：挑選。　乎：相當於「於」。期月：滿一個月。期（ㄐㄧ jī），時間上的周而復始。　守：遵行、堅持。　朱註：「擇乎中庸，辨別眾理，以求所謂中庸，即上章好問用中之事也。期月，匝一月也。言知禍而不知辟，以況能擇而不能守，皆不得為知也。」

【修辭】

．**倒裝**：「莫之知辟」：即「莫知避之」。這是一種「倒裝」的修辭方式。（參本書《大學》第十章第二節「倒裝」）

．**象徵**：罟擭陷阱等象徵罪惡和墮落的淵藪。（參本書《大學》「經文」章第一節「象徵一」）

【會通】

．**胡適說「被牽著鼻子走」**

從前禪宗和尚曾說，「菩提達摩東來，只要尋一個不受人惑的人」。我這裡千言萬語，也只是要教人一個不受人惑的方法。被孔丘、朱熹牽著鼻子走，固然不算高明；被馬克思、列寧、史達林牽著鼻子走，也算不得好漢。我自己絕不想牽著誰的鼻子走。我只希望盡我的微薄的能力，教我的少年朋友們學一點防身的本領，努力做一個不受人惑的人。（胡適《胡適文選．介紹我自己的思想》）

．**胡適說「存疑主義」**

存疑主義這個名詞，是赫胥黎造出來的，直譯為「不知主義」。孔丘說，「知之為知之，不知為不知，是知也。」這話確是「存疑主義」的一個好解說。但近代科學還要進一步，他們要問，「怎樣的知，才可以算是無疑的知」？赫胥黎說，只有那證據充分的知識，方才可以信仰，凡是沒有充分證據的，只可存疑，不當信仰。這是存疑主義的主腦。（胡適《胡適文選．演化論與存疑主義》）

**．承認無知：智慧的開端**

蘇格拉底並不以為自己有什麼智慧。但是，有一天阿波羅神廟居然有神諭傳出，說蘇格拉底是全雅典最有智慧的人。他感到訝異，於是前去一探究竟。結果看到廟前刻著幾個字：「認識你自己」。他恍然大悟：原來他比別人有智慧，是因為知道自己的無知，而那些自命為智者的人，卻連自己一無所知都不知道。所以，對蘇格拉底而言，智慧就是有自知之明。能夠反省自己的無知，才有可能進一步獲取真知。

# 第八章（拳拳服膺）

子曰：「回之為人也，擇乎中庸，得一善，則拳拳服膺而弗失之矣。」



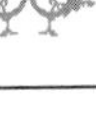

【語譯】

孔子說：「顏回做人的方式，就是選擇中庸去實踐。他學到了一個行善的道理，就牢牢記在心裡，不會忘記。」

【詳註】

子曰：「回之為人也，擇乎中庸：

孔子說：「顏回做人的方式，就是選擇中庸（至正恆常的道理）去實踐。

回：指顏回，字子淵，魯國人，生於西元前五二一年，比孔子小三十歲。孔子最得意的門生，最有德行的弟子。　為人：做人的態度、為人處世。　擇：挑選。

得一善，則拳拳服膺而弗失之矣。」

他學到了一個行善的道理，就牢牢記在心裡，不會忘記。」

拳拳服膺：真摯誠懇，牢牢地抱在胸前（表示緊記在心，真誠信服）。　拳拳：牢握不捨。　朱熹說：「拳拳，奉持之貌」，引申為懇切。　服膺：銘記在心，衷心信服。服：著、放在。膺：胸口。　弗：副詞，不。　之：它。　朱註：奉持而著之心胸之間，言能守也。顏子蓋真知之，故能擇能守如此，此行之所以無過不及，而道之所以明也。

【會通】

・畢生的努力

然而，遵循普通之道，成為它的一個組成部分，則需要做出畢生的努力。按理應該去做的事是顯而易知的；它們全都來自普通的常識。然而，隱藏在這貌似簡單的現象下面的則是對貫徹到底之遍及一切的有力的要求。這正是關鍵之所在。我們都能在一定程度上遵循「中」的原理行事，但是要成為顏回那樣的人，「拳拳服膺，而弗失之」，則完全是另外一回事。（杜維明《中庸洞見》第35頁）

# 第九章（均衡人生）

子曰：「天下國家可均也，爵祿可辭也，白刃可蹈也，中庸不可能也。」

【語譯】

孔子說：「天下國家可以和別人均分，爵位和俸祿可以推辭或放棄，踩在銳利的刀刃上也不在乎。守住中庸的正道卻辦不到。」

【詳註】

**子曰：「天下國家可均也，**

孔子說：「天下國家可以和別人均分，

天下：古代多指中國範圍內的全部土地、統治權。國家：中國古代諸侯稱國，大夫稱家。可：肯定、贊成、適宜。均：⑴朱註：「均，平治也。」指治理公正。⑵均分。

**爵祿可辭也，白刃可蹈也，**

爵位和俸祿可以推辭或放棄，踩在銳利的刀刃上也不在乎。

爵祿：指高官厚祿或榮華富貴。爵：爵位。《禮記・王制》說：「王者之制祿爵，公、侯、伯、子、男，凡五等。」祿：官吏的薪俸。辭：放棄、辭讓。白刃：利刀。蹈：踩踏、踐踏。白刃可蹈，敢於冒險之意，是「勇」的表現。

**中庸不可能也。」**

守住中庸的正道卻辦不到。」

可能：能，可以做到。

【精解】

朱熹說，放棄權力，犯險不懼的事，雖然已經是天下最難的事，但都各有所偏，只要勉

強實踐還是做得到。但是「中庸雖易能，然非義精仁熟而無一毫人欲之私者，不能及也。」上述三者，似難實易，中庸似易實難，所以很少人做得到。

戴震說：「均謂分疆正域，平量財賦，有取於均之事。天下國家可均，則其人不私者也；爵祿可辭，則其人清者也；白刃可蹈，則其人剛者也；各成其一德而已。中庸必具眾德，又非勉於一時，故難。」

**【修辭】**

**・層遞**：由「均天下」到「蹈白刃」到「中庸為不可能」，一層比一層難，這是一種「層遞」修辭。（參本書《大學》「經文」章第一節「層遞」）

**【會通】**

**・修身之難**

儘管我們幾乎不可能像聖人那樣行事，但是我們依然可以理解，使他的偉大成就也無法窮盡，諸如侍奉雙親、照管子女和幫助朋友等，這一類普通美德中所蘊含的所有精微之處。每一個人，包括最標準的君子即聖人在內，總是有自我修身的餘地。有一些所謂的君子「遵道而行，半途而廢」（《中庸》第十一章），這是不難理解的。一個人只要完全獻

身於中庸之道，即使他的努力畢生都沒有得到承認，也就可以看做聖人了。孔子說：「天下國家可均也，爵祿可辭也，白刃可蹈也，中庸不可能也。」可見，孔子對修身的內在困難，很有體會的。（杜維明《中庸洞見》第39頁）

# 第十章（真正強者）*

子路問強。子曰：「南方之強與？北方之強與？抑而強與？寬柔以教，不報無道，南方之強也，君子居之。衽金革，死而不厭，北方之強也，而強者居之。故君子和而不流，強哉矯！中立而不倚，強哉矯！國有道，不變塞焉，強哉矯！國無道，至死不變，強哉矯！」

**【語譯】**

子路問，什麼是真正的強者。孔子說：「你問的到底是南方所謂的強，還是北方所謂的強？還是你自己所謂的強？以寬容與柔和來實施教化。對不合理的對待，不以無理回應，或加以報復，這就是南方人所謂的強，這種強，需要高度智慧與修養，只有有德者才

能以這樣的態度自處。以兵器甲冑為臥席，隨時準備戰鬥，死了也不害怕，這是北方人所謂的強，是勇者所持的道。

所以君子尋求和諧而又不隨波逐流，是真正的強者！實行中道而不偏，是真正的強者！當天下太平時，也不改變他不得意時所持守的正道，是真正的強者！國家混亂時，仍然堅持操守，到死都不改變，是真正的強者！」

**【詳註】**

**子路問強。**

子路問，什麼是真正的強者。

子路：孔子弟子仲由（西元前五四二～前四八〇年），字子路。春秋魯國卞（今山東省泗水縣東）人。姓仲，名由，字子路，一字季路。孔子弟子，性好勇、事親孝。仕衛，死於孔悝之難。富政治長才，在孔門四科中，列於政事科。　強：剛強、堅強、勢力過人、有力（與「弱」相對）。

**子曰：「南方之強與？北方之強與？抑而強與？**

孔子說：「你問的到底是南方所謂的強？還是北方所謂的強？還是你自己所謂的強（還是你應追求的強）？

南方：泛指中國南部地區，約在長江流域及其以南諸地。　與（ㄩˊ yú）：同「歟」，用於句末，表示疑問、感嘆或反詰相當於「嗎」、「呢」。　北方：方位名。南的對面，即北邊。　抑：表示選擇，相當於「或者」、「還是」。　而：代詞，同「爾」，你。

**寬柔以教，不報無道，南方之強也，君子居之。**

以寬容與柔和來實施教化。對不合理的對待，不以無理回應，或加以報復，這是南方人所謂的強，這種強，需要高度智慧與修養，只有有德者才能以這樣的態度自處。

寬：不嚴苛、度量大。　柔：溫和。　報：回應、報復。　無道：無理、不行正道。　居：存有，即「自處」。　朱註：「南方風氣柔弱，故以含忍之力勝人為強，君子之道也。」

**衽金革，死而不厭，北方之強也，而強者居之。**

以兵器甲冑為臥席，隨時準備戰鬥，死了也不害怕。這是北方人所謂的強，是勇者所持的道。

衽（ㄖㄣˋ rèn）：臥席。（此處作為動詞，即睡臥、「以……為臥席」）　金：指鐵製的兵器。　革：指皮革製的甲盾或盔甲。　不厭：不滿足，即死而無憾。　厭：通「饜」，滿足、飽。　朱註：「北方風氣剛勁，故以果敢之力勝人為強，強者之事也。」

**故君子和而不流，強哉矯！**

所以君子尋求和諧而又不隨波逐流，是真正的強者！

和：適中、恰到好處。　流：放縱、放蕩、向壞的方向改變。　哉：表示驚歎的語氣。

矯：強健、壯盛。

**中立而不倚，強哉矯！**

實行中道而不偏，是真正的強者！

中立：居中站立、意志堅定不搖。　倚：偏斜、側偏。

**國有道，不變塞焉，強哉矯！**

當天下太平時，也不改變他不得意時所持守的正道，是真正的強者！

有道：天下太平。　塞：與「通」相對，阻隔不通。困厄，時運不佳。指「未通」講，轉為「人未得意」的意思。

**國無道，至死不變，強哉矯！」**

國家混亂時，仍然堅持操守，到死都不改變，是真正的強者！」

無道：國政不修、社會混亂。　朱註：「國有道，不變未達之所守；國無道，不變平生之所守也。此則所謂中庸之不可能者，非有以自勝其人欲之私，不能擇而守也。君子之強，孰大於是。夫子以是告子路者，所以抑其血氣之剛，而進之以德義之勇也。」

## 【精解】

### ・南北文化的差異

孔子答子路問強，卻先提出南方與北方之分別。這一點顯示文化史上一個重要問題，即先秦時代的中國文化有南北兩支；不僅是衣食習慣不同，而且道德標準也不同。所以孔子答子路，先討論這兩種標準來反問子路。（勞思光《大學中庸譯註》）

## 【修辭】

### ・設問：自問自答

董季棠說：「作者想要表達的意思，不作普通的敘述，而用詢問的口氣顯示，使文章激起波瀾，讓讀者格外注意。這種修辭法叫做『設問』。顧名思義，『問』既是『設』，就跟普通的『問』不同。」（董季棠《修辭析論》）

「子曰：『南方之強與？北方之強與？抑而強與？寬柔以教……』」孔子連續問了三個問題，然後自己就開始回答。這種設問，又稱「自問自答」。（參本書《中庸》第三十二章「設問」、「反問」）

### ・借代

「衽金革」的「金」，本來是金屬的總稱，這裡用來代指「刀劍之類的武器」；「革」，本來是指加工處理過的獸皮。這裡用來代指「皮革製的甲盾或盔甲」。因而「金革」就成了「刀劍甲冑之類兵器」的代稱。這就是所謂「借代」。

平常說慣的詞語，不新奇，引不起讀者的注意；作者用另一種說法來表示，使人有耳目一新之感。這另一種說法，雖不是本來的事物，但和本來的事物必有某種關係，如全體和部分的關係，或標幟和本體的關係等，借它來代表。這種修辭法，叫做「借代」。（董季棠《修辭析論》第209頁）（參本書《中庸》第十七章「借代」）

．**類疊**：本章四個「強哉矯！」一再出現，真是強而有力的修辭。（參本書《大學》第七章「類疊」）

## 【會通】

### ．柳樹理論

強者如竹如柳，可以屈身，而有堅持的一面。

中央銀行總裁彭淮南對於外匯運作，有一個著名的「柳樹理論」，央行形容具有彈性的匯率，正如柔軟的柳樹，於颱風來臨時不會折斷。當外資大量進出影響匯率時，就讓匯率波動區間變大，以降低衝擊。彭淮南說：「柳樹在颱風來就動，颱風過去就停止。所以當熱錢進來時，假如要守一個固定匯率，會被打到頭破血流。在外資丟錢的時候不能夠去守一

個價位。當他丟完時，就像風靜了，柳樹就停止。風來就動，風停就回復到原來水準。」

**．老子說強**

老子《道德經》第三十三章：「知人者智，自知者明。勝人者有力，自勝者強。知足者富，強行者有志。不失其所者久，死而不亡者壽。」第五十章：「見小曰明，守柔曰強。」

# 第十一章（遵道而行）＊

子曰：「素隱行怪，後世有述焉，吾弗為之矣。君子遵道而行，半塗而廢，吾弗能已矣。君子依乎中庸，遯世不見知而不悔，唯聖者能之。」

**【語譯】**

孔子說：「以隱居為常，而行為怪異，以求名聲。後世有所傳述，我卻不做這種事。有德者依循正道去做，到了半路卻放棄了，我是不會這樣子做的。有德者遵循中庸之道，即使離開社會而不被人了解也不後悔；唯獨具有最高道德和智慧的人才能做到。」

【詳註】

子曰：「素隱行怪，後世有述焉，吾弗為之矣。

孔子說：「以隱居為常，而行為怪異，以求名聲。後世有所傳述，我卻不做這種事。

素隱行怪：以隱居為常，而行為怪異，以求名聲。「素」有三說。一、依鄭玄注，同「傃」，「嚮」的意思。素隱行怪，就是趨向於避害隱身，而行為詭譎。二、朱熹認為，依《漢書》「素」應作「索」。索隱，即搜索隱僻的道理，而做太多詭異的行為。三、倪思說：「素」即是「平素」、「素常」之意，與下文「素其位而行」的「素」同義。「素隱」是以隱居為常，而不知變通。因此，素隱行怪，就是指老莊一派的退隱曲全。行怪：即是做出詭異的行為。述：記述，傳述。朱熹解為「稱述」。弗為：不做。之：指素隱行怪。朱註：「素，按《漢書》當作索，蓋字之誤也。索隱行怪，言深求隱僻之理，而過為詭異之行也。然以其足以欺世而盜名，故後世或有稱述之者。此知之過而不擇乎善，行之過而不用其中，不當強而強者也，聖人豈為之哉！」

君子遵道而行，半塗而廢，吾弗能已矣。

有德者依循正道去做，到了半路卻（力不足）放棄了，我是不會這樣子做的。

君子：有德者、才德出眾的人。遵：依循。半塗：半路。塗：同「途」。廢：



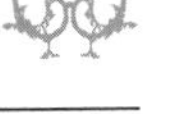

停止，中止。　弗能：不能。　已：停止。　朱註：「遵道而行，則能擇乎善矣；半塗而廢，則力之不足也。此其知雖足以及之，而行有不逮，當強而不強者也。已，止也。聖人於此，非勉焉而不敢廢，蓋至誠無息，自有所不能止也。」

**君子依乎中庸，遯世不見知而不悔，唯聖者能之。」**

有德者遵循中庸之道，即使離開社會而不被人了解也不後悔；唯獨具有最高道德和智慧的人才能做到（不見知而不悔）。」

依：按照、遵循。　能：善於此道。　遯世：逃離人世，獨自隱居。　遯：逃，同「遁」。如：「遯跡山林」。　見知：被人了解。這裡指被賞識、重用。　見：被。　悔：事後追恨。　聖者：即是「聖人」，具有最高道德和智慧的人。　朱註：「不為索隱行怪，則依乎中庸而已。不能半塗而廢，是以遯世不見知而不悔也。此中庸之成德，知之盡、仁之至、不賴勇而裕如者，正吾夫子之事，而猶不自居也。故曰唯聖者能之而已。」

## 【精解】

### ．康有為說「素隱」

康有為云：「素隱，如老學之隱退曲全；行怪，如墨子之生不歌死無服。凡諸子皆是。言之有理，持之有故，極易惑人，故徒眾廣大，多有嗣為其後以述其教者。孔子以前，若沮溺楚狂之隱，子桑伯子原壤之怪，其類甚多。孔子皆不欲為之，言此為外道異教，不可眾也。蓋有智仁勇之德，尤不可溺於非道也。此為誤入異道者戒。」（康有為《中庸注》第6頁）

【修辭】

・倒裝：「遯世不見知而不悔，惟聖者能之」是「惟聖者能遯世不見知而不悔」的倒裝。（參本書《大學》第十章第二節「倒裝」）

【會通】

・終南捷徑

唐代有很多假隱士在終南山隱居，實際上不是為了修行，而是「以退為進」，找機會接近權貴，以求受到皇帝重用。這就是所謂「終南捷徑」。

終南捷徑的開路先鋒是盧藏用（？—西元七一三年），他本來考中進士，卻一直沒被調用。乾脆到山裡隱居，後來果然被徵召，官至尚書右丞。盧藏用之後，走這條路的人很多，最有名的要數大詩人李白（西元七〇一—七六二年）。李白曾在四川和山東隱居，結果名氣大了，也走了「終南捷徑」，得以「待召翰林」，可惜沒多久又受到排擠，走上漂

泊之路。

## 第十二章（廣大精微）＊＊

君子之道，費而隱。夫婦之愚，可以與知焉；及其至也，雖聖人亦有所不知焉；夫婦之不肖，可以能行焉；及其至也，雖聖人亦有所不能焉。天地之大也，人猶有所憾。故君子語大，天下莫能載焉；語小，天下莫能破焉。《詩》云：「鳶飛戾天，魚躍於淵。」言其上下察也。君子之道，造端乎夫婦；及其至也，察乎天地。

【語譯】

成為君子所應走的正路，應用面非常廣泛。但是道理是抽象的，本體廣大而微妙，並非顯而易見。即使是沒知識的平常老百姓，也可以懂得一點皮毛。但是說到最高境界，即使是有最高智慧道德的聖人，也有不了解的部分。即使是沒有才能的平常老百姓，也能做得到。但是到了最高境界，即使是具有最高智慧道德的聖人，也有做不到的地方。天地的

造化之功，如此廣大，人還是有不滿意、感到遺憾的地方。所以有德者說到中庸之道的廣大時，連整個天地也無法完全承載它，說到最精微的地方，全天下沒有任何東西可以解析它。

《詩經》上說：「老鷹高飛到天上，魚兒跳躍在深淵。」這就是說上至天邊，下至深淵，都能明察清楚。有德者的正道，可以從平常男女的日常言行開始實踐，而最遠可以上察於天，下察於地，無所不到。

【詳註】

**君子之道，費而隱。**

成為君子所應走的正路，應用面非常廣泛。但是道理是抽象的，本體廣大而微妙，並非顯而易見。

君子：指「有志成為君子的人」。　費而隱：極廣大但也極精微。　費：煩瑣，指道的應用面非常廣泛（看得見的宇宙萬象）。　隱：隱蔽、深遠微妙。指道的本體（主導一切的真理大道）不是顯然易見。《老子》四十一章：「大象無形，道隱無影。」

**夫婦之愚，可以與知焉；**

即使是沒知識的平常老百姓，也可以懂得一點皮毛。

夫婦：猶言「匹夫匹婦」，指平民男女。　可以與知焉：可以參預這種了解。　愚：無知。　與（ㄩˋ yù）：即「預」，參與。

**及其至也，雖聖人亦有所不知焉；**

但是說到最高境界（最精微之處），即使是有最高智慧道德的聖人，也有不了解的部分。

至：最高境界。　聖人：具有最高智慧和道德的人。　知：認識、了解。

**夫婦之不肖，可以能行焉；**

即使是沒有才能的平常老百姓，也能做得到。

不肖：不賢、無才能。　行：做、從事。

**及其至也，雖聖人亦有所不能焉。**

但是到了最高境界，即使是具有最高智慧道德的聖人，也有做不到的地方。

不能：無才能、未及、不及。

**天地之大也，人猶有所憾。**

天地的造化之功，如此廣大，人還是有不滿意、感到遺憾的地方。（如遭遇不幸時）

猶：尚且。　憾：遺憾、不滿意。

**故君子語大，天下莫能載焉；**

所以有德者說到中庸之道的廣大時，連整個天地也無法完全承載它，

**語小，天下莫能破焉。**

說到最精微的地方，全天下沒有任何東西可以解析它。

破：剖開、析解、劈開。

**《詩》云：「鳶飛戾天，魚躍於淵。」**

《詩經》說：「老鷹高飛到天上，魚兒跳躍在深淵。」

《詩》：引自《詩經．大雅．旱麓》，這首詩是讚揚和悅平易的周王祭祀得福。原詩為「鳶飛戾天，魚躍於淵。豈（ㄎㄞˇ kǎi）弟君子，遐不作人？」意思是：「老鷹飛翔，直達九天。魚在深潭裡跳躍。和藹可親的君子，怎麼能不振奮人心呢？」此處引用，意在強調「上下察也」。　鳶：即「老鷹」。　戾（ㄌㄧˋ lì）：到達。　淵：深水、深潭。象徵最低的地方。

**言其上下察也。**

這就是說上至天邊，下至深淵，都能明察清楚。

察：至、明辨、了解、清楚。

**君子之道，造端乎夫婦；**

有德者的正道，可以從平常男女的日常言行開始實踐。

造端：開始。　造：創造。　端：開頭、發端。



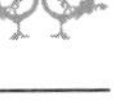

**及其至也，察乎天地。**

而最遠可以上察於天，下察於地，無所不到。

**【會通】**

**・詩說「天地之大」**

**鳶飛魚躍二首** 宋 朱熹

此理充盈宇宙間，下窮魚躍上飛鳶。飛斯在上躍斯下，神化誰知本自然。

神化誰知本自然，盍將此意反而觀。試將事上深加察，纔著些私便不安。

**・老天爺的無奈**

**嘆世（中呂・山坡羊）** 元 陳草庵

伏低伏弱，裝呆裝落。是非猶自來著莫。任從他，待如何？

天公尚有妨農過，蠶怕雨寒苗怕火。陰，也是錯；晴，也是錯。

# 第十三章（同理之心）*

## 第一節

子曰：「道不遠人。人之為道而遠人，不可以為道。《詩》云：『伐柯伐柯，其則不遠。』執柯以伐柯，睨而視之，猶以為遠。故君子以人治人，改而止。忠恕違道不遠，施諸己而不願，亦勿施於人。

君子之道四，丘未能一焉：所求乎子以事父，未能也；所求乎臣以事君，未能也；所求乎弟以事兄，未能也；所求乎朋友先施之，未能也。庸德之行，庸言之謹，有所不足，不敢不勉；有餘不敢盡；言顧行，行顧言，君子胡不慥慥爾！」

**【語譯】**

孔子說：「道是不遠離人的。人如果從事於道而遠離人性，那就不叫做道。《詩經》上說：『砍伐樹枝呀，砍伐樹枝呀，要砍怎樣的木頭，標準就在眼前。』手裡拿著（舊）斧柄砍伐樹枝（來做新斧柄），斜著眼睛看，看偏了，還以為標準在很遠的地方呢。所以有德者在治理、教化別人的時候，要順乎人性，因材施教，別人如果有錯能改就行了。

能做到忠和恕，基本上就是走上正道了，凡是不樂意別人對待自己的方式，也不要用那種方式對待別人。

君子有四項正道，我一樣也沒有做到。對於人子應當盡心侍奉父親的要求，我沒有做到；對於人臣應當盡心服事國君的要求，我沒有做到；對於弟弟應當盡心服事兄長的要求，我沒有做到；作為朋友應當先付出的要求，我沒有做到。

平常德性的實踐，平常言語的謹慎，做得不夠周到時，不敢不繼續努力；有很多話要說，有時必須適度留下餘地。說的話就要能兌現，做事時還要能顧及所說的話。有德的人能夠言行一致，怎麼會不忠厚誠實呢？」

**【詳註】**

子曰：「道不遠人。人之為道而遠人，不可以為道。

孔子說：「正道不會遠離人性，人若為了修道而遠離人性，那就不是道了。」

遠（ㄩㄢˋ yùan）：離開、疏遠、違背。　為道：修道。　為：行、作。　不可以為道：不可能是正道。　為：是。　朱註：「道者，率性而已，固眾人之所能知能行者也，故常不遠於人。若為道者，厭其卑近以為不足為，而反務為高遠難行之事，則非所以為道矣！」程伊川說：「《中庸》曰：『道不可須臾離也，可離非道也。』又曰：『道不遠人。』此特聖人為始學者言之耳。論其極，豈有可離與不可離而遠與近之說哉？」（見《二程遺書》）

**《詩》云：『伐柯伐柯，其則不遠。』**

《詩經》上說：『砍伐樹枝呀，砍伐樹枝呀，要砍怎樣的木頭，標準就在眼前。』

《詩》：引自《詩經．豳風．伐柯》。　伐：砍，砍伐。　柯：草木的枝莖。　則：準則。

**執柯以伐柯，睨而視之，猶以為遠。**

手裡拿著（舊）斧柄砍伐樹枝（來做新斧柄），斜著眼睛看，看偏了，還以為標準在很遠的地方呢。

執柯：握著斧柄。　執：握、持。　柯：指斧柄。　睨而視之，猶以為遠：伐柯的人不知道自己所握著的柯即是標準，反而捨近求遠，看到別處去，以為離標準很遠。　睨：偏斜、斜視。



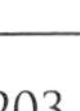

**故君子以人治人，改而止。**

所以有德者在治理、教化別人的時候，要順乎人性，因材施教，別人如果有錯能改就行了。

以人治人：依人性（人情）管理。　治（ㄔˊ chí）：作動詞用，治理，管理。　止：已。

**忠恕違道不遠，施諸己而不願，亦勿施於人。**

能做到忠和恕，基本上就是走上正道了，凡是不樂意別人對待自己的方式，也不要用那種方式對待別人。

忠恕：竭盡心力並推己及人，這是儒家的道德倫理基本思想。　忠：辦事盡心盡力。恕：仁愛、推己及人。　違道：離道。　違：相去、離開。　施：加、施加。　願：甘心、樂意。　人：別人、他人。《論語・里仁》：子曰：「參乎！吾道一以貫之。」曾子曰：「唯。」子出，門人問曰：「何謂也？」曾子曰：「夫子之道，忠恕而已矣。」

**君子之道四，丘未能一焉：**

君子有四項正道，我一樣也沒有做到。

道：路途、途徑。　丘：孔子名。　未能一焉：還不能做到其中的任一項。

**所求乎子以事父，未能也；所求乎臣以事君，未能也；**

對於人子應當盡心侍奉父親的要求，我沒有做到；對於人臣應當盡心服事國君的要求，我

沒有做到。

求：責求，要求。　乎：介詞，相當於「於」。　事：侍奉。

**所求乎弟以事兄，未能也；所求乎朋友先施之，未能也。**

對於弟弟應當盡心服事兄長的要求，我沒有做到；作為朋友應當先付出的要求，我沒有做到。

施：給，給予。

**庸德之行，庸言之謹，**

平常德性的實踐，平常言語的謹慎。

庸德：平常的德行與言語。　庸：平常。這個庸字，和「中庸」的「庸」字，不完全相同。　行：實踐。　庸言：平常的言語。　謹：慎重選擇。

**有所不足，不敢不勉；有餘不敢盡；**

做得不夠周到時，不敢不繼續努力；有很多話要說，有時必須適度留下餘地。

不足：指德性的實踐有不夠完善、周到的地方。　勉：勤奮、努力。　有餘不敢盡：體諒別人的感受和立場，說話留有餘地。所能辦到的事，雖然行有餘力，也不做得過分。

**言顧行，行顧言，君子胡不慥慥爾？」**

說的話就要能兌現，做事時還要能顧及所說的話。有德的人能夠言行一致，怎麼會不忠

厚誠實呢？」

言顧行，行顧言：言行一致。顧：關注、照應。胡：何不、怎麼。慥慥：踏實、忠厚誠實的樣子。慥（ㄗㄠˋ zào）。爾：表示疑問的語氣，同「乎」。

**【修辭】**

**・借代：**「執柯以伐柯」直接譯成白話就是：「握著樹枝砍樹枝」。樹枝怎能當刀斧用呢？顯然，第一個「柯」字是指「斧柄」。這是一種「借代」的修辭法。（參本書《中庸》第十章、第十七章「借代」）

**【會通】**

**・道不遠人：我們在幼稚園都學了**

一九八八年，我初次由教育部派駐美國，有一本Robert Fulghum所寫的暢銷書，引起我的注意，書名是：《人生中該學的事，我在幼稚園都學了》（All I Really Need to Know, I Learned in Kindergarden）。仔細想想，這本書所講的不就是庸言與庸德嗎？卑之無甚高論，卻是人生至理。

這本書有五十篇小文章，篇篇發人深省。以下摘要列出幾個標題。

1・Share Everhtying. 和別人分享。

2・Don't hit people. 別亂打人。

3・Play fair. 公平競爭。

4・Put thing back where you found it. 物歸原位。

5・Clean up your own mess. 自己搞咂的事，自己收拾。

6・Don't take things that aren't yours. 別拿別人的東西。

7・Say you're sorry when you hurt somebody. 傷害到別人時要說對不起。

8・Wash your hands before you eat. 飯前洗手。

9・Flush. 會臉紅，要有羞恥心。

10・Live a balanced life-learn some and think some and draw and paint and sing and play and work everyday some. 平平安安過日子，每天學一些，想一些，畫呀唱呀玩呀做呀各一些。

11・Take a nap every afternoon. 每天都要午睡。

12・When you go out in the world watch out the traffic, hold hands and stick together. 出門時，注意交通安全，手牽手，一起走。

# 第十四章（居易俟命）＊

君子素其位而行，不願乎其外。素富貴，行乎富貴；素貧賤，行乎貧賤；素夷狄，行乎夷狄；素患難，行乎患難。君子無入而不自得焉。在上位不陵下，在下位不援上；正己而不求於人，則無怨。上不怨天，下不尤人。故君子居易以俟命，小人行險以徼幸。子曰：「射有似乎君子；失諸正鵠，反求諸其身。」

【語譯】

有德者守著自己當下所處的地位行事，不作非分之想。本來處在富貴的地位，就過富貴的生活；本來處在貧賤的地位，就能安貧樂道；本來是在夷狄之邦，就過夷狄地區的生活，本來是處在憂患災難之中，就要面對問題去處理；有德者不論到哪裡，處在什麼環境，都能安然自得。

地位高的人，不欺凌地位低的人；地位低的人，不巴結地位高的人；自求行為端正而不求別人，就不會抱怨命運，也不會歸咎別人。所以有德者自居於平實之處，等待天命以充分實現本性。無德智修養的小人，不擇手段、鋌而走險，妄圖非分的成功或好處。孔子說：「射箭的規矩好像君子之道；射不中箭靶和靶中的紅心，就要回頭檢討自己。」

**【詳註】**

**君子素其位而行，不願乎其外。**

有德者守著自己當下所處的地位行事，不作非分之想。

素其位而行：安於平常的地位，去做應做的事。　素：本、始、現在、平素，這裡作動詞用。　願：要求。　外：本位以外的事。

**素富貴，行乎富貴；素貧賤，行乎貧賤；**

本來處在富貴的地位，就過富貴的生活；本來處在貧賤的地位，就能安貧樂道；

**素夷狄，行乎夷狄；素患難，行乎患難。**

本來是在夷狄之邦，就過夷狄地區的生活，本來是處在憂患災難之中，就要面對問題去處理；

夷狄：野蠻、文化落後的地方。古代泛稱東方各族為「夷」，北方各族為「狄」，因而用以泛指異族人。　患難：憂患、災難。　患：禍害、災難。

**君子無入而不自得焉。**

有德者不論到哪裡，處在什麼環境，都能安然自得。

無入：無論處於什麼情況下。入，處於、進入某種情境。　自得：自得其道。

**在上位不陵下，在下位不援上；**

上位：高級的地位。地位高。　不陵下：不欺在下位的人。　陵：同「凌」，欺壓、欺侮。　不援上：不攀附在上位的人。　援：攀援、巴結。

**正己而不求於人，則無怨。**

正己：要求自我端正。　則無怨：就不會與人結怨。

**上不怨天，下不尤人。**

尤：抱怨；歸咎。　朱註：「此言不願乎其外也。」

**故君子居易以俟命，小人行險以徼幸。**

所以有德者自居於平實之處，等待天命以充分實現本性。無德智修養的小人，不擇手段、鋌而走險，妄圖非分的成功或好處。

易：平易、平實。　俟：等待。　命：指天命。　小人：無德智修養、人格卑劣的人。　行險：做危險的事、走偏鋒。　險：邪惡狠毒、陰沉難測。　徼幸：同「僥幸」，希望獲得意外的成功，或免去不幸。　徼：求。　幸：不當得而得。

子曰：「射有似乎君子；失諸正鵠，反求諸其身。」

孔子說：「射箭的規矩好像君子之道；射不中箭靶和靶中的紅心，就要回頭檢討自己。」

射：有關放箭技能的訓練。　有似：好像。　失諸正鵠：射不中靶心。　正鵠：箭靶的中心，引申為目的。古人射箭時所張的箭靶為「侯」。正鵠（ㄓㄥ ㄍㄨˇ zhēng gǔ）都是小鳥名（正尤其小，箭靶用正鵠，可能是因為不容易射中的緣故）。古人在布或其他材料上畫上這兩種鳥的形象，用作射箭的靶子。畫在布上的叫「正」，畫在皮上的叫「鵠」。　反求諸身：回過頭來要求自己改進。射箭未中中心，不能怪別人，只能檢討自己，這是君子的表現。

## 【修辭】

**・映襯**：本章「富貴」對「貧賤」，「上位」對「下位」，「君子」對「小人」都運用了「映襯」的寫作技巧。（參本書《大學》第一章第六節「映襯」）

## 【會通】

### ・隨緣安分的人——嚴長壽

讀本章每到「君子無入而不自得焉」，總會想起《總裁獅子心》的作者嚴長壽。他出身寒微，但有志氣，不怨天尤人，凡事反求諸己，每一個工作都安於其位，力求超標準的盡忠職守。他把握機會勤學不懈，克服了學歷的障礙。他是一個謙謙君子，而又熱心公益。在此不介紹他的事蹟，因為他寫了好幾本精采的書，都值得親自品嘗。

### ‧詩人的自得境界

**秋日偶成** 宋　程顥

閒來無事不從容，睡覺東窗日已紅。
萬物靜觀皆自得，四時佳興與人同。
道通天地有形外，思入風雲變態中。
富貴不淫貧賤樂，男兒到此是豪雄！

## 第十五章（登高自卑）＊＊

君子之道，辟如行遠必自邇，辟如登高必自卑。《詩》曰：「妻子好合，如鼓瑟琴；兄弟既翕，和樂且耽；宜爾室家，樂爾妻帑。」子曰：「父母其順矣乎！」

【語譯】

要實踐君子所持守的正道，就如同遠行，一定要從眼前最近的一步開始。就如同攀登高山，一定要從最低的地方出發。《詩經》上說：「與妻子情投意合，就如同彈奏琴瑟一般和諧。兄弟既然和睦，也就快樂無窮。你的家庭多麼美好，你的妻兒也很快樂。」孔子說：「如此一來，父母也應該會安樂了。」

【詳註】

**君子之道，辟如行遠必自邇，辟如登高必自卑。**

要實踐君子所持守的正道，就如同遠行，一定要從眼前最近的一步開始。就如同攀登高山，一定要從最低的地方出發。

辟如：譬如。　邇：近。　卑：位置低下，與「高」相對。

**《詩》曰：「妻子好合，如鼓瑟琴；**

《詩經》上說：「與妻子情投意合，就如同彈奏琴瑟一般和諧。

《詩》：引自《詩經．小雅．常棣》。　這首詩敘述兄弟之情，以勸兄弟相親。　妻子：古代包含妻子、兒女，此處似偏重妻子一義。　好（ㄏㄠˋ hào）合：《鄭箋》：「志意合也。

合者，如鼓瑟琴之聲相應和也。」合：志意相合、情投意合。鼓：動詞，彈奏。瑟琴：譬喻和諧。《詩箋》：「如鼓瑟琴之聲相應和也。」以瑟和琴比喻和諧，後世稱美夫婦，因而以瑟琴比喻。

**兄弟既翕，和樂且耽；宜爾室家，樂爾妻孥。」**

兄弟既然和睦，也就快樂無窮。你的家庭多麼美好，你的妻兒也很快樂。」

翕（ㄒㄧˋ xì）：合也。耽：樂之久也；沉醉於喜樂。耽，《詩經》作「湛」（ㄉㄢ dān）。

孥（ㄋㄨˊ nú）：子孫。宜：有益、適宜。

**子曰：「父母其順矣乎！」**

孔子說：「如此一來，父母也應該會安樂了。」

其：可、應該，表示期望。順：調和的、安樂的意思。矣乎：語氣助詞，用於感嘆句末，加強感嘆語氣。朱註：「夫子誦此詩而贊之曰：『人能和於妻子，宜於兄弟如此，則父母其安樂之矣。』子思引詩及此語，以明行遠自邇、登高自卑之意。」

**【修辭】**

．**譬喻**：「辟如行遠」、「辟如登高」和「如鼓瑟琴」都是用「譬喻」的修辭，使行文更加生動。（參本書《大學》「經文」章第二節「譬喻」）

【會通】

‧劉備勉阿斗：勿以惡小而為之，勿以善小而不為。

那是民國五十六年，我就讀師專的時候。下午第一節課上的是「公民與道德」。曾任雙溪初中校長的顏德懋老師由瑞芳趕來上課。夏日炎炎，顏老師揮汗如雨，但態度誠懇，使我們不得不加倍努力和周公搏鬥。事隔數十年，顏老師的話大多忘了。但他說過的兩句話，卻總是縈迴腦海。

第一句是出自《國語》的八個字：「從善如登，從惡是崩。」

第二句，也與此相關。在《三國演義》第八十五回，劉備勸勉他的兒子說：「勿以惡小而為之，勿以善小而不為。唯賢唯德，能服於人。」

這兩句話，一直是我的人生指針。

‧老子、荀子說「行遠自邇」

老子說：「千里之行，始於足下。」荀子說：「不積跬步，無以至千里；不積小流，無以成江海。」俗語說：「萬丈高樓平地起」，都是「行遠必自邇」之意。

# 第十六章（面對未知）

子曰：「鬼神之為德，其盛矣乎！視之而弗見，聽之而弗聞，體物而不可遺。使天下之人齊明盛服，以承祭祀。洋洋乎！如在其上，如在其左右。《詩》曰：『神之格思，不可度思！矧可射思！』夫微之顯，誠之不可揜如此夫！」

【語譯】

孔子說：「鬼神的作用，可說是很大的了。看祂卻見不到，聽祂卻聞不到，體現於萬物之中，沒有任何東西可以例外。如果天下的人都先行齋戒沐浴，然後穿著華美的衣服，來隆重祭祀。真是充滿洋溢呀，祭祀時祂彷彿就在我們的上方，彷彿就在我們的左右。《詩經》上說：『神靈的降臨，行跡不可揣測，人們怎麼能夠厭棄懈怠不信呢。』鬼神的存在隱微，作用卻明顯；真誠的心意不可遮掩，情況也是這樣的啊！」

**【詳註】**

**子曰：「鬼神之為德，其盛矣乎！**

孔子說：「鬼神的作用，可說是很大的了。

鬼神：亡魂與神靈。古人相信人死後靈魂不滅，稱為「鬼」。一般指已死的祖先。神：神靈、神仙。宗教及神話中所指的主宰物質世界的、超自然的、具有人格和意識的存在。西周以前，鬼神的觀念極為普遍。朱熹認為鬼神是天地間一種精氣的聚散變化。《論語·述而》：「子不語怪、力、亂、神。」《中庸》的鬼神觀，與《論語》中的孔子的見解是有差異的。 為德：朱註：「猶言性情功效。」 為：作為。 德：在此指功能、作用。古人談鬼神，往往離不開鬼神的「作用或功能」，也不脫離「教化或祭祀」而單獨談論鬼神。 盛：盛大。

**視之而弗見，聽之而弗聞，體物而不可遺。**

看它卻見不到，聽它卻聽聞不到，體現於萬物之中，沒有任何東西可以例外。

弗：不。 體物：體現於萬事萬物中。 體：表現。 物：萬事萬物。遺：遺漏。

**使天下之人齊明盛服，以承祭祀。**

如果天下的人都先行齋戒沐浴，然後穿著華美的衣服，來隆重祭祀。

使：假使、假如。齊明盛服：先行齋戒沐浴，然後穿著華美的衣服隆重祭祀。齊：同「齋」，即齋戒。古人在隆重典禮（如祭祀）前，要先齋戒（齋七日，戒三日）。明：清潔。承：奉、承當、侍奉。祭祀：古人對神靈、祖先或死者表示敬意的一種儀式。

**洋洋乎！如在其上，如在其左右。**

真是充滿洋溢呀，祂彷彿就在我們的上方，彷彿就在我們的左右。

洋洋：流動充滿的樣子。乎：語氣詞，表示讚美或感嘆，相當於「啊」或「呀」。

**《詩》曰：『神之格思，不可度思！矧可射思！』**

《詩經》說：『神靈的降臨（感通），行跡不可揣測，人們怎麼能夠厭棄懈怠不信呢。』

《詩》：引自《詩經・大雅・抑》。格：來、降臨，也可作「感通」解。思：語助詞。度（ㄉㄨㄛˋ duò）：揣度、猜測。矧可度思：意謂敬慎從事，尚不知何時行有差誤，神必知之也。況厭於敬慎，則何得無過乎？。矧（ㄕㄣˇ shěn）：況且。射（ㄧˋ yì）：厭倦、厭怠不敬。

**夫微之顯，誠之不可揜如此夫！」**

鬼神的存在隱微，作用卻明顯；真誠的心意不可遮掩，情況也是這樣的啊！」

夫微之顯：從隱微到顯著、鬼神的存在隱微，作用明顯。夫（ㄈㄨˊ fú）：發語詞，表提示作用。之：而。誠：真實無妄、真誠的心意。揜（ㄧㄢˇ yǎn）：掩蔽、遮蔽。

夫（ㄈㄨˊ shěn）：語氣詞。猶「乎」。用於語尾表示感嘆。

【修辭】

・示現：活靈活現

想像有翅膀，會飛！看電影或電視連續劇，往往會有回憶往事的情節，有時候故事中人進入夢中，發生一些實際上還沒有發生的事；有些人還有神通，能夠看到遠方發生的事；另外，科幻片還可以「回到未來」，而靈異片更是裝神弄鬼，匪夷所思。這些電視、電影中的情節和運用的技巧，詩歌和文章中也都有。這種為了「引人入勝」，可以超越時空，進入另外一個境界或幻境，把實際上看不見、聽不到或沒發生過的事，說得好像親眼目睹，親耳聽見一般的修辭法，我們稱為「示現」或「懸想」。

王維詩《九月九日憶山東兄弟》：「獨在異鄉為異客，每逢佳節倍思親。遙知兄弟登高處，遍插茱萸少一人。」王維在異鄉長安寫詩，卻可以設想在華山以東的家鄉兄弟，在插茱萸過節時，找不到自己。這是古人所謂「對面寫來」的寫作技巧，也就是「示現」。

本章「使天下之人齊明盛服，以承祭祀。洋洋乎，如在其上，如在其左右。」把「視之而弗見，聽之而弗聞」的鬼神，說得活靈活現，用的也是「示現」的修辭方式。

【會通】

·陳槃說「鬼神」

「鬼神之為德，其盛矣乎！」案《周禮·大宗伯》：「掌天神、人鬼、地示」。是謂神鬼有別，後世人亦以人死其精魂為鬼，天地山川之靈明者曰神。但古人或不分，《墨子·明鬼篇》下：「古今之為鬼非他也，有天鬼，有山水鬼神者，亦有人死而為鬼者」。是吾人今以為神者，古人並以為鬼。《莊子·達生篇》所舉又有汙泥、竈戶、山水之鬼，而《史記·封禪書》中亦有竈鬼。由余對秦繆公曰：「使鬼為之，則勞神矣；使人為之，亦苦民矣。」（《史記·秦本紀》）鄭玄曰：「人神曰鬼」（《論語·為政篇》何註引）。此並神鬼互稱，是神鬼不分。（陳槃《大學中庸今釋》）

# 第十七章（大德受命）

子曰：「舜其大孝也與！德為聖人，尊為天子，富有四海之內。宗廟饗之，子孫保之。故大德必得其位，必得其祿，必得其名，必得其壽。故天之生物，必因其材而篤焉。故栽者培之，傾者覆之。

《詩》曰：『嘉樂君子，憲憲令德。宜民宜人，受祿於天。保佑命之，自天申之。』故大德者必受命。」

【語譯】

孔子說：「舜可算是最孝順的人了。論德行，他是聖人；論尊貴，他是天子；論財富，全天下都是他的。有宗廟來祭祀他，又有子孫繼承，守住他的德業。所以，有大德性的人，一定會獲得應有的地位，一定會獲得應有的祿養，一定會獲得應有的名譽，一定會獲得應有的長壽。所以天生萬物，一定順著他本身的資質而厚待他；因而對可栽植的就培養他，對要傾倒的就讓他倒下去。

《詩經》上說：『有美善而安樂的君王，光顯他的美德；使其民其人皆能得其宜。他從上天得到祿養，上天保佑他，給他天命，也不斷重申天命。』所以，有大德的人一定可以受到天命。」

【詳註】

子曰：「舜其大孝也與！

舜可算是最孝順的人了。

其：如同「殆」字，表示推測。即「大概」、「可算是」。　也：句末語氣詞，表示判斷或肯定。　與：同「歟」，語末助詞，表示感嘆。

**德為聖人，尊為天子，富有四海之內。**

論德行，他是聖人；論尊貴，他是天子；論財富，全天下都是他的。

德：德性。　為：表示判斷，相當於現代漢語的「是」。算是、稱為。　聖人：具有最高智慧和道德的人。在儒家思想中，指最高人格理想的人。　尊：尊貴、地位高。　富有四海之內：古人認為天下是天子的。　有：占有。　四海：古人以東海、南海、西海、北海為四海，說四海，就是指「天下」，而所謂「天下」，實際就是整個中國。

**宗廟饗之，子孫保之。**

有宗廟來祭祀他，又有子孫繼承，守住他的德業。

宗廟：古代帝王、諸侯或大夫、士為維護宗法制而設立的祭祀祖宗的處所。　宗：祖宗。廟：祭祖的地方。　饗：合祭。饗，意為以酒食款待人，這裡指用祭品供奉祖先，是一種祭祀形式。　之：代詞，指舜。　子孫保之：由子孫繼承，守住他的德業。周時的陳國，是舜的後代。由舜到陳，世世祭祀不絕，所以說「子孫保之」。　保：保衛、守住。

**故大德必得其位，必得其祿，必得其名，必得其壽。**

所以，有大德性的人，一定會獲得應有的地位，一定會獲得應有的祿養，一定會獲得應

有的名譽，一定會獲得應有的長壽。

大德：德性偉大的人。　必：肯定、一定。　得：獲、取。與「失」相對而言。　位：地位、職位、官爵，特指天子或諸侯的高位。　祿：俸祿、福澤。　名：聲譽、大名。壽：長命、長壽。據《史記．五帝本紀》，舜活到一百一十八歲。

**故天之生物，必因其材而篤焉。**

所以天生萬物，一定順著他本身的資質而厚待他；

材：資質。　篤：厚、重視、專注、增益。這裡指「厚待」。

**故栽者培之，傾者覆之。**

因而對可栽植的就培養他，對要傾倒的就讓他倒下去。

栽者培之：對可以栽植的，就培養他。　朱註：「栽，植也。氣至而滋息為培。反而遊散則覆。」　栽：種植。　培：加土施肥。　傾者覆之：即將傾倒的，就讓他倒下。即不能成材的就加以淘汰。　覆：傾覆、摧敗。

**《詩》曰：『嘉樂君子，憲憲令德。**

《詩經》上說：『有美善而安樂的君王，光顯他的美德；

《詩》：引自《詩經．大雅．假樂》篇的詩句。　嘉樂（ㄌㄜˋ lè）：美而且樂。《詩經》原文作「假樂」。　嘉：美善。　君子：指王。　憲憲：顯明興盛的樣子。《詩經》原文作

「顯顯」（顯，光也）。　令德：美德。　令：美好。

**宜民宜人，受祿於天。保佑命之，自天申之。』**

使其民其人皆能得其宜。他從上天得到祿養，上天保佑他，給他天命，也不斷重申天命。』

宜民宜人：其民和其人，都因君子的合德而得其宜。　民：庶民。　人：指在位的人。佑：助。　命：天命之也。　申之：重申其命。　申：重申。言天命自天重複而降。

**故大德者必受命。」**

所以，有大德的人一定可以受到天命。」

受命：受天命為天子。

## 【精解】

### ．舜的孝順故事

舜很孝順父母，《尚書．堯典》說他「父頑、母嚚（ㄧㄣˊ yín，愚蠢之意）、象（舜弟）傲，克（能）諧（和）以孝。」《孟子．萬章》對他的孝順事蹟，有生動的敘述：「大孝終身慕父母，五十而慕者，予於大舜見之矣。」《孟子．離婁》說：「舜盡事親之道，而瞽瞍底豫（使至於樂也。豫，樂也），瞽瞍底豫而天下化，瞽瞍底豫而天下之為父子者定，此

之為大孝。」

【修辭】

．借代

富有「四海之內」：以四海之內的人與物，代指全中國。

以事物的所在地「借代」事物，語言和文詞，都有此現象。國語的「設筵請客」，閩南語的「辦桌請你」，筵和桌是放置酒菜的處所，代替酒菜，就是這一類借代。尊稱別人的母親為「令堂」，借堂代母，也是母親的所在地代母親。國語以「正室」代原配，以「偏房」代小妾；閩南語以「家後」代妻，以「後巢」代後妻，也都是這一類借代法。在文詞上也常見這種借代，例如：「四海之內，皆兄弟也。」（《論語．顏淵》）「四海之內」借代「四海之內的人」。（董季棠《修辭析論》）（參本書《中庸》第十章「借代」）

【會通】

．達爾文「適者生存」的印證

「栽者培之，傾者覆之」就是達爾文進化論所謂「適者生存」。母鳥餵食時，往往先餵叫得大聲的，讓強健的優先存活。果農往往減除弱枝或較小的果粒。都是此理。

**・堯舜傳給大禹的心法**

《尚書・大禹謨》記載著堯舜傳給大禹的心法：「人心惟危，道心惟微，惟精惟一，允執厥中。」意思是：「現在人心易為私欲所蒙蔽，故危殆難安。道心又隱微難察，期盼你精純專一。不偏不倚，無過與不及。」說的正是中庸之道。

# 第十八章（基業傳承）

子曰：「無憂者，其惟文王乎！以王季為父，以武王為子，父作之，子述之。武王纘大王、王季、文王之緒。壹戎衣而有天下，身不失天下之顯名。尊為天子，富有四海之內。宗廟饗之，子孫保之。

武王末受命，周公成文武之德，追王大王、王季，上祀先公以天子之禮。斯禮也，達乎諸侯、大夫，及士、庶人。父為大夫，子為士；葬以大夫，祭以士。父為士，子為大夫；葬以士，祭以大夫。期之喪達乎大夫，三年之喪達乎天子，父母之喪無貴賤一也。」

【語譯】

孔子說：「真正沒有煩惱的人，大概只有文王了。王季是他的父親，為他開創了基業；武王是他的兒子，繼承遺志，完成統一大業。父親啟發了他，兒子又繼承下去。武王繼承了大王、王季和文王三代的餘緒，消滅了大殷而獲得天下；自身能保住顯赫的盛名，就尊貴而言，他是天子，就富有而言，他擁有四海之內的疆土。有宗廟來祭祀他，又有子孫繼承，守住他的德業。

武王晚年受天命而為天子。周公完成文王和武王的德業，追贈已死的大王和王季王號。以天子的禮節祭祀祖先。這種禮制，通行於諸侯、大夫及士、庶人各階層中。由於父子的爵位往往不同，基本上就是按照兒子的爵位設祭。父親是大夫，兒子是士，就以大夫的地位安葬，而以士的禮祭祀。父親是士，兒子是大夫，就以士的地位安葬，而以大夫的禮祭祀。受一年的喪服，到大夫為止。三年的喪服則上至天子，同用一禮。這是因為父母之喪對任何階層都是一樣，沒有貴賤的分別。」

【詳註】

子曰：「無憂者，其惟文王乎！

孔子說：「真正沒有煩惱的人，大概只有文王了。

憂：憂慮、愁苦。　者：代詞，指人或事物。在此即「的人」。另一說認為，「者」為語氣詞，用於主語後，引出判斷。　其：殆、大概，表示揣測。　惟：僅、只有。

**以王季為父，以武王為子，父作之，子述之。**

王季是他的父親，為他開創了基業；武王是他的兒子，繼承遺志，完成統一大業。父親啟發了他，兒子又繼承下去。

王季：姬季歷，古公亶父的兒子，周文王的父親。周武王滅紂後追贈王季。　父作之：父親王季為文王開創了基業。　作：興起、振作。　述之：指兒子武王繼承文王的遺志，完成了統一天下的大業。　述：繼承、傳承。

**武王纘大王、王季、文王之緒。**

武王繼承了大王、王季和文王三代的餘緒。

纘：承繼、傳承。　大王：即「太（ㄊㄞˋ tài）王」，本名古公亶父，季歷的父親。他為了避開狄人的侵擾，遷居岐下，能得民心，奠定了周朝的基業。周武王滅紂後追贈太王。

緒：前人未竟的功業。

**壹戎衣而有天下，身不失天下之顯名。**

消滅了大殷而獲得天下，自身能保住顯赫的盛名，

壹戎衣：即「殪戎殷」，是「滅大殷」的意思。《尚書．康誥》有「殪戎殷，誕受厥命」

之語。「壹」即是「殪」，「滅」的意思；「戎」是「大」；而「衣」原讀如「殷」；所以「壹戎衣」即是「滅大殷」。勞思光指出：「《中庸》用『一』字甚多（本章末即另有「一」字），皆不用『壹』字代替，這個『壹』字不應即『一』字。那麼，這個『壹戎衣』解釋為『殪戎殷』還是較妥的。」　身：自身。　顯名：顯赫的名聲。　顯：顯赫。

**尊為天子，富有四海之內。宗廟饗之，子孫保之。**

就尊貴而言，他是天子，就富有而言，他擁有四海之內的疆土。有宗廟來祭祀他，又有子孫繼承，守住他的德業。

**武王末受命，周公成文武之德，**

武王晚年受天命而為天子，周公完成文王和武王的德業。

末：晚年。　成：完成。

**追王大王、王季，上祀先公以天子之禮。**

追贈已死的大王和王季王號，以天子的禮節祭祀祖先。

追王：對死者追贈王號。　王（ㄨㄤˋ wàng）：作動詞用，稱王。　上祀先公以天子之禮：以天子的禮節祭祀祖先。在祭祀時，要依主祭者的身分舉行禮儀。周公以輔佐成王的代理天子身分「上祀先公」，所以採行天子之禮。　祀：祭祀。　先公：周在取得天下以前的歷代祖先。他們是殷的諸侯，生時未為天子，所以稱「先公」而不能稱「先王」。

**斯禮也，達乎諸侯、大夫，及士、庶人。**

這種禮制，通行於諸侯、大夫及士、庶人各階層中。

斯禮：這種禮制。指周公尊崇先公之禮，亦即按照子孫的爵位舉行祭祀之禮。　斯：指示代辭，此、這個。　達：通行。　士：古代社會階層之一，其位次於大夫。而在庶民之上，是有一定社會地位的知識分子。　庶人：西周以後對農業生產者的稱謂。西周時國王常以庶人賞賜臣下。春秋時，地位在士以下，工商皂隸之上。秦漢以後泛指無官爵的平民。

**父為大夫，子為士；葬以大夫，祭以士。**

父親是大夫，兒子是士，就以大夫的地位安葬，而以士的禮祭祀。

**父為士，子為大夫；葬以士，祭以大夫。**

父親是士，兒子是大夫，就以士的地位安葬，而以大夫的禮祭祀。

這是舉例說明祭祀的規矩。父子的爵位往往不同，基本上就是按照兒子的爵位設祭。

**期之喪達乎大夫，三年之喪達乎天子，父母之喪無貴賤一也。」**

守一年的喪期，到大夫為止。三年的喪期則上至天子，同用一禮。這是因為父母之喪對任何階層都是一樣，沒有貴賤的分別。

期之喪：即指一年的喪期。　期（ㄐㄧ jī）：指期年，即一周年，這是說旁系親屬的禮制。　喪：喪禮。　達乎大夫：到大夫為止。「父母之喪無貴賤一也」：解釋上面的話。

三年之喪所以達乎天子，就因為父母之喪對任何階層都是一樣的。　一也：一樣。

【精解】

・文王、武王、周公

文王，商末周族領袖，姬姓，名昌，商紂王時為西伯，亦稱伯昌，曾被紂王囚禁於羑里（今河南湯陰北）七年（據說在此時寫下《易經》的卦辭與爻辭）。先後攻滅黎、邘、崇等國，並建豐邑（今陝西西安市長安區灃河以西）為國都。在位五十年。他過世以後，兒子姬發順天應人，伐紂成功，建立了周朝成為武王，他也被追封為文王。

武王，西周的建立者。姬姓，名發，他繼承父親文王的遺志，於西元前一〇四六年滅掉殷商，建立西周王朝，建都於鎬（今陝西西安市長安區灃河以東），分封諸侯。

周公，姬姓，名旦，亦稱「叔旦」。文王之子，武王之弟，因采邑在周，故稱「周公」。曾助武王滅商。武王死，成王年幼，由其攝政。管叔、蔡叔、霍叔等不服，聯合武庚和東方夷族反叛。他出師東征，平定反叛，大規模分封諸侯，並營建洛邑為東都。又制禮作樂，建立典章制度，主張「明德慎罰」。孔子以周公為典範。

**【修辭】**

**．徐志摩以《中庸》為師？**

這個例子，我們在《大學》第十章引用過，在此必須重複一次——

徐志摩〈我所知道的康橋〉裡有一句話：「靜極了，這朝來水溶溶的大道！」

按照文法，應該是：「這朝來水溶溶的大道，靜極了！」但為了修辭上的需要（強調靜景之美），把形容詞轉變的述語「靜」，倒裝在主語「大道」的前面，成為倒裝的句子。

像極了，這不就像《中庸》裡的句子？——「無憂者，其惟文王乎！」

由此可見，就修辭之美而言，《大學》與《中庸》都還很前衛呢！

**【會通】**

**．士的興起**

在周代，士本屬貴族身分，到了春秋時，這一身分觀念有了變化，凡是有道德有學問的，都可稱為士，孔子便是新興士集團中爬得最高的。士集團所以能興起的原因，一是由於封建國家開始崩潰，有教養的貴族有一部分流落到民間；一是由於列國爭霸，競招人才，於是士的身價日高。自從孔子開始私人講學以後，平民受教育的機會漸多，遂開闢社會流動的新通道，加速社會的流動。（韋政通〈傳統中國理想人格的分析〉）

## ‧企業界的文王

由文王的創立基業，我想起就臺灣企業來說，「無憂者，其惟許文龍與戴勝益乎！」許文龍「幸福文化」和釣魚哲學，誰不嚮往？而戴勝益則以許文龍為楷模。

戴勝益沒修過管理學，卻精通領導和組織行為。他說，宋朝宰相趙普以「半部《論語》治天下」，他則是用「半部《論語》創王品」。從創業過程到企業治理，他貫徹最徹底的，可能是「願車馬、衣裘與朋友共，蔽之而無憾」。這種慷慨大方的個性，制定幹部入股、店鋪盈餘當月分享的制度，不但為他招來創業夥伴，也為王品吸引了優秀員工。道德是做人的原則，人才是企業的根本。孔夫子也說了，「君子務本，本立而道生。」戴勝益和王品的案例，不也是印證了回歸基本，水到渠成的成功之道。

王品有四大經營理念：誠實、群力、創新、滿意。

一、誠實：對人對事，以誠實為第一要務。對公司誠實、對同事誠實、對廠商誠實、對顧客誠實、對家人誠實。二、群力：群策群力，團隊精神，發揮相乘的團隊力量。確信在群體的激勵之下，每一個人的潛能，才能發揮到極致。三、創新：創意無限，不守舊，敢於向傳統挑戰。不迷信、不陳腐。任何決定以客觀數字作分析。四、滿意：凡事要讓顧客滿意、讓公司滿意、讓家人滿意、讓周圍所有的人都滿意。當然，也要自我滿意。但此非自滿，而是自謙。

細讀上述理念，我倒認為，「王品」的企業文化比較貼近《學》、《庸》。因為四大理念中，「誠實」最為根本，但《論語》不講，它正是《中庸》反復闡述的主題「誠」，而「滿足」就是《大學》第六章的「自謙」。此外《大學》講「日日新」、《中庸》講「盡物之性」與「贊天地之化育」豈非「創新」？講「九經」豈非上下一心，群策「群力」？

# 第十九章（慎終追遠）

子曰：「武王、周公，其達孝矣乎！夫孝者，善繼人之志，善述人之事者也。春秋脩其祖廟，陳其宗器，設其裳衣，薦其時食。宗廟之禮，所以序昭穆也；序爵，所以辨貴賤也；序事，所以辨賢也；旅酬下為上，所以逮賤也；燕毛，所以序齒也。踐其位，行其禮，奏其樂；敬其所尊，愛其所親；事死如事生，事亡如事存，孝之至也。郊社之禮，所以事上帝也；宗廟之禮，所以祀乎其先也。明乎郊社之禮、禘嘗之義，治國其如示諸掌乎！」

【語譯】

孔子說：「武王和周公的孝行，可說是天下人公認的了。所謂孝順的人，就是善於承繼先人遺志，善於延續先人事業的人。四季祭祖前，先把祖宗的廟整修好。把祖先留下的祭器陳列出來。把祖先遺留的衣物擺設出來。獻上應時當令的食物。

宗廟祭祀的禮儀，是為了分別左昭右穆的順序。分別與祭者的爵位，是為了分辨貴賤。分別祭禮中各種職事，是為了分辨人的才能。祭後眾人共飲時，由晚輩敬長輩，是為了使地位低的人能有機會見尊長。設宴請老者，是為了分別年齡的次序。

在祭禮中，登上先人站過的位子，跟先人行同樣的禮，演奏先人用過的音樂。敬重先人所尊敬的人，愛護先人所親愛的人（子孫臣民）。侍奉死去不久的先人如同他們還活著一樣，侍奉已亡故的先人如同他們還存在一樣。做到上述這些，就是達到孝順的最高標準了。

祭祀天地的禮，是用來侍奉最高的神的。宗廟中的祭禮，是用來侍奉先人的。明白祭天地、祭祖先的禮儀的意義後，治理國家像掌上觀紋一樣容易。」

【詳註】

子曰：「武王、周公，其達孝矣乎！



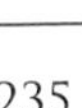

孔子說：「武王和周公的孝行，可說是天下人公認的了。

達孝：孝行被天下的人公認。　其：可算是。　達：通、至、普遍、達到。　矣乎：語氣詞，「矣」表示陳述，相當於「了」。「乎」表示肯定，相當於「也」。　夫（ㄈㄨˊ fú）：語氣詞，用於句首，以提示下文或對某事進行判斷。

**夫孝者，善繼人之志，善述人之事者也。**

所謂孝順的人，就是善於承繼先人遺志，善於延續先人事業的人。

善：擅長、善於。　繼：繼承。　人：指先人。　志：志向，指遺志。　述：傳承、延續。　事：事業。　朱註：「周公成文武之德以追崇其先祖，此繼志述事之大者也。下文又以其所制祭祀之禮，通於上下者言之。」

**春秋脩其祖廟，陳其宗器，設其裳衣，薦其時食。**

四季祭祖前，先把祖宗的廟整修好。把祖先留下的祭器陳列出來。把祖先遺留的衣物擺設出來。獻上應時當令的食物。

春秋：四季的代稱。一般指祭祖（四季祭祀祖先）或祭社（春秋二季祭土地神）的日子。

脩：修葺。　其：指孝者。　祖廟：祖先的宗廟。　陳：陳列。　宗器：祭器。　設：陳列、陳設。　裳衣：祖先留下的衣物。　薦：獻。　時食：四季當令的食物。

**宗廟之禮，所以序昭穆也；**

宗廟祭祀的禮儀，是為了分別左昭右穆的順序。

序昭穆：宗廟祭祀，排列祖宗牌位次序，稱左昭右穆，以始祖牌位居中，二世、四世、六世，位於始祖的左方，稱「昭」；三世、五世、七世位於右方，稱「穆」。這是為了分別長幼、親疏。　序：動詞，排列次序。　宗廟：帝王、諸侯或大夫、士祭祀祖宗的處所。　禮：古代社會等級制的社會規範和道德規範。朱熹說：「禮，制度品節也。」所以：用來。

**序爵，所以辨貴賤也；**

分別與祭者的爵位，是為了分辨貴賤。

序爵：祭祀者按官爵大小，以公、卿、大夫、士分為四等排列先人，稱為序爵。

**序事，所以辨賢也；**

分別祭禮中各種職事，是為了分辨人的才能。

事：進行祭祀的職事。分別各種職務，可以分辨人之才能。

**旅酬下為上，所以逮賤也；**

祭後眾人共飲時，由晚輩敬長輩，是為了使地位低的人能有機會見尊長。

旅酬：古代祭禮畢，便宴請眾賓客，互相敬酒酬答，稱為「旅酬」。　旅：眾人。酬：勸酒。　下為上：陳槃說：「旅酬的禮，賓弟子和兄弟之子各舉觶（ㄓˋ zì，飲酒器）



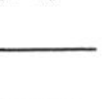

奉獻給尊長，子弟們自己先導飲，尊長然後飲。這樣，卑下者飲酒反而在先，所以說『下為上』。卑下者就是所謂『賤』者，賤者飲酒，長者必酬飲，這就是所謂『逮賤』了。」

**燕毛，所以序齒也。**

設宴請老者，是為了分別年齡長幼的次序。

燕毛：宴飲時，依毛髮顏色分別長幼，安排坐次。　燕：同「宴」，讌飲。　毛：即「耄」，指老者，又指頭髮。「燕毛」是「宴老者」之意。　齒：年齡。

**踐其位，行其禮，奏其樂；**

在祭禮中，登上先人站過的位子，跟先人行同樣的禮，演奏先人用過的音樂。

踐其位：在祭禮中登上昔日先人之位。　其：指先人（五個「其」字同義）。　踐：踏，站上、登。　其位：指先王在世時所站的位子。　行：舉行。

**敬其所尊，愛其所親；**

敬重先人所尊敬的人，愛護先人所親愛的人（子孫臣民）。

尊：尊重、尊崇。　親：愛、寵愛、親近的人。

**事死如事生，事亡如事存，孝之至也。**

侍奉死去不久的先人如同他們還活著一樣，侍奉已亡故的先人如同他們還存在一樣。做到上述這些，就是達到孝順的最高標準了。

事：服事、侍奉。　亡：亡靈。　朱註：「始死謂之死，既葬則曰反而亡焉，皆指先王也。」　至：最、極。《論語．八佾》：「祭如在，祭神如神在。子曰：『吾不與祭，如不祭。』」意思是：拜祭祖先時，要把他們當成還在面前一般祭拜。拜祭神明時，也好像有神在面前一般。孔子說：「我如果沒有親自臨祭，（即使有滿桌供奉）也只如不祭。」

**郊社之禮，所以事上帝也，**

祭祀天地的禮，是用來侍奉最高的神的。

郊社：郊，指古代帝王在國都近郊，祭祀天地及其他神靈的祭禮。社，指祭祀土地神的節日。　所以事上帝也：說天而沒說地，是省文。　上帝：天帝，即上天。

**宗廟之禮，所以祀乎其先也。**

宗廟中的祭禮，是用來侍奉先人的。

祀：祭祀。其先：其先人。

**明乎郊社之禮、禘嘗之義，治國其如示諸掌乎！」**

明白祭天地、祭祖先的禮儀的意義後，治理國家像掌上觀物一樣容易。

禘：天子宗廟之祭，春曰禴（ㄧㄠˋ yào），夏曰禘，秋曰嘗，冬曰烝。在此以禘嘗為代表四季祭禮。　示諸掌：容易看見。　示：有二解⑴通「視」，看的意思。⑵鄭玄註讀作「寘」，同「置」。　諸：等於「之於」。　乎：語氣詞，相當於「呢」、「吧」。

【修辭】

・**省略**：朱註：「郊，祀天。社，祭地。不言后土者，省文也。」「省文」就是我們現在所說的「省略」或「脫略」。（參本書《大學》第八章「省略」）

・**互文**：朱註：「禘，天子宗廟之大祭，追祭太祖之所自出於太廟，而以太祖配之也。嘗，秋祭也。四時皆祭，舉其一耳。禮必有義，對舉之，互文也。」「互文」是一種通過省略以達到精煉文詞的表達手法。（參本書《大學》第三章「」）

【會通】

・**文、武、周公的孝行**

《禮記・文王世子》：「文王為世子，朝於王季日三。雞初鳴而衣服，至於寢門外，問內豎之御者曰，今日安否？內豎曰，安，文王乃喜。日中，又至，亦如之；及暮又至，亦如之。」、「文王有疾，武王不脫冠帶而養，文王一飯，亦一飯；文王再飯，亦再飯。」

# 第二十章（治國大法）

## 20-1（為政在人）

哀公問政。子曰：「文武之政，布在方策。其人存，則其政舉；其人亡，則其政息。人道敏政，地道敏樹。夫政也者，蒲盧也。故為政在人，取人以身，脩身以道，脩道以仁。仁者，人也，親親為大；義者，宜也，尊賢為大；親親之殺，尊賢之等，禮所生也。故君子不可以不脩身；思脩身，不可以不事親；思事親，不可以不知人；思知人，不可以不知天。」

【語譯】

魯哀公向孔子請教如何治理國家。孔子說：「周文王和周武王的政策和法令，都明白記載於木版和竹簡中。當英明的君主還存在時，他的政策就得以有效貫徹。一旦他們離開人間，政策也就廢弛消失了。經營眾人之事，就要勤於政務，耕種土地就要勤於種植。施政猶如種植蒲葦一樣，極容易見到成效。

所以，從事政治事務的成敗關鍵，取決於賢能的人才。選拔人才要憑藉他自身的修養。要修養自身就要遵循普遍的正道。要遵循普遍的正道，就要國君有仁愛之心。所謂仁，是合於人性的表現，其中以親愛自己的親人為最重要；所謂義，是合於宜的表現，其中以尊重賢人最為重要。親愛親人有親疏的差別，尊重賢人也有高下的等級，因而有『禮儀』的產生。

所以，君子不可以不自修其德；想要自修其德，就不可以不好好地侍奉父母；想要好好地侍奉父母，就不可以不了解人的本性；要想明白人的本性，就不可以不明白最高的天命。」

【詳註】

哀公問政。

魯哀公向孔子請教如何治理國家。

哀公：春秋諸侯魯國第二十六任君主（西元前四九四—前四六八年在位），是魯定公的兒子。姬姓，名將（一作蔣）。曾任用孔子為司寇和代理宰相。後來，哀公被趕走，流亡在其他諸侯國。哀公是他的謚號。　問政：詢問為政的道理。　政：政治。（孫中山先生說：「政就是眾人的事，治就是管理。管理眾人的事，便是政治。」）

**子曰：「文武之政，布在方策。**

孔子說：「周文王和周武王的政策和法令，都明白地記載於木版和竹簡中。

布：⑴陳述、記載。⑵同「佈」，散布。　方策：指書籍。　方：木版。　策：同「冊」，即竹簡編起來的書籍。古代無紙，以木版竹簡記事記言。

**其人存，則其政舉；其人亡，則其政息。**

當英明的君主還存在時，他的政策就得以有效貫徹。一旦他們離開人間，政策也就廢弛消失了。

其人：賢人，指能努力維護禮制並嚴格按照禮制辦事的人。　存：存在、生存。　舉：興起、確立、建樹。　亡：不在。　息：消失、停止。這裡是政治不修的意思。古代以人治為主，實施文武之政的先人在位，文武的政教仍然可以繼續不變。　朱註：「有是君，有是臣，則有是政矣。」　勞思光指出：「這是說政事因人而有。有善人便有善政，無善人便無善政。這種思想即是輕視制度而重視聖賢人格之領導的中國傳統思想。」（《大學中

庸譯註》）今日雖重法治，仍然不免有類似情況。

**人道敏政，地道敏樹。夫政也者，蒲盧也。**

經營眾人之事，就要勤於政務，耕種土地就要勤於種植（樹木）。施政猶如種植蒲葦一樣，極容易見到成效。

人道：中國古代哲學中，與「天道」相對的概念。指以人施政的道理。也指人君之道。　地道：功用。　敏：勤勉、努力、疾速。　地道敏樹：土地的功用可以使種植的東西迅速成長。　樹：種植之意。　夫（ㄈㄨˊ fú）：句首助詞。　蒲盧：即「蒲葦」。因蘆葦容易生長，所以譬喻君子從政，如能得到賢臣會很快成功。應上文「敏政」之語。

**故為政在人，取人以身，脩身以道，脩道以仁。**

所以，從事政治事務的成敗關鍵，取決於賢能的人才（得到賢臣）。選拔人才要憑藉他自身的修養（能以身作則，有號召力，以德服人）。要修養自身就要遵循普遍的正道。要遵循普遍的正道，就要國君有仁愛之心。

取：選擇。　人：指賢臣。　身：君王之身，指君王自己的修養。　道：天下之達道。

**仁者，人也，親親為大；**

所謂仁，是合於人性的表現，其中以親愛自己的親人為最重要。

親親為大：親愛自己的親人為最重要。第一個「親」字是動詞，指「親愛」；第二個

「親」字是名詞，指「親人」。

**義者，宜也，尊賢為大；**

所謂義，是合於宜的表現，其中以尊重賢人最為重要。

宜：合宜、合理。朱註：「分別事理，各有所宜也。」尊賢：尊重賢人。

**親親之殺，尊賢之等，禮所生也。**

親愛親人有親疏的差別，尊重賢人也有高下的等級，（由於這種分辨安排仁與義的實踐方式）因而有『禮儀』的產生。

殺（ㄕㄞˋ shài）：等差。等：等級，指公、卿、大夫等爵位的不同。

**故君子不可以不脩身；思脩身，不可以不事親；**

所以，君子不可以不自修其德；想要自修其德，就不可以不好好地侍奉父母。

思：想要。事親：侍奉父母。

**思事親，不可以不知人；**

想要好好地侍奉父母，就不可以不了解人的本性。

「知人」：指了解人性。朱子認為，要盡心孝順父母，就要先懂得敬老尊賢。蔣伯潛補充說，「也要選擇品行端正的朋友，來輔助自己行仁。」所以一定要了解人性。此外，父母也是人，也有喜怒哀樂，所以要善事父母，進退得宜，就要懂得人性的根本道理。



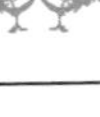

思知人，不可以不知天。」

要想明白人的本性，就不可以不明白最高的天命。

第一章說「天命之謂性」，人性來自天命。所以要了解人性，就要了解天理。朱註：「親親之殺，尊賢之等，皆天理也，故又當知天。」

【修辭】

．層遞

「故為政在人，取人以身，脩身以道，脩道以仁。」這是使用「層遞」的修辭技巧。（參本書《大學》「經文」章第一節「排比兼層遞」）

．類疊＋層遞

「故君子不可以不脩身；思脩身，不可以不事親；思事親，不可以不知人；思知人，不可以不知天。」這是以「思……不可以不……」的「類疊」。（參本書《大學》第七章）

這種隔離類疊的字，好像一種粘著劑，把許多詞粘在一起，把許多短語粘在一起，造成同時湧現的現象，而以多取勝。又把許多句子粘在一起，造成層遞的現象。（參本書《大學》「經文」章第一節「排比兼層遞」）

## 20-2（永恆常道）＊＊

「天下之達道五，所以行之者三。曰：君臣也，父子也，夫婦也，昆弟也，朋友之交也。五者，天下之達道也。知、仁、勇三者，天下之達德也，所以行之者，一也。」

**【語譯】**

全天下的人都要遵循的道路有五條，而實行時所應具有的德行有三種。五達道就是：君臣關係、父子關係、夫婦關係、兄弟關係、朋友關係。這五條道路是全天下的人都要遵循的。三達德就是：知、仁、勇三者，是天下人實行五達道時所應具的德性。這三種德性都要本著真誠的原則去實踐。」

**【詳註】**

「天下之達道五，所以行之者三。

全天下的人都要遵循的道路有五條，而實行時所應具有的德性有三種。達道：全人類都要遵行的道路、永不變易的道理，即「常道」。達：通。（又第一章：「和也者，天下之達道。」）所以行之者：用來實踐五達道的方法。所以：用以、用來。之：指五達道。

**曰：君臣也，父子也，夫婦也，昆弟也，朋友之交也。**

五達道就是：君臣關係、父子關係、夫婦關係、兄弟關係、朋友關係。昆弟：兄弟，也包括堂兄堂弟。昆：兄。

**五者，天下之達道也。**

這五條道路是全天下的人都要遵循的。

**知、仁、勇三者，天下之達德也，**

三達德就是：知、仁、勇三者，是天下人實行五達道時所應具的德行。

**所以行之者，一也。」**

這三種德性都要本著真誠的原則去實踐。」

一也：一樣。朱子認為：三達德的實踐，都要本著一個「誠」的原則，本著真誠去實踐。如果不誠，前面所說的大道理都是空的。「一」字也可能是多餘的衍文。

【會通】

### ．第六倫

五達道，就是五種人人都要實踐的五種常道，也就是孟子所說的「五倫」：「父子有親，君臣有義，夫婦有別，長幼有序，朋友有信。」孟子所說的「長幼」比「昆弟」較為廣泛周延。民主時代已無所謂「君臣」，但國民仍要忠於國家，部屬仍要忠於主管或上司，這也是廣義的君臣關係。

李國鼎曾率先提出屬於群己規範的「第六倫」，希望建立更和諧的社會。他認為中國傳統倫常關係的「五倫」都屬於自己親近的人，故也稱「五常」。此外與其他人，則被摒棄於道德門外，事不關己，置若罔聞。因此他建議倡導「第六倫」，俾樹立起新社會的「群己關係」，以促進國家步入現代化。中國社會結構以家庭為主，向重私德，而輕忽公德。李氏提倡「第六倫」旨在激勵國人發揮公德心，實屬高瞻遠矚。我的好友鄧佩瑜是「群我倫理促進會」祕書長，她長期投入倡導群我倫理、社會公德的社教工作迄今，任勞任怨，勇往直前，令人感佩。

### ．社會的接合劑：五倫

倫之義為類、為比、為序、為等。類而相比，等而相序。人生不能無群，有群必有倫。人際關係，種類繁雜，而五倫是其綱本。一綱舉，萬目張；一本立，萬事理。《中庸》稱

五倫曰「達道」，所謂達道，乃人人共由之道。人際關係，看來千頭萬緒，卻不外乎父子、君臣、夫婦、兄弟、朋友五種基本關係，以親、義、別、序、信為其互動之定則，彼此協調無間，以發揮人倫之功能，於是社會秩序井然不亂。英國人類學家浮斯（R. Firth）稱我國五倫為「社會接合劑」（social cement），將個人的手段與社會的目的聯結起來。研究中國民族性頗受稱道的我國學者許烺光，謂中國的社會結構以家庭為基礎。家庭內的父子關係是主軸，其他各種關係均以此為中心。父子關係不但在家庭內發生作用，而且擴及宗族，乃至於國家。中國古代的君臣關係，實是父子關係的投射。由於中國社會背景所孕育，中國人的性格因素首先是服從權威和長上（父子關係的擴大），再則是各守本分。生存於中國家族組織之下，人各有其地位和關係。在此種關係網絡中，個人不必也不能表現他自己的才能，所以中國人的性格又是保守的和不喜歡變遷的，不鼓勵個人主義。再進而言之，由於個人始終生活於宗族圈中，因此養成一種相對的宇宙觀，此即通常所謂之中庸態度。（朱岑樓〈從社會個人與文化的關係論中國人性格的恥感取向〉，引自《中國人的性格》第110頁）

## 20-3（目標導向）＊

「或生而知之，或學而知之，或困而知之，及其知之，一也。或安而行之，或利而行之，或勉強而行之，及其成功，一也。」

子曰：「好學近乎知，力行近乎仁，知恥近乎勇。知斯三者，則知所以脩身；知所以脩身，則知所以治人；知所以治人，則知所以治天下國家矣。」

【語譯】

「這一些道理，有的人生下來，不經學習就知道，有的人經過學習才知道，有的人要經過長期困惑苦學以後才知道。但是，等到知道了，結果卻都是一樣的；這些道理，有的人能安然自在、毫無勉強地去實行，有的人為了榮名利益才去實行，有的人必須費很大氣力或勉強自己才能實行，可是，等到成功時，結果都是一樣的。」

孔子說：「愛好學習就跟『智』接近了，努力實踐就跟『仁』接近了，懂得羞恥就跟『勇』接近了。知道這三點，就知道怎樣修養自身；知道怎樣修養自身，就知道怎樣治理

眾人；知道怎樣治理眾人，就知道怎樣治理天下國家了。」

**【詳註】**

**「或生而知之，或學而知之，或困而知之，及其知之，一也。**

「這一些道理，有的人生下來，不經學習就知道，有的人經過學習才知道，有的人要經過長期困惑苦學以後才知道。但是，等到知道了，結果卻都是一樣的。

或生而知之：有的人生下來就懂得它。即不學而知。　或：有、有人。　之：第三人稱代詞，這一小節的四個「之」，都指上面的五達道與三達德。後面的三個「行之」的對象也是五達道與三達德。　學：學習。　困而知之：經過長期困惑苦學以後知曉道理。　及其知之一也：等到學會了（這些道理）結果都是一樣的（過程也就不重要了）。　及：介詞，表示動作的時間。即「待」、「等到」。　其：代名詞，就是「他」或「他們」。

**或安而行之，或利而行之，或勉強而行之，及其成功，一也。」**

這些道理，有的人能安然自在、毫無勉強地去實行，有的人為了榮名利益才去實行，有的人必須費很大氣力或勉強自己才能實行，可是，等到成功時，結果都是一樣的。」

安而行之：動機真純，安然自在，毫無勉強地實踐。　安：無所求為。　利而行之：為榮名利益而行。　「勉強」：⑴謂力不足，或心不願，努力行之也。⑵畏懼罪惡，勉勵自強而行。　成功：獲得預期的結果。

**子曰：「好學近乎知，力行近乎仁，知恥近乎勇。**

孔子說：「愛好學習就跟『智』接近了，努力實踐就跟『仁』接近了，懂得羞恥就跟『勇』接近了。

「子曰」：第二十章，除開頭「哀公問政」四字，其餘都是孔子的回答。所以朱熹認為「子曰」二字是多餘的衍文。但也有人拿這兩個字來證明，第二十章的文字有多種來源。　近乎：差不多。　近：接近。　乎：介詞，相當於「於」。一般用於「比」、「近」、「異」之後，表示「比……」、「跟……相比……」。　力行：努力從事。　知恥：有羞恥心。　朱註：「此言未及乎達德而求以入德之事。通上文三知為知，三行為仁，則此三近者，勇之次也。呂氏曰：『愚者自是而不求，自私者殉人欲而忘反，懦者甘為人下而不辭。故好學非知，然足以破愚；力行非仁，然足以忘私；知恥非勇，然足以起懦。』」

**知斯三者，則知所以脩身；知所以脩身，則知所以治人；**

知道這三點，就知道怎樣修養自身；知道怎樣修養自身，就知道怎樣治理眾人。

斯三者：指上述好學、力行、知恥。　斯：指示代詞。此、這。

**知所以治人，則知所以治天下國家矣。」**

知道怎樣治理眾人，就知道怎樣治理天下國家了。」

治人：管理眾人。朱註：「人者，對己之稱。天下國家，則盡乎人矣。言此以結上文脩身之意，起下文九經之端也。」

【精解】

・知恥

即羞恥心，或「恥感」。是基於對善的把握而對照自身不道德行為所產生的一種自我意識和道德情感。表現為無顏以對、無地自容、羞愧難當。是人所特有的一種基本的人格意識和祛惡向善的內驅力。自古以來，尤其是中國古代思想家十分重視對「知恥」的論述和倡導。管子將「恥」納入「國之四維」（禮、義、廉、恥），孔子強調「行己有恥」（《論語．子路》），孟子認為「人不可以無恥」（《孟子．盡心》），「無羞恥之心，非人也」（《孟子．公孫丑》），人唯有知恥才可教、向善。（引自《辭海》）

【修辭】

・**複式層遞**：「或生而知之，或學而知之，或困而知之，及其知之，一也；或安而行之，或利而行之，或勉強而行之，及其成功，一也。」這是把兩種性質相對的層遞並列起來，是複式層遞中的並立式。（參本書《大學》「經文」章第一節「排比兼層遞」）

**・排比**：「好學近乎知，力行近乎仁，知恥近乎勇。」三個語句，結構相同，語氣一致，逐一排列。（參本書《大學》「經文」章第一節「排比」）

**・類疊**：「知斯三者，則知所以脩身；知所以脩身，則知所以治人；知所以治人，則知所以治天下國家矣。」重複使用「知所以」五次。（參本書《大學》第十章「類疊」）

**・層遞**：上例「知斯三者，則知……」由三達德到修身，到治人，最後治天下國家，是一種「層遞」式的修辭法。（參本書《大學》「經文」章第一節「層遞」）

## 20-4（治國九經）＊

「凡為天下國家有九經，曰：脩身也，尊賢也，親親也，敬大臣也，體群臣也，子庶民也，來百工也，柔遠人也，懷諸侯也。

脩身則道立，尊賢則不惑，親親則諸父昆弟不怨，敬大臣則不眩，體群臣則士之報禮重，子庶民則百姓勸，來百工則財用足，柔遠人則四方歸之，懷諸侯則天下畏之。

齊明盛服，非禮不動，所以脩身也；去讒遠色，賤貨而貴德，所以勸賢也；尊其位，重其祿，同其好惡，所以勸親親也；官盛任使，所以勸大臣也；忠信重祿，所以勸士也；時使薄斂，所以勸百姓也；日省月試，既稟稱事，所以勸百工也；送往迎來，嘉善而矜不能，所以柔遠人也；繼絕世，舉廢國，治亂持危，朝聘以時，厚往而薄來，所以懷諸侯也。凡為天下國家有九經，所以行之者，一也。」

【語譯】

「凡是要治理天下國家，有九種常行不變的準則（或九大原則），即是：

修養自身言行，尊重賢能的人，親愛親族的人，禮敬大臣，體恤小臣，愛民如子，慰勞安撫各種工匠，厚待遠來的人，和安撫諸侯。

修養身心，人生的方向和目標就能確立，可以為民表率。能夠尊重賢能的人，就能明白道理而不疑惑；能夠親愛親族的人，宗族中的伯叔父和兄弟，就不會抱怨；能夠禮敬公卿大臣，就不會迷亂，遇事不知所措；能夠體恤中下級臣子，士大夫階級就會盡力回報國君的禮遇；能夠愛民如子，老百姓就會受到鼓舞，勉力向善。慰勞安撫各種工匠，就會有充分的財物供應；能夠厚待遠來的人，就會有四方的民眾來歸；能夠安撫諸侯，就會使天下各國畏服於他。

齋戒沐浴，穿戴莊重整潔，不合於禮儀的不隨便行動，這樣就可以修養言行。不輕信小人的讒言，遠離阿諛和諂媚，輕視聚斂財物的部屬而重視品德高尚的部屬，這樣就可以鼓勵賢人。尊重家臣的爵位，給他們豐厚的俸祿，對事情的態度和他們求同，這是勉勵親人相親的方法。官威盛大，有更多的下屬可以差遣，這樣就可以鼓勵大臣。誠心對待，充分信任，給予豐厚的待遇，如此就可以鼓勵基層官吏。

在適當時機使用民力，徵收很輕的租稅，以達成勉勵百姓的目的。每天考察工作情形，每月考核工作成效，給予的俸祿和職位與成效相當，就可以激勵百工。

護送回到遠方的人，迎接由遠方來的人，讚美人家的長處，同情人家的短處，可以達到安撫外族或外國人的目的。延續世系已絕的諸侯，振興政事已廢的國家。平定亂事，扶持陷入危急的國家，按時舉行朝聘之禮。賞賜諸侯要優厚，收受貢品要減少，可以達到安撫諸侯的目的。凡是治理天下國家的人，都要遵循上述九種常行不變的法則，而這些法則雖然因為涉及的人不同，而有不同的內涵，但都要本著一個相同的原則去實踐，那就是『誠』。」

**【詳註】**

**「凡為天下國家有九經，**

「凡是要治理天下國家，有九種常行不變的準則（或九大原則）。

為（ㄨㄟˊ wéi）：治理。　天下國家：古代「天子有天下，諸侯有國，大夫有家」，但此處的「天下國家」四字連用，是對「天子」的角色和挑戰而言。　九經：九種不變的準則（或九大原則）。這是本書談治理國家的重點。　經：常規、常行不變的法則。經也是織布時所織的主線，所以也有「綱領」之意。九經，即是九條不變的大綱領。

**曰：脩身也，尊賢也，親親也，**

即是：修養自身言行，尊重賢能的人，親愛親族的人，

脩身：修養身心，以提高自己的品德。勞思光說：這是以自己修德為第一綱領；可看出「中庸」思想與《大學》的關係。　尊賢：尊重賢能的人。　賢：才能、德行好。　親親：親愛親族的人。與上文「親親為大」意思相通。

**敬大臣也，體群臣也，子庶民也，**

禮敬大臣，體恤小臣，愛民如子。

體：體恤、愛護。　敬：尊重。　大臣：指卿相。　群臣：指小臣。　子庶民：以庶民為子，愛民如子。　子：動詞。　庶民：百姓。

**來百工也，柔遠人也，懷諸侯也。**

慰勞安撫各種工匠，厚待遠來的人，和安撫諸侯。

來百工：勸勉各種工匠。　來（ㄌㄞˋ lài）：同「徠」，慰勞、安撫。　百工：各種工匠。百

工是西周時對工奴的總稱，春秋時沿用此稱，並作為各種工匠的總稱。　柔遠人：厚待遠來的人（大部分是商人）。　柔：懷柔、安撫。引申為優待。　懷諸侯：安撫諸侯。懷：安撫、包容。　諸侯：西周、春秋時分封的各國國君。規定要服從王命，定期朝貢述職，同時有出軍賦與服役的義務。按理其所屬上卿應由天子任命。但他們世襲占有封地及其居民，在其封疆內，世代掌握統治大權。

**脩身則道立，尊賢則不惑，親親則諸父昆弟不怨，**

修養身心，人生的方向和目標就能確立，可以為民表率。能夠尊重賢能的人，就能明白道理而不疑惑；能夠親愛親族的人，宗族中的伯叔父和兄弟，就不會抱怨。

道立：人生的方向和目標就能確立，可以為民表率。　不惑：明白道理而不疑惑。（不會被奸臣、小人迷惑）　諸父：宗族中與父親同輩的人，即伯叔父。

**敬大臣則不眩，體群臣則士之報禮重，子庶民則百姓勸，**

能夠禮敬公卿大臣，（事有所託）就不會迷亂，遇事不知所措；能夠體恤中下級臣子，士大夫階級就會盡力回報國君的禮遇；能夠愛民如子，老百姓就會受到鼓舞，勉力向善。

不眩：不迷亂。　眩：迷亂昏眩。　朱註：「不眩，謂不迷於事。敬大臣則信任專，而小臣不得以間之，故臨事而不眩也。」　士：泛稱居官受祿的人。這裡兼指大臣以外的諸臣。　勸：鼓勵、獎勵。

**來百工則財用足，柔遠人則四方歸之，懷諸侯則天下畏之。**

慰勞安撫各種工匠（則會努力生產），就會有充分的財物供應；能夠厚待遠來的人，就會有四方的民眾來歸；能夠安撫諸侯，就會使天下各國畏服於他。

財用足：朱註：「來百工則通功易事，農末相資，故財用足。」　歸：歸附、趨向。畏：畏服。

**齊明盛服，非禮不動，所以脩身也；**

齋戒沐浴，穿戴莊重整潔，不合於禮儀的不隨便行動，這樣就可以修養言行。

齊明盛服：齋戒清潔，端正服飾。齊（音ㄓㄞ zhāi）：通「齋」，齋戒。先行齋戒沐浴，然後穿著華美的衣服隆重祭祀。古人在隆重典禮（如祭祀）前，要先齋戒。　明：潔淨。盛服：華美衣服。　所以：用以、用來。

**去讒遠色，賤貨而貴德，所以勸賢也；**

不輕信小人的讒言，遠離阿諛和諂媚，輕視聚斂財物的部屬而重視品德高尚的部屬，這樣就可以鼓勵賢人。

讒：讒言，說別人的壞話。　遠（音ㄩㄢˋ yuàn）：遠離。　賤：輕視。　貨：財物商品。

勞思光說：這是用「遠小人」的意思來反襯「尊賢」。「去讒」是斥退那些喜歡進讒言的小人；「遠色」是不接近那些嬖幸之臣；「賤貨」是輕視那些聚斂之臣；小人主要是以讒

言、聲色與財貨來迷惑君上；為君者能不為三者所惑，而獨尊重德行，則可以勉勵賢人進取。自此句以下，幾個「勸」字都是「勸勉」之意。

**尊其位，重其祿，同其好惡，所以勸親親也；**

尊重家臣的爵位，給他們豐厚的俸祿，對事情的態度和他們求同，這是勉勵親人相親的方法。

尊其位：尊重他們的爵位（一說：封以尊貴的爵位）。　祿：俸祿。　同其好惡：體諒他們的好惡態度，求得一致的價值觀。

**官盛任使，所以勸大臣也；**

官威盛大，有更多的下屬可以差遣（不必為細節操心），這樣就可以鼓勵大臣。

盛：眾多、盛大。　任：聽憑、聽任。　使：支配、使用。

**忠信重祿，所以勸士也；**

誠心對待，充分信任，給予豐厚的待遇，如此就可以鼓勵基層官吏。

忠信重祿：待之以至誠，養之以厚祿。　士：參第十八章。《禮記．王制》：「諸侯之尚大夫卿、下大夫、上士、中士、下士，凡五等。」士也是官吏的通稱。　朱註：「忠信重祿，謂待之誠而養之厚，蓋以身體之，而知其所賴乎上者如此也。」

**時使薄斂，所以勸百姓也；**

在適當時機使用民力，徵收很輕的租稅，以達成勉勵百姓的目的。

時使：在適宜之時使用民力。　時：時機。　使：支配、使用。　薄斂：減輕賦稅。　薄：輕、少。　斂：收取租稅。

**日省月試，既稟稱事，所以勸百工也；**

每天考察工作情形，每月考核工作成效，給予的俸祿和職位與成效相當，就可以激勵百工。

日省月試：每天視察工作情形，每月考核其工作成效。　省（ㄒㄧㄥˇ xǐng）：考察、視。　試：考驗。　既稟稱事：按照職務高低和工作績效，發給相稱的俸祿。　既（ㄒㄧˋ xì）：通「餼」，穀物。　稟（ㄌㄧㄣˇ lǐn）：通「廩」，穀倉。既稟，就是由官方發給糧食。　稱（ㄔㄥˋ chèng）：適合、相當。　事：官職、職務。

**送往迎來，嘉善而矜不能，所以柔遠人也；**

護送回到遠方的人，迎接由遠方來的人，讚美人家的長處，同情人家的短處，可以達到安撫外族或外國人的目的；

送往迎來：朱註：「往則為之授節以送之，來則豐其委積以迎之。」　嘉善而矜不能：獎勵善人，憐恤無才能的人。嘉：讚美。　善：擅長。　矜：同情、哀憐。　能：能夠、勝任。　遠人：遠方的人、關係疏遠的人。指外族人或外國人。　柔：安撫。

**繼絕世，舉廢國，治亂持危，朝聘以時，**

延續世系已絕的諸侯，振興政事已廢的國家。平定亂事，扶持陷入危急的國家，按時舉行朝聘之禮。

繼絕世：對世系已中斷，無人祭祀的家族，為他們立後，仍得享祀。　舉廢國：復興已經廢滅的邦國。

持：支撐、扶助。　危：危急、危險。　朝：諸侯覲（ㄐㄧㄣˋ jìn）見天子。　聘：諸侯派大夫來貢獻。古代禮制，比年（年年。比ㄅㄧˋ bì）一小聘，三年一大聘，五年一朝。

**厚往而薄來，所以懷諸侯也。**

賞賜諸侯要優厚，收受貢品要減少，可以達到安撫諸侯的目的。

薄：少。　懷：安撫。

**凡為天下國家有九經，所以行之者，一也。」**

凡是治理天下國家的人，都要遵循上述九種常行不變的法則，而這些法則雖然因為涉及的人不同，而有不同的內涵，但都要本著一個相同的原則去實踐，那就是『誠』。」

凡：凡是、一切，為概括之詞。　為：治理。　一：相同、一致。

## 【精解】

**．外王以內聖為基礎**

既然政治（「政」）被理解為一個「正」的過程，則治國的藝術或方法便可以視為道德教育的擴展。用現代語言來說就是：政治的人化是以外王需要內聖這一信念為基礎的。為了使王道流行，就必須遵循聖人之道。因此，治理國家的九項原理（「九經」）應被理解為形成信賴社會的前後相續的九個步驟。（杜維明《中庸洞見》第71頁）

## 【修辭】

**．排比**：「九經」就是九大要點，本節分別並列申論，是「排比」的修辭方式。（參本書《大學》「經文」章第一節）

**．類疊**：「脩身也，尊賢也，親親也，敬大臣也，體群臣也，子庶民也，來百工也，柔遠人也，懷諸侯也。」九個「也」字隔離重複使用，可以加強語氣，使行文有節奏感，這種修辭法，叫做「類疊」，因重複的只有一個字，又稱「類字」。（參本書《大學》第十章「類疊」）

**．類疊**：本章以九個「……所以……也」的相同句型，將一大段文字統一起來。這是一種「類疊」修辭法。（參《大學》第七章「類疊」）

# 20-5（準備原則）＊＊

「凡事豫則立，不豫則廢。言前定，則不跲；事前定，則不困；行前定，則不疚；道前定，則不窮。」

【語譯】

任何事情只要有充分準備，就可以成功，沒有準備，就會失敗。言語先考慮清楚，作好準備，知道該怎麼說，就不會受阻而不通暢，或詞窮理屈。做事以前，先做好研究，了解問題所在，就不會陷入困難，行動之前先考慮清楚，就不會後悔，走路事先把路線規劃清楚，就不會走不通。」

【詳註】

「凡事豫則立，不豫則廢。

「任何事情只要有充分準備，就可以成功；沒有準備，就會失敗。

凡事：任何事情。這裡特別指前面所講的五達道、三達德、九大原則（九經）。　豫：通「預」，預備、事先準備。　立：成就。　廢：停止、失敗。

**言前定，則不跲；事前定，則不困；**

言語先考慮清楚，做好準備，知道該怎麼說，就不會受阻而不通暢，或詞窮理屈；做事以前，先做好研究，了解問題所在，就不會陷入困難。

定：決定、使確定。　跲（ㄐㄧㄚˊ jiá）：絆倒，形容言語受阻而不通暢。　困：陷在艱難困苦裡，或受環境、條件等因素限制住。

**行前定，則不疚；道前定，則不窮。」**

行動之前先考慮清楚，就不會後悔；走路事先把路線規劃清楚，就不會走不通。」

疚：慚愧後悔。　窮：終極、盡頭。路走不通還不是最糟糕的事，有一對夫婦開汽車出遊，他們路不熟，太過依賴衛星導航系統，竟然把車子開到海裡去了。如果他們能夠「道前定」，查察地圖，辨明方位，就不致過度依賴導航系統了。

**【修辭】**

・**類疊**：「言前定則不跲，事前定則不困，行前定則不疚，道前定則不窮。」四個「前定則……」間隔出現，可以加強語勢、突出重點。（參本書《大學》第七章「類疊」）

## 20-6（真誠明善）

「在下位不獲乎上，民不可得而治矣；獲乎上有道，不信乎朋友，不獲乎上矣；信乎朋友有道，不順乎親，不信乎朋友矣；順乎親有道，反諸身不誠，不順乎親矣；誠身有道：不明乎善，不誠乎身矣。」

**【語譯】**

「職位較低的人，如果沒有獲得上級的信任和支持，就無法管理百姓了。要得到上級的信任，有一定的方法；不能獲得朋友（或同僚）的信任，便不能獲得上級的信任；要獲得朋友（或同僚）的信任，有一定的方法，不能孝順父母，便不能得到朋友的信任；要孝順父母，有一定的方法，不能誠實反省自己，就不能孝順父母。要使自己誠實反省，有一定的方法，不明白本性的善，就不能誠實反省了。」

**【詳註】**

**「在下位不獲乎上，民不可得而治矣；**

「職位較低的人，如果沒有獲得上級的信任和支持，就無法管理百姓了。

下位：位居於下，即官職卑微。　獲：取得、得到。　乎：相當於「於」。　上：尊長或在上位（高位、高官）的人。

**獲乎上有道，不信乎朋友，不獲乎上矣；**

要得到上級的信任，有一定的方法；不能獲得朋友（或同事）的信任，便不能獲得上級的信任。

道：方法、道理。　信：相信、信任。　朋友：同師同道之人、群臣。　鄭玄註：「同師曰朋，同志曰友。」也泛稱相交友好的人。另，朋友也指群臣，也解釋得通。從現代人角度，此說可解為「同事」。

**信乎朋友有道，不順乎親，不信乎朋友矣；**

要獲得朋友（或同事）的信任，有一定的方法，不能孝順父母，便不能得到朋友的信任。

順：順從、和順、柔愛。順從父母的心意。

**順乎親有道，反諸身不誠，不順乎親矣；**

要孝順父母，有一定的方法，不能誠實反省自己，就不能孝順父母。

反：反省。　諸：「之於」二字的合音。「之」是代詞，「於」是介詞。

**誠身有道，不明乎善，不誠乎身矣。」**

要使自己誠實反省，有一定的方法，不明白本性的善，就不能誠實反省了。」

自己要能對自己真誠（即「毋自欺」），必須先有價值上的覺悟（即「明乎善」）。

**【修辭】**

・**後退式層遞**：本節的文字很有規律，其內容屬層遞中的後退式。（參本書《大學》「經文」章第一節「排比兼層遞」）

## 20-7（擇善固執）*

「誠者，天之道也；誠之者，人之道也。誠者不勉而中，不思而得，從容中道，聖人也。誠之者，擇善而固執之者也。」

**【語譯】**

「所謂『誠』，就是天道運行的原理，它的本質是真誠的。所謂『對誠的追求』，就是人的正確道路。依據天理實踐，不須勉強而達到目標，未經思考而領悟真理，從容自在就合乎正道，聖人的表現就是這樣啊。所謂『對誠的追求』，就是選擇走正路、做正確的事，而且堅持不懈。」

**【詳註】**

**「誠者，天之道也；誠之者，人之道也。**

所謂『誠』，就是天道運行的原理，它的本質是真誠的。所謂『對誠的追求』，就是人的正確道路。

誠：天理，天道的本來面目。　朱註：「誠者，真實無妄之謂，天理之本然也。」陳立夫說：「宇宙即為時空，係由一種動能發生恆久作用，稱之曰『誠』。」（《四書道貫》）　者：人或事物的代稱。這裡指「誠」。　天：指天地萬物，也就是整個自然界、整個宇宙。　道：途徑、道理。　誠之：對「誠」的追求。人未能真實無妄，但可以透過學習修煉達到真實無妄。　朱註：「誠之者，未能真實無妄，而欲其真實無妄之謂。」

**誠者不勉而中，不思而得，從容中道，聖人也。**

依據天理實踐，不須勉強而達到目標，未經思考而領悟真理，從容自在就合乎正道，聖人的表現就是這樣啊。

勉：勉強、努力。　中（ㄓㄨㄥˋ zhòng）：合乎標準，恰到好處。　從容：舒緩悠閒的樣子。

**誠之者，擇善而固執之者也。**

所謂『對誠的追求』，就是選擇走正路、做正確的事，而且堅持不變。」

擇善固執：選擇走正路、做正確的事，追求至誠，而且堅持不懈。　固執：堅持不懈。

朱註：「此承上文誠身而言。誠者，真實無妄之謂，天理之本然也。誠之者，未能真實無妄，而欲其真實無妄之謂，人事之當然也。聖人之德，渾然天理，真實無妄，不待思勉而從容中道，則亦天之道也。未至於聖，則不能無人欲之私，而其為德不能皆實。故未能不思而得，則必擇善，然後可以明善；未能不勉而中，則必固執，然後可以誠身，此則所謂人之道也。不思而得，生知也。不勉而中，安行也。擇善，學知以下之事。固執，利行以下之事也。」

## 【精解】

### ‧誠

誠，中國古代哲學術語，與道德的行為規範。朱熹解為「真實無妄」，但歷代學者有不

同的闡發。《中庸》認為「誠」這一精神實體會發生化生萬物的作用力，「誠者，自成也，而道自道也。誠者，物之終始，不誠無物。」作為道德的行為規範的「誠」，指誠實，不自欺，不欺人。《大學》：「所謂誠其意者，毋自欺也。」唐李翱將「誠」視為「聖人之性」是至靜至靈寂然不動的「心」（精神）；北宋周敦頤則以為是至高無上的宇宙本體：「誠者，聖人之本，大哉乾元，萬物資始，誠之源也。」明清之際王夫之提出「誠，以言其實有爾」、「誠者，天之道也，陰陽有實之謂」，用以指客觀的「實有」，並作為宇宙的一般規律。勞思光說：「誠，亦指『本性之圓滿』。」

## 20-8（學習要訣）＊＊＊＊

博學之，審問之，慎思之，明辨之，篤行之。有弗學，學之弗能弗措也；有弗問，問之弗知弗措也；有弗思，思之弗得弗措也；有弗辨，辨之弗明弗措也；有弗行，行之弗篤弗措也；人一能之己百之，人十能之己千之。果能此道矣，雖愚必明，雖柔必強。

**【語譯】**

要廣博學習，要觀察追問，要認真思考，要明白分辨，要確實力行。

若是沒學過的，就用心學習，不到學會絕不放棄。若是沒問過的，不問到明白絕不放棄。若是沒思考過的，不到想出結論絕不放棄。若是沒辨析過的，不到辨別清楚絕不放棄。若是還沒實踐的，不到做得很踏實絕不放棄。

別人做一遍就完成的，我努力做一百遍；別人嘗試十遍就成功的，我嘗試一千遍。如果有這種不怕困難的精神，本來不聰明的人，也會明智起來，本來軟弱的人，也會剛強起來。

**【詳註】**

**博學之，審問之，慎思之，明辨之，篤行之。**

（這擇善固執以達到誠的要訣就是）要廣博學習，要觀察追問，要認真思考，要明白分辨，要確實力行。

博學：廣博的學習。　審問：細心觀察、深入追問。　慎思：仔細認真的思考。　明辨：清楚的分辨。辨：分析、判別。　篤行：確實力行。篤：專一、切實。行：實踐。

朱註：「此誠之之目也。學、問、思、辨，所以擇善而為知，學而知也。篤行，所以固執

而為仁，利而行也。程子曰：『五者廢其一，非學也。』」

**有弗學，學之弗能弗措也；**

若是沒學過的，就用心學習，不到學會絕不放棄。

弗：副詞，「不」的意思。　能：能夠、善於。指精通。　措：廢置、擱置，即「放棄」。　知：明白、了解。

**有弗問，問之弗知弗措也；**

若是沒問過的，不問到明白絕不放棄。

**有弗思，思之弗得弗措也；**

若是沒思考過的，不到想出結論絕不放棄。

**有弗辨，辨之弗明弗措也；**

若是沒辨析過的，不到辨別清楚絕不放棄。

**有弗行，行之弗篤弗措也；**

若是還沒實踐的，不到做得很踏實絕不放棄。

**人一能之己百之，人十能之己千之。**

別人做一遍就完成的，我努力做一百遍；別人嘗試十遍就成功的，我嘗試一千遍。

能：指學、問、思、辨、行五個方面的徹底達成。「百」和「千」是一種誇飾修辭法，

強調其多。（參本書《中庸》第二十七章「誇飾」）朱註：「君子之學，不為則已，為則必要其成，故常百倍其功。此困而知，勉而行者也，勇之事也。」

**果能此道矣，雖愚必明，雖柔必強。**

如果有這種不怕困難的精神，本來不聰明的人，也會明智起來，本來軟弱的人，也會剛強起來。」

此道：這種道路、方法。指前述「人一能知己百之，人十能之己千之」的不怕困難的精神。陳立夫說：「己百之，己千之，自非有恆不可。有恆能使愚變明、柔變強。此為困而知之，勉強而行之，其最後之成智與成功，並無區別。此可見有恆之真正可貴。」 愚：愚笨、不聰明。 柔：軟弱。

## 【精解】

「人一能之己十之」不僅指努力練習或實踐，也可指實驗或嘗試精神。如神農之嘗百草，如愛迪生之為電燈試遍各種材料（據說失敗了一萬多次）。海明威的《戰地鐘聲》在出版前，改寫了三十九次。他為追求卓越而奉獻的心血，後來為他贏得了普立茲獎和諾貝爾文學獎。德國藥物學家歐立希，經過十年努力發明了能治療梅毒病和昏睡病的藥「606」，挽救了無數的生命。這個藥的命名，是由於他研究這種藥的時候，前六百零五次都失敗了。

【修辭】

・《中庸》與《心經》

這一節的文字，是在說「學、問、思、辨、行」都要徹底於成，不成功絕不罷休。結果變成了五大串大同小異的文字。這樣的文字，到底能不能加以簡化呢？

黃慶萱認為本章文字屬於類疊。又說：「《般若波羅蜜多心經》有『色不異空，空不異色；色即是空，空即是色。受想行識，亦復如是。』我曾想：把《中庸》中句子，改成：

『有弗學，學之弗能弗措也。問思辨行，亦復如是。』

或把《心經》中句子，改成：

『色不異空，空不異色；色即是空，空即是色。

受不異空，空不異受；受即是空，空即是受。

想不異空，空不異想；想即是空，空即是想。

行不異空，空不異行；行即是空，空即是行。

識不異空，空不異識；識即是空，空即是識。』

總覺不妥。一是《中庸》『學』的目標是『能』，而『問思辨行』的目標分別在『知得明篤』，並不是『能』，因之用『亦復如是』不能概括周延。更重要的是那種親切叮嚀的意味也失去了。而《心經》中用『亦復如是』卻能概括其意而不致產生歧義，如一一詳言，不見親切，反覺嚕囌。」（黃慶萱《修辭學》第586頁）

朱光潛曾為「簡賅」與「生動」的抉擇定下一條原則：「文學在能簡賅而又生動時，取簡賅；在簡賅而不能生動時，則無寧取生動。」所以，黃慶萱認為「總覺不妥」，有其依據。

**【會通】**

**・林肯年輕時代的座右銘**

I will study and get ready, and perhaps my chance will come. 我要學習，做好準備，我的機會也許會到來。

**・海柏學習法則**

神經網絡遵循海柏學習法則（Hebb's rule）：每做一次正確決定，那些神經通路就獲得增強。只要在每次它成功地執行一個工作後，改變某些神經元之間的連結強度，此一增強就已完成。（海柏學習法可以用這老掉牙的問題來表達：音樂家要如何取得前往卡內基音樂廳（Carnege Hall）演奏的邀請？答案：練習、練習、再練習。對神經網絡來說，練習可以達到完美。海柏學習法則也可以解釋：壞習慣之所以難以打破，因為這個壞習慣的

神經通路已經根深蒂固。）

神經網絡植基於「由下而上」的方式。它不是被所有的智慧規則填滿的，而是以嬰兒學習的方法得到，跌跌撞撞，遇到很多事物，在經驗中學習。神經網絡並未被灌滿程式，而是用老舊的方法，通過艱苦的生活磨練來學習。（加來道雄《未來物理學》英文版第71頁）

### ．讀經而已，則不足以知經

然世之不見全經久矣，讀經而已，則不足以知經（儒家經典）。故某自百家諸子之書，至《難經》、《素問》、《本草》諸小說，無所不讀；農夫女工，無所不問；然後於經為能知其大體而無疑。蓋後世學者，與先王之時異也。不如是，不足以盡聖人故也，揚雄雖為不好非聖人之書，然而墨、晏、鄒、莊、申、韓，亦何所不讀？彼致其知而後讀，以有所去取，故異學不能亂也。惟其不能亂，故能有所去取者，所以明吾道而已。子固視吾所知，為尚可以異學亂之者乎？非知我也。（王安石〈答曾子固書〉）

### ．胡適的治學方法

理想中的學者，既能博大，又能精深。精深的方面，是他的專門學問。博大的方面，是他的旁搜博覽。博大要幾乎無所不知，精深要幾乎惟他獨尊，無人能及。他用他的專門學問做中心，次及於直接相關的各種學問，次及於間接相關的各種學問，次及於不很相關

的各種學問，以次及毫不相關的各種泛覽。這樣的學者，也有一比，比埃及的金字三角塔。那金字塔高四百八十英尺，底邊各邊長七百六十四英尺。塔的最高度代表最精深的專門學問；從此點以次遞減，代表那旁收博覽的各種相關或不相關的學問。塔底的面積代表博大的範圍，精深的造詣，博大的同情心。這樣的人，對社會是極有用的人才，對自己也能充分享受人生的趣味。宋儒程顥說的好：「須是大其心使開闊：譬如為九層之臺，須大做腳始得。」博學正所以「大其心使開闊」。（胡適《胡適文存．讀書》）

### ．牛頓的大哉問

當艾薩克．牛頓（Issac Newton）目擊一個蘋果掉落並注視月亮時，他問了自己一個永遠改變人類歷史的問題：如果蘋果會掉下來，那麼月亮也會掉下來嗎？在他二十一歲的時候，靈光一閃，認識到那吸引蘋果的力量，跟所有到達行星和彗星的力量沒有兩樣。這容許他去運用一種他剛發明的數學（微積分），去繪製行星和月亮的軌道，也首度為天體的運動解碼。西元一六八七年，他出版的傑作《自然哲學的數學原理》（Principia），可以說是有史以來最重要的科學著作，也被評定為人類歷史上最有影響力的著作之一。

更重要的是，牛頓介紹了一種新的思考方法——一種可以透過力量計算移動物體的運動的機制。對於物體的運動，我們不再受到有關靈魂、魔鬼和鬼魂的奇想所支配，而是認為物體因為充分界定（可以測量和控制）的力而移動。這帶來了牛頓力學（Newtonian

mechanics），科學家可以用它正確地預測機器的行為；而這一點又為蒸汽機及火車頭鋪了路。複雜的蒸汽動力機器的複雜動力學，可以用牛頓定律有系統地分解，成為一個一個的螺栓和一個一個的槓桿。所以牛頓的引力描述為歐洲的工業革命鋪了路。

### ．言前定，則不跲

這是一個真人真事、感人肺腑的電影，片名為「王者之聲」（The King's Speech）。

英國國王艾德華八世因為「不愛江山愛美人」退位後，由弟弟喬治六世繼承王位。然而喬治六世自小便有嚴重的口吃困擾，被眾人認為不適宜當國王，喬治六世於是求助於非正統的語言治療師萊諾。經過了一連串艱辛的矯正訓練，喬治的演說果然有了明顯的進步，也和治療師萊諾成了心靈摯交。隨著二次大戰的爆發，曾經連幾句問候語都講不好的喬治六世，竟發表了一場最觸動人心的經典演說，深深鼓舞了當時身陷戰火中的英國軍民。

# 第二十一章（雙軌典範）*

自誠明，謂之性；自明誠，謂之教。誠則明矣，明則誠矣。

【語譯】

由真誠而得以明善，這是先天本性的發揮。由明善而達到真誠，這是後天的教化。真正進入誠的境界，自然就能明善。明善到了一定的程度，就會表現真誠。

【詳註】

**自誠明，謂之性；自明誠，謂之教**。

由真誠而得以明善，這是先天本性的發揮。由明善而達到真誠，這是後天的教化。

自誠明：自我昭明。　自：從、由。　誠：真誠。「誠」是宇宙的本體，作為道德規範的「誠」則指誠實無欺。　性：先天的本性。　明：「自誠明」的「明」是昭明、聰明。「自明誠」的「明」則是明白、明善，指涉的是功夫或道德努力。　謂：稱呼、叫做。之：它，指「自誠明」。後面的「之」指「自明誠」。　教：後天人為的教化、教育。

**誠則明矣，明則誠矣**。

真正進入誠的境界，自然就能明善。明善到了一定的程度，就會表現真誠。

則：即、就。　朱註：「德無不實而明無不照者，聖人之德。所性（本性的全部）而有者也，天道也。先明乎善，而後能實其善者，賢人之學。由教而入者也，人道也。誠則無不明矣，明則可以至於誠矣。」

【修辭】

・回文：「自誠明」與「自明誠」這種雙向道，最自然的表現方式就是「回文」。（參本書《大學》第十章「回文」）

【會通】

・雙向道

朱子認為，本章是「子思承上章夫子天道人道之意而立言也，自此以下十二章，皆子思之言，以反推明此章之意。」可見本章的重要。

用音樂來打比方，這一章的主旨和寫作方式，可說是第一章的「變奏」——「天命之謂性」與「自誠明，謂之性」對應，「脩道之謂教」與「自誠明，謂之教」對應。中間省略了「率性之謂道」，卻又多出了「誠則明，明則誠」的新命題。也就是把由天命到修道的「單行道」，擴充為「誠明合一」的「雙向道」。這樣的擴充，形同打通任督二脈，意義非常深遠。

再用修禪為例，「自誠明」的人就是已經「頓悟」的人，大悟以後所有的道理都是一通百通。凡事心即理，只要運用演繹法，都能跟聖人一樣「不勉而中，不思而得，從容中

道」。而「自明誠」的人，就要通過「漸修」，擇善固執，慢慢歸納，慢慢學習，最後或可修成正果。

我記得小時候，國語老師總是教我們先用單字造詞，然後造句，最後才是作文。這是一種由下向上（bottom up）的「建構」模式。學英文也一樣，背單字枯燥而無味。後來有了衍生理論，也有了全語言的學習理論，可以先學得有意義的句子，然後才認識詞彙和單字。這是一種由上向下（top down）的學習模式，有一點「自誠明」的味道。

四書的學習也有類似情形。《學、庸》講的是巨觀的大道理，一個理論體系，開宗明義就把根本的道理講了，然後再條理井然地演繹一番，這些道理有些難懂，但一旦通了，就可以無所不包。《論、孟》則是一堆散落的珍珠，字字珠璣，如果完全串起來就是很大的學問。所以，廣義而言，四書的修習，也有「自誠明」和「自明誠」的分野呢。

### ・陳立夫說「誠」

誠既為動能，動能之表現為波，如光波、聲波、電波、力波等。波可集中，光波集中於一點，謂之焦點，為最明亮，故曰「誠則明」。聲波之集中於一點復轉換成電波，則可廣播至無遠弗屆，故至誠能成其大，能及其遠，由「不息則久」以達「悠久無疆」。電波聚積與透過於極細微之電路，可以生熱。故曰「熱誠」。用之以解析物質，謂之電化，故曰「唯天下之至誠為能化」。力波集中於一點，則力大可以推動他物，且銳不可當，無堅不摧，故曰：「至誠而不動者，未之有也。不誠，未有能動者也。」諺曰：「精誠所至，金石為開。」由此而知「誠意」為動能之集中。常人須勉力而使之集中，聖人則「不勉而中」。俗稱信仰或稱意志集中，其義亦同。（《四書道貫》第251頁）

# 第二十二章（能盡其性）＊

唯天下至誠，為能盡其性；能盡其性，則能盡人之性；能盡人之性，則能盡物之性；能盡物之性，則可以贊天地之化育；可以贊天地之化育，則可以與天地參矣。

**【語譯】**

唯有把誠看作世界的本體，道德修養達到最高境界的人，才能充分發揮自己天賦的本性；能充分發揮自己天賦的本性，就能教化別人，充分發揮所有的人的本性；能充分發揮所有的人的本性，就能充分發揮萬物的本性；能充分發揮萬物的本性，就可以助成天地的造化和養育萬物；可以助成天地的造化和養育萬物，就可與天地並列為三了。

**【詳註】**

**唯天下至誠，為能盡其性；**

唯有把誠看作世界的本體，道德修養達到最高境界的人，才能充分發揮自己天賦的本性。

至誠：指道德修養達到最高境界的人，即理想中的「聖王」。　盡其性：充分發揮自己天賦的本性。　盡：窮盡。引申為事物達到的極限或頂點。　其：指至誠的人。

**能盡其性，則能盡人之性；**

能充分發揮自己天賦的本性，就能教化別人，充分發揮所有的人的本性。

則：連詞，表示承接，連接條件與結果，相當於「便」、「就」。　人：指所有的人。

**能盡人之性，則能盡物之性；**

能充分發揮所有的人的本性，就能充分發揮萬物的本性。

**能盡物之性，則可以贊天地之化育；**

能充分發揮萬物的本性，就可以助成天地的造化和養育萬物。

贊：佐助、助成。　化育：造化（化生）和養育。

**可以贊天地之化育，則可以與天地參矣。**

可以助成天地的造化和養育萬物，就可與天地並列為三了。

則可與天地參矣：就可以與天地並列為三。參（ㄙㄢ sān）：通「三」，三者並立。

【精解】

．朱註：天下至誠，謂聖人之德之實，天下莫能加也。盡其性者德無不實，故無人欲之私，而天命之在我者，察之由之，巨細精粗，無毫髮之不盡也。人物之性，亦我之性，但以所賦形氣不同而有異耳。能盡之者，謂知之無不明而處之無不當也。贊，猶助也。與天地參，謂與天地並立為三也。此自誠而明者之事也。

【修辭】

．聯珠：上句的末字，和下句的首字相同；或前段的末句，和後段的首句相同；這樣上遞下接，蟬聯而下的修辭法，叫做「頂真」。

．三種修辭角色：這一節的修辭方式，非常豐富又特別。就部分文字的重複來看是「聯珠」（如上述）。就內容言，由一己誠的發揚，就能盡己性，推而及於他人之性；再而及於萬物之性，終至於可以幫助大地的化生長育。闡明至誠的功效，層層擴充，使人理念明晰，是「層遞」；就整體形式而言是「排比」。（參本書《大學》「經文」章第一節「排比兼層遞」、「經文」章第二節「聯珠」）

【會通】

**・董仲舒：人是天的副本**

西漢董仲舒提出天人相類，人附天數之說，認為天按照自己的模式創造人的形體和精神，天所有者，人亦有之，人所有者，天亦有之，「以類合之，天人一也。」人與萬物之不同之處在於：人是天的副本，人與天同類。人不僅有與天相類的形體，而且有與天相似的意志、意識和情感。至於天子乃是人中之「德侔天地者」，他受命於「天」，得到「天」的保佑，「父母事天而子孫畜萬民」。由於人是天之副本，人在宇宙系統中占有一個與天地並列為參的地位，具有十分重要的功能。人是高於萬物與天地並列為三的，人和天地一起決定萬物的生成。

**・與天地並列**

到了二一〇〇年，我們的命運就是成為我們曾經膜拜和畏懼的神明。但我們的工具將不會是魔術棒與魔水，而是電腦科學、奈米科學、人工智慧、生物科技以及最重要的作為這些科技的基礎的量子理論。

在二一〇〇年，如同神話中的神一般，我們將能以我們的念力操控物體。悄悄地閱讀著我們的思想的電腦，將會實現我們的願望。我們將能單靠思想，就能移動物體——從前，

這種心電感應的能力專屬於神明。運用生物科技的力量，我們將創造完美的身體並延長壽命。我們也將能夠創造出地球上前所未有的生命形式。運用奈米科技的力量，我們可以將某種物體轉換成另一種東西，幾乎是無中生有地創造出東西。我們不會駕馭火紅的戰車，卻有流線型的車子，幾乎不用燃料就能不費力地漂浮空中。我們的引擎將能運用恆星上無盡的能源。我們快要可以送星船去探索鄰近的星球。（加來道雄《未來物理學》）

# 第二十三章（漸修內化）

其次致曲。曲能有誠，誠則形，形則著，著則明，明則動，動則變，變則化。唯天下至誠為能化。

【語譯】

其次，至誠的人還能省察內心隱微的意念。推究內心隱微的意念，就能排除雜念，進入真誠的心態。心態真誠到了相當程度，就會表現出來。表現出來到了相當程度，就會彰顯開來。彰顯到了相當程度，就會散發光輝。光輝散發到了相當程度，就會感動人心。感

動人心到了相當程度，就會造成轉化，使價值觀內化，成為行為的指針。所以，只有最真誠的人，才能夠使所有的價值觀內化。

**【詳註】**

**其次致曲。曲能有誠，**

（除了能盡其性）其次（談到修養的功夫），至誠的人還能省察內心隱微的意念。推究內心隱微的意念，就能排除雜念，進入真誠的心態。

其次：⑴第二點，另一方面；⑵指次於聖人的賢人。　致曲：致，推致。用心去做。曲：⑴起心動念之處、曲折隱密的地方；⑵有所偏而不完善、細小的事。

**誠則形，形則著，著則明，明則動，動則變，變則化。**

心態真誠到了相當程度，就會表現出來。表現出來到了相當程度，就會彰顯開來。彰顯到了相當程度，就會散發光輝。光輝散發到了相當程度，就會感動人心（影響外界）。感動人心到了相當程度，就會造成轉化，使價值觀內化，成為行為的指針。

誠則形：內心達到真誠就會表現於外。《大學》中說：「誠於中，形於外，故君子必慎其獨也。」　形：顯露、表現於外。　著：顯明、顯出。　明：光明；明見。　動：感動眾人。　化：內化、轉化，指使人不自覺地改變惡習而向善。　陳槃說：「變和化不同，變只是改變舊俗，然而還有痕跡，化就都消化了，沒有一點痕跡了。」

**唯天下至誠為能化。**

所以，只有最真誠的人，才能夠使所有的價值觀內化。

## 【精解】

### ‧「其次」有二解

「其次」有兩重解釋，隨之而來的「致曲」也有不同。朱子認為：「其次，通大賢以下凡誠有未至者而言也。致，推致也。曲，一偏也。」意思就是：第一等人是「聖人」，而次一等的人，則是「賢人」。賢人只能致力推求比較細微、偏於某一方面的事物，但工夫到了也能達到「誠」的境界。這就是所謂「自明誠」，由小處做起，由下向上發展最後達到「化」的境界就等於「至誠」了。

另外有人認為，「其次」是接著上面的立論，繼續說第二個要點，上一章說「唯天下至誠，為能盡其性。」這一章要說「（唯天下至誠，為能）致曲」，主語是「至誠」，仍是「聖人」，不是「賢人」。也就是說，致曲是要省察內心隱微的意念，致力正心誠意，使所有的價值觀內化，才能做到「從心所欲，不逾矩」。由於本章結語說「唯天下至誠為能化」，所以我在翻譯為白話時，採取第二種說法。

## 【修辭】

### ・類疊

本章的「誠、形、著、明、動、變、化」六個連鎖性因果關係，以「聯珠格」來表達，實在巧妙。（參本書《中庸》第二十二章）

如果從文字的重複來考察，則本節出現六個「則」，也可歸類為「類疊」。

## 【會通】

### ・致曲就是「微觀」

「其次」從朱子以下，都解為「次於聖人的賢人」，是次一等的人。這種說法雖然還說得通，但末句又說到「唯天下至誠為能化」，可見這還是至誠的工夫。其實，這是看待問題出發點的問題。致曲，就是「漸修」，就是「由下向上」，就是「微觀」的一種探討事物原理的方式。

### ・一粒沙一世界，一朵花一天堂

英國詩人威廉・布萊克（William Blake, 1757-1827）的這幾行詩，在歐美並不出名，華人卻特別青睞，或許是跟佛教思想有相通之處吧。

To see a world in a grain of sand
And a heaven in a wild flower
Hold infinity in the palm of your hand
And eternity in an hour

一沙見世界，一花窺天堂。
手心握無限，須臾納永恆。

## 第二十四章（至誠如神）

至誠之道，可以前知。國家將興，必有禎祥；國家將亡，必有妖孽；見乎蓍龜，動乎四體。禍福將至，善，必先知之；不善，必先知之。故至誠如神。

**【語譯】**

真誠的最高境界，是可以預知未來。國家將要興盛時，一定會有祥瑞的徵兆出現。國

家將要滅亡時，一定會有怪異不祥的事物出現。透過卜筮和龜甲可以看見，觀察行為舉止的變化也可察知。災禍或幸福將要來臨時，不論好壞，都會預先知道。所以真誠達到最高境界的人，簡直就跟神靈一般微妙，難以形容。

**【詳註】**

**至誠之道，可以前知。**

真誠的最高境界，是可以預知未來。

前知：事前知道將要發生的事。

**國家將興，必有禎祥；國家將亡，必有妖孽；**

國家將要興盛時，一定會有祥瑞的徵兆出現。國家將要滅亡時，一定會有怪異不祥的事物出現。

禎祥：吉兆。　禎：吉祥。　妖孽：怪異、凶惡的事物或預兆。

**見乎蓍龜，動乎四體。**

透過蓍草和龜甲可以看見，觀察行為舉止的變化也可察知。

見乎蓍龜：在蓍草和龜甲的占卜中出現。　見（ㄒㄧㄢˋ xiàn）：呈現。顯露、顯出。同「現」。

乎：介詞，相當於「於」。　蓍龜：蓍草和龜甲。古代用來占卜（卜為龜卜，筮為蓍占）。

蓍（ㄕ shī）：蓍草。古人卜筮用蓍草莖。　龜：古人用龜甲占卜，卜時灼龜甲，視其裂紋以判吉凶。　動乎四體：指從人們的儀表、動作中察覺。　動：感動、變動。　四體：四肢，引申指整個身體、身軀，推及人的行為舉止。

**禍福將至，善，必先知之；不善，必先知之。**

災禍或幸福將要來臨時，不論好壞，都會預先知道。

禍福：吉凶、禍事或幸福。　福：幸福、富貴壽考的統稱。或泛稱吉祥幸運的事。

善：美好。　之：它，代詞。

**故至誠如神。**

所以真誠達到最高境界的人，簡直就跟神靈一般微妙，難以形容。

神：神靈、神仙。　朱註：「神謂鬼神。」

**【修辭】**

・**映襯**：「國家將興，必有禎祥；國家將亡，必有妖孽」，「興」、「亡」相對，「禎祥」與「妖孽」相對，這是一種對比性的「映襯」。（參本書《大學》「經文」章第三節「映襯」）。

【會通】

・天人感應說

勞思光說：漢儒承戰國陰陽家之影響，最喜歡講災異；無論治《春秋》的，治《易》的，都喜歡談人事的關係等等。這並不僅如後世儒者所解釋的那樣，為了要警惕人主，而實在是有一套理論作背景的。大致說來，這套理論即是一種「宇宙論中心的哲學」；這種理論先假定一種宇宙之理，作為人事之理的根據；而又加上將「天」意志化，所以便有天人相應的觀念。漢儒末流，專談符命讖緯，即由這種觀念發展而來。《中庸》論及「前知」，顯然混雜了漢儒這種思想在內，也表示《中庸》的成書，必在漢代。（勞思光《大學中庸譯註新編》）

董仲舒的宇宙系統論以「天人感應」觀念為中心。也就是說，人和人間的君主在宇宙大系統中具有卓越的地位、特殊的功能，同時，也受到天的制約，不能違背天的意志。在此基礎上，董仲舒進而提出了他的災異譴告之說。認為災異是天譴告天子的手段，是天欲救天子的表示，而災異本身是國家行政失當所造成的。如果天子善於體貼天意，及時糾正過失，則可消除災異，如果天子不知應變，天就任其滅亡。由此可見，董仲舒精心構造的天、地、人「相為手足，合以成體」的宇宙系統論，其最終目的是要「屈民以伸君，屈君以伸天」，要論證他在「天人三策」中提出的「天人相與之際，甚可畏也」的主題。問題

的實質確如魯迅先生所言，「天」是一道進奉給皇帝的「紅嘴綠鸚哥」！（引自張岱年主編《中華的智慧》）

# 第二十五章（自我實現）

誠者，自成也；而道，自道也。誠者，物之終始；不誠無物。是故君子誠之為貴。誠者，非自成己而已也，所以成物也。成己，仁也；成物，知也。性之德也，合外內之道也，故時措之宜也。

【語譯】

所謂誠，就是成就自己本性帶來的潛能。而所謂道，就是要自我引導，去走自己當行之路，以發揮本性，達成自我實現。誠，是宇宙的本體，宇宙的萬物成住壞空的基本原理，緣起緣滅都在其中。有了真誠，事情才會有美好的開始與完成，沒有原理原則，宇宙失去秩序，就沒有萬事萬物了。所以君子最重要的事，就是要讓自己向誠趨近，達到最高境界，把握宇宙基本動力和生命的原始動機，成為至誠的人。

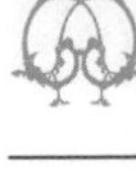

做到這樣的真誠，不僅是止於成全自己而已，也是為了使自身以外的一切有所成就。成全自己顯示了仁的德行；成就萬物是智的表現。誠是本體，是天命之性，其實踐為道。道可分為向內和向外兩條路。向內做內省工夫，自我完成，向外追求真理，成就萬物，所以放諸四海而皆準，俟百世而不惑，隨時施行，都能得其所宜。

## 【詳註】

**誠者，自成也；而道（ㄉㄠˋ dào），自道（ㄉㄠˇ dǎo）也。**

所謂誠，就是成就自己本性帶來的潛能。而所謂道，就是要自我引導，去走自己當行之路，以發揮本性，達成自我實現。

者：代詞，指「誠」。　自成：自我完成、自我實現。　成：造就、成全。　也：句末語氣詞，表示判斷或肯定。　道（自道的「道」）：通「導」，引導。

**誠者，物之終始；不誠無物。**

誠，是宇宙的本體，宇宙的萬物成住壞空的基本原理，緣起緣滅都在其中。有了真誠，事情才會有美好的開始與完成，沒有原理、原則，宇宙失去秩序，就沒有萬事萬物了。

物：指一切事物的存在。　之：助詞，相當於「的」。　終始：即始終本末。指萬事萬物的始終本末都離不了誠。現代物理學家認為引力、電磁力、強作用力和弱作用力是四種

主要力量。

**是故君子誠之為貴。**

所以君子最重要的事，就是要讓自己向誠趨近，達到最高境界，把握宇宙基本動力和生命的原始動機，成為至誠的人。

誠之為貴：讓自己成為至誠的人最為重要。　誠，動詞。　之：代詞，指誠本身。貴：寶貴、重要。　朱註：「天下之物，皆實理之所為，故必得是理，然後有是物。所得之理既盡，則是物亦盡而無有矣。故人之心一有不實，則雖有所為亦如無有，而君子必以誠為貴也。蓋人之心能無不實，乃為有以自成，而道之在我者亦無不行矣。」

**誠者，非自成己而已也，所以成物也。**

做到這樣的真誠，不僅是止於成全自己而已，也是為了使自身以外的一切有所成就。（聖哲之為聖哲，正是要教化天下，重建世界。）

而已：表示限制或讓步的語氣助詞，相當於口語中的「罷了」。　已：中止。　所以：用以，用來。　成己：成就自己本身。　成物：成就萬事萬物。

**成己，仁也；成物，知也。**

成全自己顯示了仁的德行；成就萬物是智的表現。

知也：知是求真，對於客觀世界外物的認識與掌握，屬於認知活動。

**性之德也，合外內之道也，故時措之宜也。**

誠，是宇宙的本體，是天命之性，其實踐為道。道可分為向內和向外兩條路。向內做內省工夫（內聖），自我完成，向外追求真理，成就萬物（外王），所以放諸四海而皆準，俟百世而不惑，隨時施行，都能得其所宜。

性之德：仁和知都是人性本有的德性。　合外內之道：融合外以成物、內以成己這兩種法則。　故時措之宜也：因此配合時機施行都能得其宜。　時：經常。　措：舉措、施行、採取某種行動。　宜：適宜、恰當（適當的方式）。

## 【會通】

### ・馬斯洛：自我實現

新儒學大師杜維明指出：「《中庸》所憧憬的似乎是一種自我實現的創造性過程，它是由一種我生成的力量源泉所孕育和推動的。」（《中庸洞見》第31頁）現代教育的理想，其實也是盡性的教育（參本書《中庸》第二十二章），也就是了解自己的天賦和內在需求，充分發揮自己的潛能，達到自我實現的境界。

人本主義心理學大師馬斯洛（Abraham Maslow）提出的「需求層次理論」認為，人類的需要是以層次的形式出現的，由低級生理的需求開始，逐級向上發展到高級層次的需求。這些需求形成一個需求金字塔，由最底層的生理需求，依次向上分別為安全的需求（安全感、金錢）、愛與歸屬感的需求（友誼與被愛）、自尊的需求（成就、名聲、地位）、最高層就是自我實現的需求（真、善、美）。馬斯洛的研究發現，自我實現的人對生命感到滿意，能夠充分發展自己的潛能和創造力。他們對人較為真誠，較能接納別人，並自我悅納。

人本主義的心理學家及教育家都相信，每個人天生均具有自我實現的傾向。根據馬斯洛的需求層次理論，當一個人較低層次的需求（如安全感）獲得基本滿足之後，他便會轉而嘗試滿足更高層次的需求（如自我實現），他對生命的滿意度也隨之提高，但是當這樣的傾向受到阻礙，特別是孩童時期父母冷酷或拒絕的態度，便會影響到這個人的自我概念的健康發展和他對現實世界的覺察，這個人開始自我防衛，甚至從真實的感受中抽離出來時，就更難成為自我實現的人了。

# 第二十六章（至誠無息）

## 26-1（無為而成）

故至誠無息。不息則久，久則徵，徵則悠遠，悠遠則博厚，博厚則高明。博厚，所以載物也；高明，所以覆物也；悠久，所以成物也。博厚配地，高明配天，悠久無疆。如此者，不見而章，不動而變，無為而成。

**【語譯】**

所以，道德修養達到最高境界的人，永遠真誠，從不止息。從不止息，就會永遠存在。在裡面存在久遠，就會在外面發生效應。有效應就會影響久遠；影響久遠就會蓄積廣博深厚；廣博深厚就會崇高而光明。廣博深厚，因而可以承載萬物；崇高光明，因而可以覆蓋

萬物；影響久遠，因而可以成就萬物。廣博深厚可以媲美大地，崇高光明可以媲美蒼天，直到永遠。達到這樣的境界，不用出現，就會自然彰顯出來；不刻意影響外界，就會造成變化；沒有特別作為，就能成就一切。

**【詳註】**

**故至誠無息。不息則久，久則徵，**

所以，道德修養達到最高境界的人，永遠真誠，從不止息。從不止息，就會永遠存在（心中）。在裡面存在久遠，就會在外面發生效應。

至誠：指道德修養達到最高境界。（把誠看作世界的本體，認為至誠則達到人生的最高境界。）　無息：沒有間斷。　朱註：「既無虛假，自無間斷。」　勞思光說：「聖哲合內外之道，是周行而無間斷的。」　息：消失、停止。　則：連詞，表示承接關係，相當於「就」、「便」、「那麼」。　傅佩榮說：這裡連用的五個「則」字，都應理解為「做到某一程度」之後所產生的質變。久：長久、永久。　朱註：「久，常於中也。」　徵：效驗、驗證、發生效應、表露。

**徵則悠遠，悠遠則博厚，博厚則高明。**

有效應就會影響久遠；影響久遠就會蓄積廣博深厚；廣博深厚（發出來）就會崇高而光

明。

悠遠：長久、久遠。　孔穎達疏：「悠，長也。若事有徵驗，則可行長遠也。」　博厚：廣博深厚。　高明：崇高光明。　朱註：「此皆以其驗於外者言之。鄭氏所謂『至誠之德，著於四方』者是也。存諸中者既久，則驗於外者益悠遠而無窮矣。悠遠，故其積也廣博而深厚；博厚，故其發也高大而光明。」

**博厚，所以載物也；高明，所以覆物也；悠久，所以成物也。**

廣博深厚，因而可以承載萬物；崇高光明，因而可以覆蓋（庇護）萬物；影響久遠，因而可以成就萬物（進行演化）。

所以：用此、用來。　載物：承載萬物、承受萬物。　覆物：覆蓋萬物。　覆：遮蓋、掩蔽。　成物：成就萬物。　朱註：「悠久，即悠遠，舉內外而言之也。本以悠遠致高厚，而高厚又悠久也。此言聖人與天地同用。」

**博厚配地，高明配天，悠久無疆。**

廣博深厚可以媲美大地，崇高光明可以媲美蒼天，直到永遠。

配：相當、媲美。　無疆：無止境、無窮盡。

朱註：「此言聖人與天地同體。」傅佩榮說：「這話說得太過，至多可說聖人與天地『同功』或『同用』。在二十二章說，至誠者『與天地參』是共成為參，而非同體。」勞思光

說：「以心性中的『博厚』之德與宇宙中的『地』比，二者相當。以心性中的『高明』之德與宇宙中的『天』比，二者相當。」

**如此者，不見而章，不動而變，無為而成。**

達到這樣的境界，不用出現，就會自然彰顯出來；不刻意影響外界，就會造成變化；沒有特別作為，就能成就一切。

者：助詞，用於句中，表示停頓。　見（ㄒㄧㄢˋ xiàn）：同「現」。顯露、出現。　章：同「彰」，彰明、明顯。　朱註：「不見而章，以配地而言也。不動而變，以配天而言也。無為而成，以無疆而言也。」

**【修辭】**

‧**類疊**：五個「則」字並用，有加強語氣的效果。（參本書《大學》第七章）

‧**聯珠**：不息則久，久則徵，徵則悠遠，悠遠則博厚，博厚則高明。（參本書《大學》「經文」章第二節「聯珠」）

## 26-2（天地之道）

天地之道，可一言而盡也：「其為物不貳，則其生物不測」。天地之道，博也，厚也，高也，明也，悠也，久也。今夫天，斯昭昭之多，及其無窮也，日月星辰繫焉，萬物覆焉。今夫地，一撮土之多，及其廣厚，載華嶽而不重，振河海而不洩，萬物載焉。今夫山，一卷石之多，及其廣大，草木生之，禽獸居之，寶藏與焉。今夫水，一勺之多，及其不測，黿鼉、蛟龍、魚鱉生焉，貨財殖焉。《詩》云：「維天之命，於穆不已！」蓋曰天之所以為天也。「於乎不顯！文王之德之純！」蓋曰文王之所以為文也，純亦不已。

**【語譯】**

天地的運作模式，可以用一句話就說完了：「為物不貳，生物不測。」也就是由「誠」出發，有一定的理則，但是一理萬殊，所以演化出來的萬物千變萬化，難以揣度。天地之道就是：廣博，深厚，崇高，光明，悠遠，長久。現在以天來說，乍看之下，它只是一小

片光明，但擴大到無窮盡的地方，所有的日月和眾星都高掛在上面，萬物都被它覆蓋。現在以地來說，眼前不過是一小撮、一小撮泥土那麼多，等到它累積達到寬廣深厚時，承載華山而不重，收納河海而不洩漏，萬物都被它負載。現在以山來說，從小處看來，不過是一塊塊拳頭大小的石頭那麼多，但是累積廣大以後，草木靠它生長，禽獸以它為居所，許多礦藏都儲存在內，可供開採。現在以水來說，原本只是一小勺、一小勺積聚而來的，擴大到浩瀚無涯時，大鱉（黿）、豬婆龍（鼉）、蛟龍、魚鱉等都在裡面生生不息，也孳生了很多水產。

《詩經》上說：「上天的命令，真是深遠不息啊！」所謂深遠不息就是天之本性所在。「啊！大顯其光明！文王的德行純正不雜！」這就是說，文王之所以被稱為「文」，就是由於這種德行的純正；這種德行的純正也是「不息」的。

【詳註】

**天地之道，可一言而盡也：「其為物不貳，則其生物不測。」**

天地的運作模式，可以用一句話就說完了：「其為物不貳，則其生物不測。」也就是由「誠」出發，有一定的理則，但是一理萬殊，所以演化出來的萬物千變萬化，難以揣度。

一言：一句話。　也：句末語氣詞，表示判斷和肯定。　為物：對物的作為、作用，而非「造物」。　不貳：即指一個「誠」字，有一致（且不變）的理則，沒有差異。　生物：產生萬物。　不測：不可揣度（如「天有不測風雲」），難以測度。（按：造物一理萬殊。無極生太極，太極生兩儀，兩儀生四象，四象生八卦……，現代電腦也是依據同一原理，可以產生無限變化。達爾文的演化論不也如此？）

**天地之道，博也，厚也，高也，明也，悠也，久也。**

天地之道就是：廣博，深厚，崇高，光明，悠遠，長久。

博：廣博、豐富。　也：語氣助詞。數事並舉而論時使用。　厚：深厚。　高：崇高（與低相對）。　明：明亮。　悠：長久。　久：時間長遠。

**今夫天，斯昭昭之多，及其無窮也，日月星辰繫焉，萬物覆焉。**

現在以天來說，乍看之下，它只是一小片光明，但擴大到無窮盡的地方，所有的日月和眾星都高掛在上面，萬物都被它覆蓋。

夫（ㄈㄨˊ fú），發語詞。下同。　斯昭昭之多：指此天由小小的明亮所積累。斯：指示代詞。此、這個。　昭昭：此處昭昭一詞，或解為「明」（相對於「暗」）。如《韓非子．解老》：「以為暗乎，其光昭昭，以為明乎，其物冥冥。」或解為「小」。如《淮南子．繆稱訓》：「故言之用者，昭昭乎小哉。」鄭玄和朱熹則集合二者，解為「小明」。人望天只可以看見這樣一點明亮，故說「斯昭昭之多」。　星辰：眾星的總稱。　萬物覆焉：

萬物都被天覆蓋。

**今夫地，一撮土之多，及其廣厚，載華嶽而不重，振河海而不洩，萬物載焉。**

現在以地來說，眼前不過是一小撮、一小撮泥土那麼多，等到它累積達到寬廣深厚時，承載華山而不重，收納河海而不洩漏，萬物都被它負載。

一撮土之多：人看眼前的一片地，覺得只是一撮土而已。　華（ㄏㄨㄚˋ huà）嶽：即西嶽華山，為五嶽之一。　振：收納、聚積。　鄭玄註：「振，猶收也。」此處引申為收容的意思。古人以為大地包納河海於其中。　不洩：即「不漏」。

**今夫山，一卷石之多，及其廣大，草木生之，禽獸居之，寶藏興焉。**

現在以山來說，從小處看來，不過是一塊塊拳頭大小的石頭那麼多，但是累積廣大以後，草木靠它生長，禽獸以它為居所，許多礦藏都儲存在內，可供開採。

卷（ㄑㄩㄢˊ quán）：即「拳」；一卷石即「一拳石」，即是說一塊拳頭大的石頭。　寶藏（ㄗㄤˋ zàng）：山中的礦藏。　興：產生。（按：讀這一段，很難不想起「愚公移山」的故事。）

**今夫水，一勺之多，及其不測，黿鼉、蛟龍、魚鱉生焉，貨財殖焉。**

現在以水來說，原本只是一小勺、一小勺積聚而來的，擴大到浩瀚無涯時大鱉（黿）、豬婆龍（鼉）、蛟龍、魚鱉等都在裡面生生不息，也孳生了很多水產。

勺（ㄕㄠˊ sháo）：舀東西的工具。　鼉（ㄊㄨㄛˊ tuó），俗稱豬婆龍。　黿（ㄩㄢˊ yuán），大鱉。蛟

龍：傳說中能發洪水、興風作浪的龍。　貨財：指水中產物。　殖：生長、孳息。　朱註：「此四條，皆以發明由其不貳不息以致盛大而能生物之意。然天、地、山、川，實非由積累而後大，讀者不以辭害意可也。」

**《詩》云：「維天之命，於穆不已！」蓋曰天之所以為天也。**

《詩經》上說：「上天的命令，真是深遠不息啊！」所謂深遠不息就是天之本性所在。

《詩》：引自《詩經．周頌．維天之命》。下面兩句出處同。這是祭祀周文王的樂歌。

維：語氣助詞，置於句首或句中，無義。通「惟」、「唯」。　之：助詞，相當於「的」。

於（ㄨ　wū），嘆詞。表示感嘆、讚美。　穆：美而無盡、深遠。　不已：不絕、不止息。

**「於乎不顯！文王之德之純！」**

「啊！大顯其光明！文王的德行純正不雜！」

於乎：即「嗚呼」，嘆詞。　不顯：大顯。不（ㄆㄧ　pī），通「丕」，即大。　顯：明顯。　之：的。　德：德行。　之：助詞。　純：純正。

**蓋曰文王之所以為文也，純亦不已。**

這就是說，文王之所以被稱為「文」，就是由於這種德行的純正；這種德行的純正也是「不息」的。

文：〈謚法〉：「經天緯地曰文，克定禍亂曰武。」　純：純一。　朱註：「引此以明至

誠無息之意。程子曰：『天道不已，文王純於天道，亦不已。純則無二無雜，不已則無間斷先後。』」

【修辭】

・類疊

「天地之道：博也，厚也，高也，明也，悠也，久也。」這與第二十章的「九經」並列一樣，屬於「也」字的類疊。（參本書《大學》第十章「類疊」）

・排比

「今夫天……今夫地……今夫山……今夫水……」屬於排比形式。

【會通】

・大爆炸

「今夫天，斯昭昭之多，及其無窮也，日月星辰繫焉，萬物覆焉。」

這是古人對宇宙的體會，有趣的是，這樣的敘述與當代顯學「大爆炸」若合符節。雖未完全相合，卻不違背。

大爆炸是描述宇宙誕生初始條件及其後續演化的宇宙學模型，這一模型得到了當今科學研究和觀測最廣泛且最精確的支持。宇宙學家通常所指的大爆炸觀點是：宇宙是在過去有限的時間之前，由一個密度極大且溫度極高的太初狀態（奇點）演變而來的（根據二〇一〇年所得到的最佳觀測結果，這些初始狀態大約存在於一三三億年—一三九億年前），並經過不斷的膨脹到達今天的狀態。

宇宙不斷膨脹著，至誠也不是靜止的，它永不止息，不斷地化育著。

# 第二十七章（聖人之道）

大哉聖人之道！洋洋乎！發育萬物，峻極於天。優優大哉！禮儀三百，威儀三千，待其人而後行。故曰：苟不至德，至道不凝焉。故君子尊德性而道問學，致廣大而盡精微，極高明而道中庸。溫故而知新，敦厚以崇禮。是故居上不驕，為下不倍。國有道，其言足以興；國無道，其默足以容。《詩》曰：「既明且哲，以保其身。」其此之謂與！

【語譯】

聖人所體現的真理，真是偉大極了。它流動充滿著，滋養萬物，與天一般崇高。它充足而有餘，真是廣大啊！重要的禮制規則就有三百條之多，有關儀容動作的小禮細目，更有三千項之多。這些都留待後世聖賢來實行。所以說，如果不是具有最高智慧和道德的聖人，就無法達到理想的境界。

所以，有德者恭敬奉持天賦的本性，並且經由勤學好問去發展它。學習要從宏觀的角度追求廣泛與博大，也要從微觀的角度詳察精細微妙的部分。領悟最高明的境界，並且落實、實踐中庸的平常之理。經常溫習學過的學習內容，而又有了新的領悟或學到新的知識。以寬宏和厚道待人，並由此表現尊崇禮制的價值。

因此，有德者居上位的時候，不會自傲自滿；居下位的時候，不會做背叛的事。天下太平的時候，他的言論足以振奮人心；國政不修、社會混亂的時候，他的靜默也足以使他與世相容。《詩經》上說：「既明達又智慧，這樣就可保全他的生命。」說的大概就是這個樣子吧！

【詳註】

大哉！聖人之道！洋洋乎！發育萬物，峻極於天。

聖人所體現的真理，真是偉大極了。它流動充滿著，滋養萬物，與天一般崇高。

哉：語氣助詞，表示驚歎。　聖人：具有最高智慧和道德的人。　道：途徑、真理（傅佩榮解為「理想」）。　洋洋：廣闊無際的樣子。這裡是流動充滿的意思。　乎：助詞，用於形容詞後，表示讚美。　發育：滋生長養。　峻極：高大無比的樣子。　峻：高。

**優優大哉！禮儀三百，威儀三千，待其人而後行。**

真是廣大啊！重要的禮制規則就有三百條之多，有關儀容動作的小禮細目，更有三千項之多，這些都留待後世聖賢來實行。

優優：充足而有餘。　禮儀：應當作「禮經」，古代禮節的主要規則，又稱「經禮」。威儀：指有關儀容動作等小禮（細目）又稱「曲禮」。　「三百」與「三千」：形容項目很多。待其人而後行：這些禮留待聖賢來實行。　其人：指聖賢。

**故曰：苟不至德，至道不凝焉。**

所以說，如果不是具有最高智慧和道德的聖人，就無法達到理想的境界。

苟：連詞，如果、假設。　凝：聚集、形成，引申為成功地達成。

**故君子尊德性而道問學，致廣大而盡精微，極高明而道中庸。**

所以，有德者恭敬奉持天賦的本性，並且經由勤學好問去發展它。學習要從宏觀的角度追求廣泛與博大，也要從微觀的角度詳察精細微妙的部分。領悟最高明的境界，並且落

實、實踐中庸的平常之理。

尊：恭敬奉持。　德性：天性、天命自然的本性。　朱註：「德性者，吾所受於天之正理。」　道問學：經由努力發問與學習等行動來落實「尊德性」。　道：從、經由。　致：推及、窮究。　廣大：範圍、內容的廣泛與博大。　盡：極端、達到極限。　精微：精細微妙。　極：窮盡、達到最高點。　高明：高超明智。

**溫故而知新，敦厚以崇禮。**

經常溫習學過的學習內容，而又有了新的領悟或學到新的知識。以寬宏和厚道待人，並由此表現尊崇禮制的價值。

溫故：指複習學過的知識，而獲得新的知識、體會。　敦厚：寬宏厚道。　崇：尊敬、尊重。

**是故居上不驕，為下不倍。**

因此，有德者居上位的時候，不會自傲自滿；居下位的時候，不會做背叛的事。

驕：高傲自滿。　倍：通「背」，背棄、背叛。《說文解字》：「倍，反也。」

**國有道，其言足以興；國無道，其默足以容。**

天下太平的時候，他的言論足以振奮人心；國政不修、社會混亂的時候，他的靜默也足以使他與世相容。

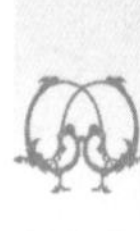

國有道：天下太平。其：他的、他們的。興：振奮人心，又解作「興起在位」。容身：指保全自己。容：含納、收留。

**《詩》曰：「既明且哲，以保其身。」其此之謂與！**

《詩經》上說：「既明達又智慧，這樣就可保全他的生命。」說的大概就是這個樣子吧！

《詩》：引自《詩經．大雅．烝民》。周宣王命樊侯仲山甫築城於齊，而尹吉甫作此詩以送之。明：明理。哲：智慧，指通達事理。傅佩榮說：「明為明察，所知者為現況。哲為智慧，所知指向未來。這兩句即是說既明理又多智慧，足以保他自己。」與：同「歟」。置於句末，表示感嘆的語氣。《論語．學而》：「孝弟也者，其為仁之本與！」

## 【精解】

### ．禮儀有別

朱熹註解說：「禮儀，經禮也。威儀，曲禮也。」依據陳槃的研究，「禮儀」當為「禮經」之誤，因為「儀」即「威儀」，不當重複出現。

「禮之與儀，因自有別。禮是大名，是原則，是綱領，乃治道之總體。其見之于周旋動作者則謂之儀。禮可以統儀，而儀不即等於禮。禮屬於體，儀屬於用。但一體一用亦互

連繫耳。」

「古人之于天下國家也，唯以禮治。禮以外，別無所謂政治、法律、仁義、道德。非果其實無政治、法律、仁義、道德也，舉禮足以概之也。」

「古人以禮為治之一思想，勿庸諱言其為遠古神權社會思想之遺跡。」

〈曲禮〉是《禮記》中的一篇，「曲」是委曲周到之意，是周代所定的小儀節。〈曲禮〉原著已亡，現在的《禮記·曲禮》，是漢儒蒐集而成，僅有一百餘則，雜記春秋前後貴族飲食、起居、喪葬等各種禮制的細節。「禮」和「儀」不同，古人分別得很清楚。

【修辭】

·誇飾：「禮儀三百，威儀三千。」前面已提及，現有「曲禮」不過一百餘則。「三百」與「三千」，只是形容項目很多，規定很細密，如同朱熹所說的「入於至小而無間也」，不可看作確定數量。李白不是也說「白髮三千丈」嗎？這是一種「誇張」（或「誇飾」）的表現方式。

張錯說：誇飾就是言過其實，為一種修辭手段。文學著作中，作者故意誇張渲染，企圖取得先聲奪人的戲劇性效果，讀者明知不實，但亦甘心為其所惑，以求取得語言背後的真相。（張錯《西洋文學術語手冊》133頁）

・**倒裝**：「大哉！聖人之道！洋洋乎！發育萬物，峻極於天。優優大哉！禮儀三百，威儀三千。」三個讚歎之詞都移到前面，可以強調其偉大、浩瀚、廣大，把倒裝的妙處，發揮得淋漓盡致。（參本書《大學》第十章第二節「倒裝」）

**【會通】**

・**大隱・中隱・小隱**

「明哲保身」已成常用成語，原指聰明而有智慧的人能夠迴避災禍，保全自己。唐代大詩人白居易說「明哲保身，進退始終，不失其道，自非賢達，孰能兼之？」

杭州在唐代已是風景優美的繁華城市，白居易在那裡當過三年刺史，最為愉快，寫了很多好詩。穆宗長慶四（西元八二四）年，任期滿了，他為了避免捲入牛李黨爭，要求改任太子左庶子分司東都。唐玄宗天寶以後，皇帝從沒到過洛陽，洛陽的分司官形同虛設，他也成了無事可做的高級閒官，五十三歲就已經半退休了。他利用這個機會，把自己的詩文整理成《白氏長慶集》，其中共有二千一百九十一篇詩歌與文章。

大和二（西元八二八）年，白居易被調任刑部侍郎，他為了明哲保身，避免捲入日益激烈的黨爭，只幹了幾個月，就請百日病假，假滿離開刑部侍郎的位子，次年以太子賓客的名義（同樣是個虛設閒官）分派在東都。



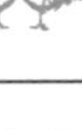

洛陽是一個風物雄渾的古都，當時很多名人逸士，如裴度、令狐楚、劉禹錫等都在洛陽。白居易常和他們一起舉行文酒之會，過著「逍遙似神仙」的生活。他又回到「半官半隱」的「中隱」生活了。他的〈中隱〉詩曾說：

「大隱住朝市，小隱入丘樊。丘樊太冷落，朝市太囂喧。
不如作中隱，隱在留司官。似出復似處，非忙亦非閒。
不勞心與力，又免飢與寒。終歲無公事，隨月有俸錢……
人生處一世，其道難兩全。賤即苦凍餒，貴則多憂患。
唯此中隱士，致身吉且安。窮通與豐約，正在四者間。」

「朝市」就是朝廷和市肆，是爭名奪利的地方。有大本事的人如漢朝東方朔，可以在朝廷中避開名利，談笑論政，這是「大隱」。沒有野心的人，就躲到山林和丘園間隱居，不問世事，這是「小隱」。白居易認為，「大隱」太吵鬧，容易有煩惱，很難做到；「小隱」太冷落，容易挨餓受凍，難以忍受。所以，最好在這兩個極端中間，過著整年不必做事卻每個月都有官餉可拿的「半官半隱」（或「吏隱」）的生活，他把這種適合自己的隱居方式，稱為「中隱」。這「中隱」也正是筆者目前的生活寫照。

# 第二十八章（謹守本位）

子曰：「愚而好自用，賤而好自專，生乎今之世，反古之道。如此者，烖及其身者也。」

非天子，不議禮，不制度，不考文。今天下車同軌，書同文，行同倫。雖有其位，苟無其德，不敢作禮樂焉；雖有其德，苟無其位，亦不敢作禮樂焉。

子曰：「吾說夏禮，杞不足徵也；吾學殷禮，有宋存焉；吾學周禮，今用之，吾從周。」

【語譯】

孔子說：「愚昧而喜歡固執自己的意見，地位卑下卻不守本分，喜歡按自己的主觀意圖獨斷專行；生活在今日的世界裡，卻要恢復古代的辦法（強求復古）；這樣的人，一定會有災禍臨頭的。」

不是居於天子的地位，就不要議定禮制，不要制定律度、量衡、車輿等的標準或工具，

不要考正用於書寫的文字。如今天下的車子，兩輪之間的距離一致，書寫的文字相同，遵守相同的倫理道德。雖有天子的地位，如果沒有聖人的德性，不敢制作禮樂制度；雖然有聖人的德性，如果沒有天子的地位，也不敢制作禮樂制度。

孔子說：「我對夏朝的禮制有相當了解，可以談論它，但杞國留存的文獻已不足以證成我的說法；我學習殷朝的禮制，宋國還殘存一些典籍與遺賢；我學習周朝的禮制，它現在還被採用實行著，所以我遵從周禮。」

**【詳註】**

**子曰：「愚而好自用，賤而好自專，**

孔子說：「愚昧而喜歡固執自己的意見，地位卑下卻不守本分，喜歡按自己的主觀意圖獨斷專行；

愚：愚昧、無知。　而：尚且。　自用：固執自己的意見。　賤：地位卑下。　自專：按自己的主觀意志獨斷專行。

**生乎今之世，反古之道。如此者，烖及其身者也。」**

生活在今日的世界裡，卻要恢復古代的辦法（強求復古）；這樣的人，一定會有災禍臨頭的。

乎：介詞，相當於「於」。　反古：返回古代制度。　反：通「返」，引申為恢復。裁：即「災」。

**非天子，不議禮，不制度，不考文。**

不是居於天子的地位，就不要議定禮制，不要制定律度、量衡、車輿等的標準或工具，不要考正用於書寫的文字。

議禮：議定禮制。　制度：制定律度、量衡、車輿等的標準或工具。　制：作動詞用，制定。　度：品制，指度量衡等。　考文：原指考正用於書寫的文字。

**今天下車同軌，書同文，行同倫。**

如今天下的車子，兩輪之間的距離一致，書寫的文字相同，遵守相同的倫理道德。

今：現代。　朱註：「子思自謂當時也。」　車同軌：車軌大小相同，即車之大小相同。軌：車兩輪之間的距離。　行：行為。（《辭海》：「舊讀ㄒㄧㄥˋ xìng，今讀ㄒㄧㄥˊ xíng。」）　倫：人倫；指社會中人與人之間的道德關係。　朱註：「三者皆同，言天下一統也。」

**雖有其位，苟無其德，不敢作禮樂焉；**

雖有天子的地位，如果沒有聖人的德性，不敢制作禮樂制度。

其：代詞，他的、他們的。　位：地位，特指天子或諸侯之位。　苟：假如、如果。

**雖有其德，苟無其位，亦不敢作禮樂焉。**

雖然有聖人的德性，如果沒有天子的地位，也不敢制作禮樂制度。（朱熹引用鄭玄的話說：「言作禮樂者，必聖人在天子之位。」）

**子曰：「吾說夏禮，杞不足徵也；**

孔子說：「我對夏朝的禮制有相當了解，可以談論它，但杞國留存的文獻已不足以證成我的說法。

夏禮：夏朝的禮制。　杞：周代諸侯國，傳說周武王封夏禹後代於杞，故址在今河南杞縣。　徵：印證、證成、證明。　也：助詞，表示判斷或肯定的語氣。

**吾學殷禮，有宋存焉；**

我學習殷朝的禮制，宋國還殘存一些典籍與遺賢（猶有不足）。

學：研習、學習學問。　殷禮：殷朝的禮制。　殷：朝代名，商王盤庚從奄（在今山東曲阜）遷都至殷（今河南安陽），因而商也被稱為「殷」。　有：音節助詞置於名詞前，作音節的襯字。如：「有夏」、「有清」，並無實義。　宋：國名，商湯的後代居於此，故城在今河南商丘南。

**吾學周禮，今用之，吾從周。」**

我學習周朝的禮制，它現在還被採用實行著，所以我遵從周禮。」

周禮：周朝的禮制，是儒家贊成恢復的理想的社會制度。　吾從周：我遵從周禮。　之：

他、它。朱註：「三代之禮，孔子皆嘗學之而能言其意；但夏禮既不可考證，殷禮雖存，又非當世之法，惟周禮乃時王之制，今日所用。孔子既不得位，則從周而已。」（按：「吾學殷禮」與「吾學周禮」的「學」字，一般解作「學習」或「研究」。但「學」字也可解為「說」、「講述」和「述說」，與「吾說夏禮」的「說」是相通的。）

【精解】

・孔子信而好古

本章引用孔子的話，力斥復古，與孔子的平生思想不合。所以可能是偽作。

《論語・述而》：「子曰：『述而不作，信而好古，竊比於我老彭。』」「不作」和「好古」是孔子對自己一生教學與學術活動的概括，同時也體現出他整理歷史文化遺產的原則，與對上古文化的基本態度。朱熹在《論語集註》中說：「孔子刪《詩》、《書》，定《禮》、《樂》，贊《周易》，修《春秋》，皆傳先王之舊，而未嘗有作也。」

・夏代

夏，即「夏后氏」。中國歷史上第一個朝代。姒姓。傳禹本為夏后氏部落領袖，因治水有功，舜死後即位。禹卒，子啟殺原定的繼承人伯益，傳子自此開始，即從部落聯盟轉化為世襲國家。建都陽城（今河南登封東南）、斟鄩（今河南鞏義西南）、安邑（今山西

夏縣西北禹王城）等地。傳到桀，為商湯所滅。共傳十四代、十七君。時間據近年學者推定在西元前二〇七〇年到前一六〇〇年。（引自《辭海》）

## 【修辭】

### ・類疊

「不議禮、不制度、不考文。」、「車同軌、書同文、行同倫。」這兩小節，就整體形式而言都是「排比」，就部分形式而言，分別間隔使用「不」和「同」三次，是「類疊」。（參本書《大學》「經文」章第一節「排比」、第七章「類疊」）

### ・曲筆

本章「車同軌、書同文、行同倫」九個字的出現，引起很多討論。很多學者就以這幾個字來證明《中庸》的寫作時代不可能早於秦代。因為是秦統一天下以後的事。

但蔣伯潛則從行文筆法的觀點指出，本章寫到「車同軌、書同文、行同倫」與當時的情形相反，只是作者的一種「曲筆」。所謂曲筆，是指寫歷史的人有所顧忌，不敢據事直書的一種筆法；它也泛指寫作中委婉的表達手法。

蔣伯潛說：按許慎〈說文解字序〉說七國之時，「（田疇異畝），車塗異軌，律令異法，衣冠異制，言語異聲，文字異形。」且老莊申商楊墨諸子異學鋒起，正是車不同軌，書言不同文，行不同倫，與此處所說相反。本篇所以如此說者不過因春秋之末，東周之共主尚存，而當時之有位者皆無聖人之德，有其德如孔子者，又無天子之位；無德而妄作，便是愚而好自用了；無位而妄作，便是賤而好自專了。這是作者的一種曲筆，而其意則重在有位無德，有德無位，不敢作禮樂數句。不是聖德的人，雖在天子之位，不敢作禮樂。雖有聖德的人，不在天子之位，也不敢作禮樂。（蔣伯潛《四書讀本．學庸》第41頁）

所謂曲筆，修辭學家又稱為「婉曲」。黃慶萱說：「說話或作文時，不直講本意，只用委婉閃爍的言詞，曲折地烘托或暗示出本意來，叫做『婉曲』。」

### ．避諱

《論語．八佾》篇：「子曰：『夏禮吾能言之，杞不足徵也；殷禮吾能言之，宋不足徵也。文獻不足故也。足，則吾能徵之矣。』」《史記》言：「子思嘗困於宋，作《中庸》。」《中庸》既作於宋，易其文，殆為宋諱乎！禮，居是邑不非其大夫，況宋實為其宗國，則書中辭自宜遜也。（閻若璩《四書釋地》）

避諱，指遇有犯忌觸諱的事情，不直接說出或寫出，而用另一種語言形式或文字來裝飾美化。這種曲筆為諱的修辭方式叫做「避諱」，又稱諱飾、曲語、曲諱。運用避諱，主要是為了把話說得委婉、曲折，使對方容易接受，不致招惹麻煩。

封建禮法是產生忌諱語的重要原因。隨著社會的發展和語言的演變，古代漢語中的這

種禁忌語今天已多數不再使用了，因而對這種現象會感到陌生或不可理解。（王占福《古代漢語修辭學》第137頁）

## 【會通】

### ．車同軌、書同文之辯

「車同軌，書同文，行同倫」：車子的輪距一致，字體統一，倫理道德相同。這種情況是秦始皇統一六國後才出現的，所以有些學者認為，據此可以判斷《中庸》是秦漢時代儒者的作品。例如勞思光就指出：秦以前各國車乘之制互異；文字亦有差別（中國各國所用文字與秦之文字不同）；一般禮；更是不同。秦統一天下後方強迫統一文字禮制等；這裡的話顯是秦初儒生所說。本節是《中庸》晚出的確證。除「書同文」等語外，談及「不議禮」等等，也是秦初儒生口吻。因為秦統一禮制文字以前，並不發生「議禮」、「制度」、「考文」的問題。（勞思光《大學中庸譯註》第91頁）

也有不少學者認為即使這句話是後代摻入的，但不能據此斷定整個《中庸》的寫作年代。

陳槃則力排眾議，認為「車同軌」這話，在孔子以前就有。而「書同文」也不必太認真去考覈。他甚至為此寫了專文來考證「車同軌，書同文，行同倫」的來歷。他說：

但是《中庸》裡頭，也有可以使人疑其為晚出的地方，不過也不是絕對的，比如說，「今天下，車同軌，書同文」這好像是秦始皇統一天下以後的話，挪作春秋那個時候來說，頗為不合實際。然而也很難講，《左傳·隱公元年》說：「天子七月而葬，同軌畢至」；《正義》：「鄭玄服虔皆以軌為車轍也。王者馭天下，必令車同軌，書同文。同軌畢至，謂海內皆至也。」可見「車同軌」這話，在孔子以前就有。也許實際上不能完全做到，但是對於時王客氣一點，挪來粉飾太平，未嘗不可。至於「書同文」這話，不必太認真去考竅。春秋以前的文字，誠然因時因地有不少的差別，然而總是從「六書」一路發展下來的華夏民族的文字，所以春秋時儘管國別很多，但是朝聘天子，會盟諸侯，文書使節交互往來，沒有說彼此之間文字不能通曉的話，可見從大體上說，這就是「同文」了。秦始皇同文的工作，也還是不能徹底，傳到現在的秦文字，挪來一看就知道，然而始皇的琅邪臺刻石卻說：「普天之下……同書文字」那春秋時候為什麼就不可以說？（陳槃《中庸今釋敘說》）

# 第二十九章（徵信於民）

王天下有三重焉，其寡過矣乎！上焉者雖善無徵，無徵不信，不信民弗從。下焉者雖善不尊，不尊不信，不信民弗從。故君子之道：本諸身，徵諸庶民，考諸三王而不繆，建諸天地而不悖，質諸鬼神而無疑，百世以俟聖人而不惑。質諸鬼神而無疑，知天也；百世以俟聖人而不惑，知人也。是故君子動而世為天下道，行而世為天下法，言而世為天下則。遠之則有望，近之則不厭。《詩》曰：「在彼無惡，在此無射；庶幾夙夜，以永終譽！」君子未有不如此，而蚤有譽於天下者也。

【語譯】

以君王的身分君臨、治理天下，能注意三件重要的事，大概就能減少過錯了吧！處在上位的人，雖然行為良善，但是卻沒有彰顯出德望並獲得認同。如果沒有彰顯出德望並獲

得認同，百姓就不能信服。百姓不能信服，就不會遵從。處在下位的人，雖然行為良善，但是沒有尊貴的身分，不尊貴，就難以獲得百姓信任，百姓既不相信就不會遵從。所以君子治理天下應該以自身的德性為根本，並從老百姓那裡得到驗證。以夏、商、周三代先王立下的法則來對照考察，而沒有錯誤。建立在天地之間而不違背天地之理。以占卜向鬼神詢問，而未出現難以確定之象。經得起時間考驗，留給世世代代的聖哲來批評，也不引起任何疑慮。以占卜向鬼神詢問，而未出現難以確定之象，那是因為了解天道的緣故。經得起時間考驗，留給世世代代的聖哲來批評，也不引起任何疑慮，那是因為了解人道的緣故。

所以有德者的行為舉止，便成為後世天下人遵循的途徑；一有所施行，便成為後世天下人效法的模範；一有所論說，便成為後世天下人的準則；離君子遠的人仰望他的德行，親近他的人沒有厭倦的時候。

《詩經》說：「在那裡沒有人憎惡，在這裡沒有人厭惡，但願你們早起晚睡，勤於政事，永遠保持美好的名望。」君子沒有不這樣做，而能夠早早在天下獲得名望的。

【詳註】

**王天下有三重焉，其寡過矣乎！**

以君王的身分君臨、治理天下，能注意三件重要的事，大概就能減少過錯了吧！

王天下：以君王的身分君臨天下，治理天下。　王（ㄨㄤˋ wàng）：作動詞用，稱王，統治天下。　三重：朱熹認為，「三重」指上一章所說的三件重要的事：議定禮制；制定律度、量衡、車輿等的標準或工具；考正用於書寫的文字。鄭玄注認為，指三王之禮。　焉：句末語氣助詞，表肯定，相當於「也」。　其：副詞，表推測、估計，相當於「大概」、「或許」。　寡過：減少過錯。　寡：少。　過：指錯失、錯誤。　矣乎：「矣」、「乎」都是語氣助詞，用於感嘆句末，兩字連用，可加強感嘆語氣。

朱註：「呂氏曰：『三重，謂議禮、制度、考文。惟天子得以行之，則國不異政，家不殊俗，而人得寡過矣。』」

**上焉者雖善無徵，無徵不信，不信民弗從。**

處在上位的人，雖然行為良善，但是卻沒有彰顯出德望並獲得認同。如果沒有彰顯出德望並獲得認同，百姓就不能信服。百姓不能信服，就不會遵從。

上焉者：處在上位的人。　上：指「在上位」的君主或諸侯而言。　焉：句中語氣詞，同「也」。　者：代詞，用以指代人、事、物。　無徵不信：德望未彰顯，即不能取信於民。

**下焉者雖善不尊，不尊不信，不信民弗從。**

處在下位（地位低）的人，雖然行為良善，但是沒有尊貴的身分，不尊貴，就難以獲得百姓信任，百姓既不相信就不會遵從。

下焉者：處在下位的臣下。雖善不尊：雖有良善行為（有善法，如孔子善於禮法），卻不夠尊貴（無位）。善：倫理學基本概念，與「惡」相對。

**故君子之道：本諸身，徵諸庶民，**

所以君子治理天下應該以自身的德性為根本，並從老百姓那裡得到驗證。（這樣，就可以避免「雖善無徵」與「雖善不尊」兩面的困難。）

君子：指王天下的人而言。道：指議禮、制度、考文等要事。本諸身：即以自身的上位（或品德才力、親身實踐、修身）為本。本：以……為根本。諸：相當於「之於」。身：自身，本身、自身的地位、品德才力等。

**考諸三王而不繆，建諸天地而不悖，**

以夏、商、周三代先王立下的法則來對照考察，而沒有錯誤。建立在天地之間而不違背天地之理。

考：察考、引用、研求。三王：指三代的開國之君夏禹、商湯、周文王。而：連詞，表示先後承接的因果或條件關係，相當於「才」、「就」。繆：通「謬」，錯誤。建：諸天地而不悖：建立在天地之間而不違背天地之理（指君子之道符合天地之道）。建：

立。　天地：天地二字合用，代表自然界。　悖：違背。

**質諸鬼神而無疑，百世以俟聖人而不惑。**

以占卜向鬼神詢問，而未出現難以確定之象。經得起時間考驗，留給世世代代的聖哲來批評，也不引起任何疑慮。

質：問、詢問。　鬼神：亡魂與神靈。　疑：不分明、難以確定。　百世以俟聖人而不惑：就是孟子所謂「聖人復起，不易吾言矣。」　百世：過一百代，即後世。　世：古稱三十年為一世。　俟：等待。　朱註：「此君子，指王天下者而言。其道，即議禮、制度、考文之事也。本諸身，有其德也。徵諸庶民，驗其所信從也。建，立也，立於此而參於彼也。天地者，道也。鬼神者，造化之跡也。百世以俟聖人而不惑，所謂聖人復起，不易吾言者也。」

**質諸鬼神而無疑，知天也；**

以占卜向鬼神詢問，而未出現難以確定之象，那是因為了解天道的緣故。

也：助詞，表示判斷或肯定的語氣。　朱註：「知天知人，知其理也。」

**百世以俟聖人而不惑，知人也。**

經得起時間考驗，留給世世代代的聖哲來批評，也不引起任何疑慮，那是因為了解人道的緣故。

**是故君子動而世為天下道，行而世為天下法，言而世為天下則。**

所以有德者的行為舉止，便成為後世天下人遵循的途徑；一有所施行，便成為後世天下人效法的模範；一有所論說，便成為後世天下人的準則。

動：有所作為、舉動。　世：指世世代代。　天下道：天下共循的途徑，指具體地制定禮法、創立制度、考訂文字的事務。　行：從事、施行。指政治活動。　法：法則、效法。　言：談論。　則：規範、榜樣。

**遠之則有望，近之則不厭。**

離君子遠的人仰望他的德行，親近他的人沒有厭倦的時候。

**《詩》曰：「在彼無惡，在此無射；**

《詩經》說：「在那裡沒有人憎惡，在這裡沒有人厭惡，

《詩》：引自《詩經・周頌・振鷺》。這首詩是周王設宴招待來朝參與助祭的杞、宋二位諸侯（分別是夏與商的後代）時，在宴會唱的迎賓曲。　在彼無惡：在所居的封地，沒有人憎恨。　彼：那裡。指諸侯所在國。　惡：憎恨、討厭。　在此無射：在這裡朝見天子，沒有人厭惡。　此：這裡，與「彼」相對，指周地。　射（ㄧˋ yì）：同「斁」，厭惡。

**庶幾夙夜，以永終譽！」**

但願你們早起晚睡，勤於政事，永遠保持美好的名望。」

庶幾夙夜：希望諸侯早起晚睡（勤於政事）。　庶幾：但願，表示希望。　夙夜：早晚。（夙夜後面省略了動詞）。　以：因此。　永終：長久。永，長也。終，竟也。永終連用，謂永長其美譽，至於最後而不變也。（于省吾《新證》：「永終古人謰語，終亦永也。「譽」「與」古通……以永終譽，應讀作「以永終與」，與即歟，虛詞。」）

**君子未有不如此，而蚤有譽於天下者也。**

君子沒有不這樣做，而能夠早早在天下獲得名望的。

蚤：通「早」。

**【修辭】**

．**互文**：朱熹所謂「動，兼言行而言。道，兼法則而言。」指出動、言、行三者的效果都一樣。動即言行，道即法則。隱含的意思是，行也是天下的道與則，言也是天下的道與法。這是一種省略式的互文修辭。（參本書《大學》第三章「互文」）

．**聯珠**：「上焉者雖善無徵，無徵不信，不信民弗從；下焉者雖善不尊，不尊不信，不信民弗從。」（參本書《大學》「經文」章第二節「聯珠」）

．**排比**：「是故君子動而世為天下道，行而世為天下法，言而世為天下則」。（參本書《大學》「經文」章第一節「排比」）

【會通】

### ・如何解釋「上」、「下」二字？

「上焉者雖善無徵，無徵不信，不信民弗從；下焉者雖善不尊，不尊不信，不信民弗從。」這一段文字中，「上焉者」與「下焉者」二語，有不同解法。

朱註：「上焉者，謂時王以前，如夏、商之禮，雖善，而皆不可考。下焉者，謂聖人在下，如孔子，雖善於禮，而不在尊位也。」（時王，指周王。）這是以時代來解釋「上」、「下」二字，也就是將「上焉者」解成「上古的」，「下焉者」解成「目前的」。用這種說法來解釋「上焉者，雖善無徵」是很順的，但用來解「下焉者，雖善不尊」便不合理；因為「不尊」當然是指「位」說。因此本書跟目前多數註本一樣，把「上」、「下」看作地位的高低，「上焉者」指「在上位」，「下焉者」指「在下位」。

# 第三十章（尋求標竿）＊

仲尼祖述堯舜，憲章文武；上律天時，下襲水土。辟如天地之無不持載，無不覆幬；辟如四時之錯行，如日月之代明。萬物並育而不相害，道並行而不相悖。小德川流，大德敦化。此天地之所以為大也。

**【語譯】**

孔子效法堯舜的聖德，並加以傳述，他也遵循周文王和周武王的典章制度。他往上觀察自然變化的規律，並遵循取法。往下順應山川國土的特性，予以因襲。他就像天地那樣，沒有什麼事物不能承載，沒有什麼東西不能覆蓋。又好像四季的交錯運行，日月的交替光明。萬事萬物一起養育於天地之間，而且不互相侵犯；各行其道而不互相違背，維持生態平衡。小的德行如溪水一樣長流不息，大的德行則仁愛敦厚，化生萬物。這就是天地偉大的緣故！也是孔子偉大的緣故！

【詳註】

**仲尼祖述堯舜，憲章文武；**

孔子效法堯舜的聖德，並加以傳述，他也遵循周文王和周武王的典章制度。

祖述：宗奉、遵循前人的行為或學說而加以效法。　祖：承襲（用作動詞）。　述：遵循、傳承。　憲章：遵從、效法，又指典章制度。　憲：典範、效法。

**上律天時，下襲水土。**

他往上觀察自然變化的規律，並遵循取法。往下順應山川國土的特性，予以因襲。

律：古代用竹管或金屬管製成的定音儀器，以管的長短確定音階高低，亦用作測候季節變化的儀器。故以律代表樂律、氣候及時令。引申為遵循、取法。　天時：自然變化的時序。　襲：繼承、沿襲。　水土：山川、國土。

**辟如天地之無不持載，無不覆幬；**

（他）就像天地那樣，沒有什麼事物不能承載，沒有什麼東西不能覆蓋。

辟：通「譬」，譬喻、比方。《墨子・小取》：「辟也者，舉他物而以明之也。」　持載：持守承載。　覆幬（ㄉㄠˋ dào）：覆蓋、覆被、遮蓋。　幬：帳。

**辟如四時之錯行，如日月之代明。**

又好像四季的交錯運行，日月的交替光明。

四時之錯行：四季依次交互替換運行。　錯：互。　代明：交替照耀。　代：接替。

**萬物並育而不相害，道並行而不相悖**。

萬事萬物一起養育於天地之間，而且不互相侵犯；各行其道而不互相違背，維持生態平衡。

而：連詞，表示遞進、增加關係，相當於「而且」、「而又」、「尚且」。　相害：相，共、交相。害，侵犯、妨礙。　相悖：相違背。

**小德川流，大德敦化**。

小的德行如溪水一樣長流不息，大的德行則仁愛敦厚，化生萬物。

川流：河水流動。比喻層見疊出，盛行不衰。　敦化：仁愛敦厚，化生萬物。　敦：誠懇、忠厚。

**此天地之所以為大也**。

這就是天地偉大的緣故！也是孔子偉大的緣故！

之：的。　所以：原故、理由。

**【修辭】**

・**譬喻和映襯**：本章應用了兩種修辭技巧。「辟如」和「如」是「譬喻」詞。「上、下」「大、小」是「映襯」（對比）。（參本書《大學》「經文」章第一節、第三節）

## 【會通】

・**標竿**

至誠的人，可以參透天地的玄機，所以最後可以與天地並列。至聖即至誠，至誠即天地之化育。這一章文字把孔子講得太完美了。所以很多今註本，翻譯講解不到一半，主詞就不見了，好像「譬如」以下的文字，都只是在講天地的偉大，與孔子並不相干。

我們今天讀這一章，重點不在孔子是否真的那麼完美，而在他趨近完美的過程。他在祖述、憲章之後，並沒有停留在模仿的階段。他站在巨人的肩膀上，繼續觀察思考，繼續走他自己的路，繼續化育。

他找到了自己的學習標竿，他自己也成了後世千千萬萬人的學習標竿。

生而為現代人，我們何其有幸，有古今中外那麼多的典範，可以做我們的學習標竿。我們可以設身處地，設想天地之間的第一等人物的思想與作為。

面對困難問題時，我們應當自問：佛陀會怎麼想？孔子會怎麼想？富蘭克林會怎麼想？林肯會怎麼想？愛迪生會怎麼想？甘地會怎麼想？愛因斯坦會怎麼想？彼得杜拉克會



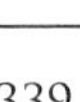

怎麼想？賈伯斯會怎麼想？

有了這麼多典範和顧問，我們再也不用徬徨了，也再沒有放棄的理由了。

### ．戴勝益：建立一個仿冒的人生

面對未來，你是否經常覺得很茫然，總覺得抓不到自己的性向和專長？如果你有這樣的困惑，建議你建立一個「仿冒」的人生：抓一個你可以仿冒的對象，去學習他的成長軌跡，從中找出你的方向。

這樣的體會來自我的成長背景。我出生在家族企業，從小我的model就是我的父親和大哥，一直以為自己就是要成為像他們那樣的生意人，後來上了大學，我才找到我真正的仿冒目標：奇美集團創辦人許文龍先生。

我從大學就關注他的新聞，因為他獨特的管理風格與處世態度一直很令我佩服。他一星期只進公司兩個早上，其他時間拿來拉小提琴、釣魚，但依然成就了如此成功的企業。

早在十幾年前，奇美員工的平均月薪資就高達新臺幣八萬元，是一個幾乎零異動的公司。許文龍還跟員工說：「你們工作不是為了公司成長，是為了你們未來的幸福人生。」

看到這麼令人感動的一句話，我就立志自己也要跟他一樣。如今我做的每件事，都是跟著他的腳步，例如一個月有十五天絕對不上班，登百岳，到處旅行。另外，我也學許文龍，把財產捐了出去，一言一行都是受他啟發。最近許文龍還把博物館建物捐出去，讓社

會大眾共享博物館資源，很令人尊敬。

所以，我認為年輕人要抓一個仿冒的對象。想從事藝術，比如可以抓林懷民；想從事公益，比如抓嚴長壽；想從事科技，比如抓林百里。每個人都抓一個對象，把他的人生歷程和價值觀都搜集起來，然後去學習、去仿冒，以後縱使你的事業和成就沒有像他們那麼大，但至少你比較不會搖擺。（摘自二〇一二年五月二十九日奇摩網站戴勝益文）

# 第三十一章（最高境界）

唯天下至聖，為能聰明睿知，足以有臨也；寬裕溫柔，足以有容也；發強剛毅，足以有執也；齊莊中正，足以有敬也；文理密察，足以有別也。溥博淵泉，而時出之。溥博如天，淵泉如淵。見而民莫不敬，言而民莫不信，行而民莫不說。是以聲名洋溢乎中國，施及蠻貊。舟車所至，人力所通，天之所覆，地之所載，日月所照，霜露所隊，凡有血氣者，莫不尊親，故曰配天。

【語譯】

只有全天下道德智能最高的人，才是耳聰目明、眼光遠大、思慮深遠，有資格居於上位，面對百姓，管理眾人之事。寬大為懷，和顏悅色，性情柔和，就能做到有容乃大，足以容納外物，實行仁道。奮發振作，意志堅強，就能勇於堅持立場。舉止端莊，容顏整齊，行為正直，就能做事嚴肅認真，獲得敬重。仔細考察禮儀，可以做到上下有差別，長幼有秩序。

（至聖的德性）周遍廣遠，如同深泉，細密深藏，而又源源不斷流露。聖人的德性，廣大如天，深靜如淵。他出現時，百姓無不敬畏；他說話時，百姓無不相信；他採取行動時，百姓無不喜悅。

因而名聲遍布全中國，也延續到邊疆未開化地區。車船所到的地方，人力所能通行的地方，天空所覆蓋的地方，大地所承載的領域，日月照耀的地方，霜露降落的地方。凡是有生命的人，無不尊敬、親近他。所以說聖人的美德能與天相配。

【詳註】

**唯天下至聖，為能聰明睿知，足以有臨也；**

只有全天下道德智能最高的人，才是耳聰目明、眼光遠大、思慮深遠，有資格居於上位，面對百姓，管理眾人之事。

至聖：指道德智能最高的人、至高無上的聖人，也是對孔子的尊稱。至：極、最高的、最好的。為：表示判斷，相當於「是」。聰明：耳聰目明，即聽覺、視覺靈敏、有智慧。睿知：思慮深廣，明智。睿（ㄖㄨㄟˋ ruì）：通達，思慮廣遠。知：同「智」，聰明、有智慧。足以：足夠做某件事、配得上。臨：居高臨下，即鑒察、君臨之意，臨政即執掌朝政。

**寬裕溫柔，足以有容也；**

寬大為懷，和顏悅色，性情柔和，就能做到有容乃大。

寬：寬大、寬容、肚量大、舒緩。裕：豐富、寬宏。溫柔：顏色溫潤，性情柔和。有容：有所包容，足以實行仁道。

**發強剛毅，足以有執也；**

奮發振作，意志堅強，就能勇於堅持立場。

發強：振作奮發。發：表現、顯露。強：壯健、強盛。剛毅：剛強堅毅，形容意志堅強。剛：堅硬、堅強。毅：果斷、勇敢。執：持守（如「擇善固執」）、掌理（如「執政」）、堅守原則。

**齊莊中正，足以有敬也；**

舉止端莊，容顏整齊，行為正直，就能做事嚴肅認真，獲得敬重。

齊莊：⑴嚴肅莊重（「齊」同「齋」，音ㄓㄞ zhāi）。⑵整齊莊嚴（「齊」照本音讀為ㄑㄧˊ qí），陳槃說：齊，向來讀作「齋」。其實可以照本音讀。《管子．形勢解》說「整齊嚴莊」，省稱就是「齊莊」了。　中正：正直、居中守正。　敬：恭敬、尊重（做事嚴肅認真，不苟且為敬）。

**文理密察，足以有別也。**

仔細考察禮儀，可以做到上下有差別，長幼有秩序。

文理：禮儀。（朱熹把「文理」解為「文章、條理」）　密察：縝密明晰。　密：詳細。察：明辨。　別：區分、差別。

**溥博淵泉，而時出之。溥博如天，淵泉如淵。**

（至聖的德性）周遍廣遠，如同深泉，細密深藏，而又源源不斷流露。聖人的德性，廣大如天，深靜如淵。

溥博：周遍廣遠。孔穎達疏：「溥，謂無不周遍，博，謂所及廣遠。」　淵泉：深泉、指靜深而有本源。後引申為思慮深遠。　淵：深的樣子。　泉：表示靜。　而時出之：而且隨時流出（表現出來）。　而：表示遞進，如同「並且」。　出：表現出來。

**見而民莫不敬，言而民莫不信，行而民莫不說。**

他出現時，百姓無不敬畏（他的威儀）；他說話時，百姓無不相信；他採取行動時，百姓無不喜悅。

見：同「現」，顯現、出現。　而：表示先後承接，相當於「就」、「然後」。（與前句的「而」不同。）　莫：無、沒有。　信：相信。　說：同「悅」，愉快、喜悅。

**是以聲名洋溢乎中國，施及蠻貊。**

因而名聲遍布全中國，也延續到邊疆未開化地區。

是以：因此，所以。　聲名：名聲。　洋溢：充滿、廣泛傳播。　乎：介詞，相當於「於」。　施（ㄧˊ yí）：延續、延及、影響之意。　及：至、到。　蠻貊：指邊疆未開化地區。　蠻：亦稱南蠻。　貊（ㄇㄛˋ mò）：古代對東北地區少數民族的稱呼。《論語・衛靈公》：「言忠信，行篤敬，雖蠻貊之邦行矣。」可見孔子認為自己的學說有其普遍性。

**舟車所至，人力所通，天之所覆，地之所載，**

車船所到的地方，人力所能通行的地方，天空所覆蓋的地方，大地所承載的領域。

舟車（ㄐㄩ jū）：船和車。　所：用在動詞之前，構成名詞性詞組，指代人或事物。所至，就是所到的地方。　人力所通：人力所能通達的地方。　人力：人的力量、人的勞力。　通：到達、貫通、由此端至彼端，中無阻隔。也指有路可以到達。　天：天空。　之：助詞，相當於「的」。　覆：覆蓋（的範圍）。地：大地，與「天」相對。　載：負荷、承載。

**日月所照，霜露所隊，凡有血氣者，莫不尊親，故曰配天。**

日月照耀的地方，霜露降落的地方。凡是有生命的人，無不尊敬親近他。所以說聖人的美德能與天相配（即前文「與天地參」）。

照：照耀。　隊（ㄓㄨㄟˋ zhuì）：同「墜」，墜落。　凡：凡是、所有的。　血氣：血和氣，指生命、元氣、精力。　尊：尊重、尊崇。　親：愛、親近。　配：相當、匹配。

**【修辭】**

・**排比**：「見而民莫不敬，言而民莫不信，行而民莫不說。」由三個結構相同的句子逐一排列，是典型的「排比」。（參本書《大學》「經文」章第一節「排比」）

・**類疊**：本章有一段間隔出現五個「足以」，又有一段間隔出現六個「所」，都是使用類疊修辭法。（參本書《大學》第十章第「類疊」）

**【會通】**

・**至聖**

至聖，指道德智能最高的人，也專指孔子。《史記・孔子世家》：「自天子王侯，中國言六藝者折中於夫子，可謂至聖矣。」唐玄宗開元二十七年，追諡孔子為文宣王。這是孔子封王之始。宋王應麟《困學紀聞．考史六》：「宋祥符元年，幸曲阜，謁文宣王廟，諡玄聖文宣王；五年，改諡至聖（文宣王）。」翁元圻註引明世宗十禮部議曰：「人以聖人為至，聖人以孔子為至。宋真宗稱孔子為至聖，其意已備。」元武宗至大元年，加孔子諡為大成至聖文宣王。明世宗嘉靖九年張璁請正祀典，從之。《國朝祀典說》曰：「孔子之道，王者之道也，特其位非王者之位耳。孔子當時，諸侯有僭竊者。皆口誅而筆伐之。其生也如此。今乃不體其志，而竟加以王乎？豈善於尊崇者哉！於是通行天下，改大成至聖文宣王至聖先師。」

# 第三十二章（天下至誠）

唯天下至誠，為能經綸天下之大經，立天下之大本，知天地之化育。夫焉有所倚？肫肫其仁！淵淵其淵！浩浩其天！苟不固聰明聖知達天德者，其孰能知之？

【語譯】

只有全天下最真誠的人，才能處理國家大事，經營籌劃各種制度，建立行為規範，確立天下人道、人性的本源，並且了解天地的造化及養育方式。他哪有什麼外在的倚靠呢？他表現仁德，以誠懇真摯的態度與人相親相愛，他的修養沉靜深邃，如同深深的潭水！他心胸廣闊，如同那無邊無際的浩浩長天！如果不是本來就很聰明，有崇高的品德智慧，並且德性達到能與天匹配水準的人，又有誰能知道它（至誠之道）呢？

【詳註】

**唯天下至誠，為能經綸天下之大經，**

只有全天下最真誠的人，才能處理國家大事，經營籌劃各種制度，建立行為規範。

唯：只有。　至誠：最真誠的人，參第二十二章。　為：表示判斷，相當於「是」。

經綸：整理絲縷。理出絲緒為經，編絲成繩為綸。引申為處理國家大事。　大經：常道、常規。　經：常、倫常。（朱子認為，大經指君臣、父子、兄弟、夫婦、朋友等五種倫常。惟有聖人的德性至誠無妄，才能夠恰如其分地實踐五倫，也都能被天下後世所效法，這就是所謂經綸。大經若解釋為第二十章「凡為天下國家有九經」的九項大綱，亦通。）

**立天下之大本，知天地之化育。**

確立天下人道、人性的本源（即「中」或至誠本性），並且了解天地的造化及養育方式。

立天下之大本：修養達到最高境界，即進入至誠無妄的境界。　立：確立、建立、奠定。　大本：人道，人性的本源、本體。第一章說：「喜怒哀樂之未發，謂之中；發而皆中節，謂之和。中也者，天下之大本也。」朱註：「大本者，天命之性，天下之理皆由此出，道之體也。」朱子認為，大本就是人所秉受的本性整體。聖人的本性，至誠而沒有人欲的虛偽混雜，天下千變萬化的道理都由此建立。勞思光說：聖人自己成德，即為天下之根本。「大本」即「最後的根本」。顯然這就是說修身成德為天下之本。　知天地之化育：聖人之智，洞見宇宙萬物之理，所以知天地之化育。（參第二十二章「能盡物之性，可以贊天地之化育。」）

**夫焉有所倚？**

他哪有什麼外在的倚靠呢？

夫焉：豈有。　夫，語氣助詞，表示發端，一般用於引起議論。　焉：疑問代詞，相當於「何」、「什麼」。　倚：依靠、憑藉。

**肫肫其仁！淵淵其淵！浩浩其天！**

他（實踐五倫）表現仁德，以誠懇真摯的態度與人相親相愛。他（建立大本）的修養沉靜深邃，如同深深的潭水。他（知天地化育）心胸廣闊，如同那無邊無際的浩浩長天！

肫肫（ㄓㄨㄣ zhūn）：誠懇真摯的樣子，指「經綸天下之大經」而言。　其：助詞，在單音節形容詞（或象聲詞）之前，發揮加強形容、狀態的作用。　仁：與人相親相愛的德性。淵淵：深廣、深邃，靜穆的樣子。指「立天下之大本」而言。　淵：深潭、迴旋之水。浩浩：原指水勢盛大，引申為廣遠、無邊無際。指「知天地知化育」而言。

**苟不固聰明聖知達天德者，其孰能知之？**

如果不是本來就很聰明，有崇高的品德智慧，並且德性達到能與天匹配水準的人，又有誰能知道它（至誠之道）呢？

固：本來、穩固、實在的。　聰明：有才智。　聖：品德崇高、通達事理。　知：同「智」。達天德者：達到能與天的德行匹配水準的人。　天德：天的德行，指自然界的造化之功。　天：萬物主宰者。　者：人或事物的代稱。　之：第三人稱代詞，這裡指「至誠」的道理。但鄭玄說「唯聖人能知聖人」，則「之」指聖人。朱熹採此說。蔣伯潛也說：「惟英雄能識英雄，惟聖人能知聖人；所以說如果不是本來聰明聖知，通達天德的人，誰能知道他呢？」

**【修辭】**

**．設問：自問自答**

什麼叫做「設問」修辭法？陳望道說：「胸中早有定見，話中故意設問，叫做設問。」董季棠說：「作者想要表達的意思，不作普通的敘述，而用詢問的口氣顯示，使文章激起波瀾，讓讀者格外注意。這種修辭法叫做設問。」

「夫焉有所倚？肫肫其仁！淵淵其淵！浩浩其天！」

第一句是為了提起下文而發問，答案就在問題的下面。這種設問，又稱「自問自答」。賀知章的〈詠柳〉也使用這種技巧。

### ・反問：明知故問

「苟不固聰明聖知達天德者，其孰能知之？」

這不是自問自答，而是有問無答，是一種「反問」的表達方式。

反問，又叫詰問、激問或反詰。就是用疑問的語氣來表達確定的內容的一種修辭方法。它問，但問而不答，也不用對方回答。它是無疑而問，其答案就在它的反面。反問，由於總是採取不容置疑的語氣來表達確定的內容，這可以使重要的內容得到強調突出，並能有力地激發人們進一步思考問題；又使作品氣勢峭勁，挺拔有力，易於感人。（參本書《大學》第三章「反問」）

**・排比**：「經綸天下之大經，立天下之大本，知天地之化育。」三大要點並列，是標準的「排比修辭法」。（參本書《大學》「經文」章第一節「排比」）

．**疊字**：「肫肫其仁！淵淵其淵！浩浩其天！」連用三次疊字，加強了讚歎的語氣。（參本書《大學》第十章第一節「疊字」）

**【會通】**

．**司馬遷贊辭**（《史記．孔子世家》）

太史公曰：《詩》有之：「高山仰止，景行（ㄒㄧㄥˋ xìng）行止。」雖不能至，然心嚮往之。余讀孔氏書，想見其為人。適魯，觀仲尼廟堂、車服、禮器，諸生以時習禮其家，余低回留之，不能去云。天下君王至於賢人眾矣，當時則榮，沒則已焉。孔子布衣，傳十餘世，學者宗之。自天子王侯，中國言六藝者，折中於夫子，可謂至聖矣！

# 第三十三章（內斂含光）*

《詩》曰：「衣錦尚絅」，惡其文之著也。故君子之道，闇然而日章；小人之道，的然而日亡。君子之道，淡而不厭，簡而文，溫而理。知遠之近，知風之自，知微之顯，可與入德矣。

《詩》云：「潛雖伏矣，亦孔之昭！」故君子內省不疚，無惡於志。君子之所不可及者，其唯人之所不見乎！

《詩》云：「相在爾室，尚不愧于屋漏。」故君子不動而敬，不言而信。

《詩》曰：「不顯惟德！百辟其刑之。」是故君子篤恭而天下平。

《詩》曰：「奏假無言，時靡有爭。」是故君子不賞而民勸，不怒而民威於鈇鉞。

《詩》云：「予懷明德，不大聲以色。」子曰：「聲色之於以化民，末也。」《詩》曰：「德輶如毛」，毛猶有倫。「上天之載，無聲無臭」，至矣！

**【語譯】**

《詩經》上說：「穿著錦衣華服，上面再加上外套。」這樣做是因為不喜歡花紋太鮮豔了。所以君子的作風是：不求光芒外露，但是內在的優點還是會顯現出來。小人的作風是：亮麗卻日漸消失，虛有其表，沒有內在美。君子的作風是：信守中庸之道，似乎平淡，但親切有真味，使人不厭。簡潔而有文彩，柔和而不亂。知道見於遠處的，是由近處開始。明白流傳於世的社會風尚、習俗、道德等是如何演變而來。知道隱微的細節，可以反映顯著的事實。這樣就可以進入道德的門檻了。

《詩經》上說：「魚雖然潛伏很深，仍然明澈而可見。」所以君子反省自己而內心沒

有愧疚，心意也可以坦然無憾。君子讓常人無法相比的地方，可能就在於別人看不到的地方吧！

《詩經》上說：「看你獨處於你自己的室內，屋子西北角幽暗之處，雖然沒有人看見，卻仍然像是有神在暗中看著，而不愧於天。」所以，君子沒有刻意表現，別人就尊敬他，沒有說話，別人就相信他。

《詩經》說：「惟有德行教化才會顯揚四方，百官諸侯都效法他的作為。」所以有德者若是篤厚恭敬，天下就會太平。

《詩經》上說：「在一起默默禱告，這時沒有爭論，一片肅敬。」因此，有德者以德化人，不須以獎賞利誘，就能勉勵人民，不須發怒就比動用刑具、兵器還有威嚴。

《詩經》上說：「我眷念你（文王）的美德，你不會以疾言與厲色對下，以權勢壓人。」孔子說：「用聲音與臉色來教化人民，只是細微末節的手段。」《詩經》上說：「德性輕如羽毛。」羽毛雖是細物，都還有形體可以類比。《詩經》上文說：「宇宙的運行，沒有聲息氣味顯現。」這可說是最高境界了。

**【詳註】**

《詩》曰：「衣錦尚絅」，惡其文之著也。

《詩》上說：「穿著錦衣華服，上面再加上外套。」這樣做是因為不喜歡花紋太鮮豔了。

《詩》：這四個字，不見於《詩經》，可能是逸詩。　衣（ㄧˋ yì）：作動詞用，指穿衣。

錦：指鮮豔華美的衣服。　尚：上也，「加於上」的意思。　絅：古人用麻布做的單罩衣，現代的外套。　惡（ㄨˋ wù）：厭惡。　文：彩色交錯。　著（ㄓㄨˋ zhù）：顯著。

**故君子之道，闇然而日章；**

君子所信守的中庸之道，不求光芒外露，但是內在的優點（德）還是會顯現出來。

闇：幽暗。　章：同「彰」，明顯、顯著。　而：卻、但是。表示轉折，用於詞、短語、分句或上下兩句之間，轉折意味較「然」為輕，相當於「但是」、「卻」等。

**小人之道，的然而日亡。**

小人的作風是：亮麗卻日漸消失，虛有其表，沒有內在美。

的然而日亡：亮麗卻日漸消失。指小人虛有其表，沒有內在美。　的（ㄉㄧˊ dí），明、鮮明（據《說文》，應作「旳」）。　日：每天。　亡：失去、消失。

**君子之道，淡而不厭，簡而文，溫而理。**

君子信守中庸之道，似乎平淡，但親切有真味，使人不厭。簡潔卻又有文采，柔和卻又不亂。

淡：淡薄、恬靜。　厭：討厭、厭惡。　文：文采。　溫：柔和。　理：有條理。　指

君子之道，如衣錦而美在其中。

**知遠之近，知風之自，知微之顯，可與入德矣。**

知道見於遠處的，是由近處開始。明白流傳於世的社會風尚、習俗、道德等是如何演變而來。知道隱微的細節，可以反映顯著的事實（內在的修養會表現在外），這樣就可以進入道德的門檻了。

風：風俗。　之：介詞，的、之於。　自：始。　與：同「以」。　朱註：「遠之近，見於彼者由於此也。風之自，著乎外者本乎內也。微之顯，有諸內者形諸外也。」俞樾《古書疑義》則認為，三個「之」字是連詞，作「與」解，而「風」通「凡」，「自」則為「目」之誤，所以整句應解為「知遠與近，知凡與目（事有巨細），知微與顯，可與入德矣。」

**《詩》云：「潛雖伏矣，亦孔之昭！」**

《詩經》說：「魚雖然潛伏很深，仍然明澈而可見。」

《詩》云：《詩經・小雅・正月》。　潛：沒入水中活動。　伏：隱匿、隱蔽、看不見。　孔：很、甚。　昭：同「炤」，明顯。　矣：助詞，表示已然的事。

**故君子內省不疚，無惡於志。**

所以君子反省自己而內心沒有愧疚，心意也可以坦然無憾。

內省：自我觀察與反省。　疚：內心痛苦。　無惡於志：無愧於心。惡：害。志：心

意、志向。

**君子之所不可及者，其唯人之所不見乎！**

君子讓常人無法相比的地方，可能就在於別人看不到的地方吧！

**《詩》云：「相在爾室，尚不愧于屋漏。」**

《詩經》說：「看你獨處於你自己的室內，屋子西北角幽暗之處，雖然沒有人看見，卻仍然像是有神在暗中看著，而不愧於天。」

《詩》：引自《詩經．大雅．抑》。　相（ㄒㄧㄤˋ xiàng）：看。有省察之意。　爾：你，指君子。　尚：副詞，仍然、差不多。　愧：以……為恥、認為恥辱。于：同「於」，在。屋漏：古代室內西北隅施設小帳，安藏神主，為人所不見的地方稱作「屋漏」。鄭玄說：「屋，小帳也；漏，隱也。」後即用以泛指屋之深暗處。另一說，屋漏係指室中神明。

**故君子不動而敬，不言而信。**

所以，君子沒有刻意表現，別人就尊敬他，沒有說話，別人就相信他。

**《詩》曰：「奏假無言，時靡有爭。」**

《詩經》上說：「在一起默默禱告，這時沒有爭論，一片肅敬。」

《詩》：引自《詩經．商頌．烈祖》。　奏假：在一起禱告。　奏：進言、進獻。「奏」，《詩經》原作「鬷」（ㄗㄨㄥ zōng），聚集的意思。　假（ㄍㄜˊ gé）：通「格」，告、禱告。　無言：敬肅也。　時：當時。　靡（ㄇㄧˇ mǐ）：無。　爭：爭議、爭論、爭奪。（按：此處引《詩經》文字，僅斷章取義，原文意思是說：神靈降臨時，雖然沒有言語，但人們受其感化，肅敬而沒有爭論。）

**是故君子不賞而民勸，不怒而民威於鈇鉞。**

因此，有德者以德化人，不須以獎賞利誘，就能勉勵人民，不須發怒就比動用刑具、兵器還有威嚴。

勸：奮勉。　威：畏。　鈇鉞：古代的殺人器具。　鈇（ㄈㄨ fū）：通「斧」，斬草的大刀（通常叫「鍘刀」），也是斬人的刑具。　鉞（ㄩㄝˋ yuè）：古代兵器，形狀像大斧，青銅製，圓刃或平刃，安裝木柄，持以砍斫。盛行於商及西周。

**《詩》曰：「不顯惟德！百辟其刑之。」**

《詩經》說：「惟有德行教化才會顯揚四方，百官諸侯都效法他的作為。」

《詩》：引自《詩經・周頌・烈文》。　不顯：大大顯揚。　不（ㄆㄧ pī）：同「丕」，大的意思。　顯：光明、顯揚。　朱註：「不顯，豈不顯也，此借引以為幽深玄遠之意。」惟：語助詞。　辟（ㄅㄧˋ bì）：諸侯、百官。　刑：鑄造器物的模子，後作「型」，引申為效法，即「以……為典範」。　之：代詞，他。

**是故君子篤恭而天下平。**

所以有德者若是篤厚恭敬，天下就會太平。

篤：厚。　恭：恭敬、謙慎有禮。

**《詩》云：「予懷明德，不大聲以色。」**

《詩經》上說：「我眷念你（文王）的美德（光明的德行），你不會以疾言與厲色對下，以權勢壓人。」（這兩句是天帝對文王說的話）

《詩》：引自《詩經．大雅．皇矣》。　予：我（指天帝自稱）。　懷：心裡存有、眷念、珍惜。　明德：指文王的美德。　大聲以色：依賴疾言與厲色。

**子曰：「聲色之於以化民，末也。」**

孔子說：「用聲音與臉色來教化人民，只是細微末節（最差）的手段。」

以：用以、依賴、憑藉。　色：臉上的神色。　之於：結構助詞，可以表示關係和態度。以化民：用來教化人民。　以：令、使。　末：細微末節。

**《詩》曰：「德輶如毛」，毛猶有倫。**

《詩經》上說：「德性輕如羽毛。」羽毛雖是細物，都還有形體可以類比。

《詩》：引自《詩經．大雅．烝民》，前後文為：「人亦有言：德輶如毛，民鮮克舉之。」

輶（ㄧㄡˊ yóu）：輕的意思。　倫：同類、條理、順序。

**「上天之載，無聲無臭」，至矣！**

《詩經》上文說：「宇宙的運行，沒有聲息氣味顯現。」這可說是最高境界了。

引自《詩經．大雅．文王》 載：承受、事，引申為從事、運行。（鄭註讀作「栽」，是說天栽生萬物。） 臭（ㄒㄧㄡˋ xiù）：氣味。非指香臭之臭（ㄔㄡˋ chòu）。 至：達到極點。矣：語氣詞，表示已然或必然，相當於「了」。

## 【精解】

### ．「不愧於屋漏」

朱子此條章句云：「相，視也。屋漏，室西北隅也。承上文又言君子之戒慎恐懼，無時不然」。鄭註：「君子雖隱居，不失其君子之容德也。……視女（汝）在室獨居者猶不愧於屋漏。屋漏，非有人也，況有人乎？」案二氏之註當合看。然君子隱居與西北屋漏之義，則猶使人未了。李慈銘曰：「古人床在北牖。居室之西北，其上有囪（窗）以取明，曰屋漏。言日光所穿漏，故曰『當室之白』以日夕寢處其下，故曰仰不愧於屋漏，即獨處不愧衾之意。」李說較為明白。（陳槃《大學中庸今釋》）

### ．誰是誰

中國人的人格如此發展於人文環境之中，恥感取向，緊緊控制住一言一語、一舉一動。心中時時有他人的存在（而無神的存在）即在離群索居之時，亦復如是。常將實際並無他

人存在的情境，視為有他人存在的情境。此即儒家所倡導的「慎獨」工夫，君子不欺暗室，無愧屋漏。中國人有所行為之時，腦內首先要考慮的不是什麼是什麼（what is what）的問題，而是誰是誰（who is who）的問題。（朱岑樓〈從社會個人與文化的關係論中國人性格的恥感取向〉引自《中國人的性格》第112頁）

**・最後的叮嚀**

朱註：「右第三十三章，子思因前章極致之言，反求其本，復自下學為己謹獨之事，推而言之，以馴致乎篤恭而天下平之盛。又贊其妙，至於無聲無臭，而後已焉。蓋舉一篇之要，而約言之，其反復丁寧示人之意，至深切矣。學者其可不盡心乎！」

**【修辭】**

**・借代**：「衣錦尚絅」，錦，本是一種色彩鮮豔、有各種花紋圖案的絲織品。這裡指鮮豔華美的衣服。以「錦」指代「錦衣」，這是一種「借代」。

鈇鉞本是古時軍中戮人所用之兵器，後來沿用作「刑戮」之義。這是借代，以兵器、刑具代替「殺戮」的意思。（參本書《中庸》第十章「借代」。）

**・倒裝**：「大聲以色」即「以色大聲」，這是以倒裝的修辭方式，使聲韻的整齊（「色」與「德」字同韻）。（參本書《大學》第十章第二節「倒裝」）

【會通】

・天道難知

《中庸》以「『上天之載，無聲無臭』，至矣！」意義極為深長。《毛詩》註解說：「天之道難知也，耳不聞聲音，鼻不聞香臭。」大意是說：天道的作為人類難以認識，用耳朵去聽無法完全聽得懂，用鼻子去聞也無法完全嗅出其氣味。有些譯本把「無聲無臭」譯為「無聲音可聽，無氣味可聞」則不夠周延。因為上天的運行透過能量、動力、化學、物理、生物等變化表現出來，當然有聲音、也有味道，但是由於其範圍太廣（如頻率、振幅、方向、距離），只是人類的感官無法完全測知而已。由此可見，《毛詩》註解用「難知」描述「天之道」，是有科學根據的。

・「暗物質」和「暗能量」

我們目前能觀察到的這個宇宙，其實是「泡在」某種未知的物質和能量中。科學家們發現，我們目前所能觀察到的恆星、行星或熱氣體無法維持宇宙星系的正常運行。根據理論計算，目前我們所能觀察到的只占宇宙總質量的四%。另外九六%的物質和能量既摸不著也看不到，目前任何儀器都探測不到，科學家就把它們叫做「暗物質」和「暗能量」。（加來道雄《未來物理學》）

· 潤物細無聲

## 春夜喜雨　唐　杜甫

好雨知時節，當春乃發生。隨風潛入夜，潤物細無聲。
野徑雲俱黑，江船火獨明。曉看紅溼處，花重錦官城。

【語譯】

好孩子，你來了，來得及時，來得有情有義。你在春天萬物復甦，正需要雨水滋潤時，該來的時候就來了。你輕飄飄地，隨風悄悄地飄灑、暗暗地飄灑，不想驚擾人們夜間的休息，也不想妨礙人們白天的耕作，真是可愛。你懂得春天裡萬物剛剛萌芽，葉小苗嫩，禁不住暴雨的摧殘，因而才這般輕柔細軟，倍加小心。而這一切，又都是在暗中默默無聲地進行的，真是為善不欲人知，心胸開闊，雖有潤物之功卻無意占有潤物之名，我非常欣賞。當你飄灑之時，野外的一切景物和天空的烏雲都籠罩在黑暗之中，只見遠處的江面上閃爍著一點明亮的漁火。我想像一夜春雨之後，明天清晨，經過細雨浸潤的花朵飽含晶瑩的水珠，沉甸甸地，迎著分外明麗的陽光，一定更加嬌豔，錦官城一定更加春意盎然了。雨兒呀，好樣的，你澤及了萬物，也澤及了萬民。

中國歷代經典寶庫㉔

# 大學・中庸——人性的試煉

編撰者—張水金
編輯—康逸藍
責任企劃—洪小偉
校對—蕭淑芳
總編輯—余宜芳
發行人—趙政岷
出版者—時報文化出版企業股份有限公司
10803台北市和平西路三段二四〇號三樓
發行專線—（〇二）二三〇六—六八四二
讀者服務專線—〇八〇〇—二三一—七〇五
（〇二）二三〇四—七一〇三
讀者服務傳真—（〇二）二三〇四—六八五八
郵撥—一九三四四七二四時報文化出版公司
信箱—台北郵政七九～九九信箱
時報悅讀網—http://www.readingtimes.com.tw
法律顧問—理律法律事務所 陳長文律師、李念祖律師
印刷—勁達印刷有限公司
五版一刷—二〇一二年七月二十日
五版二刷—二〇一八年十一月六日
定價—新台幣二百五十元

時報文化出版公司成立於一九七五年，
並於一九九九年股票上櫃公開發行，於二〇〇八年脫離中時集團非屬旺中，
以「尊重智慧與創意的文化事業」為信念。



大學・中庸：人性的試煉 / 張水金編撰. -- 初版. -- 臺北市：時報文化, 2012.07
面； 公分. --（中國歷代經典寶庫；24）

ISBN 978-957-13-5589-4（平裝）

1. 學庸 2. 通俗作品

121.25 101010435

ISBN 978-957-13-5589-4
Printed in Taiwan